# Les lieux de naissance de quelqu...

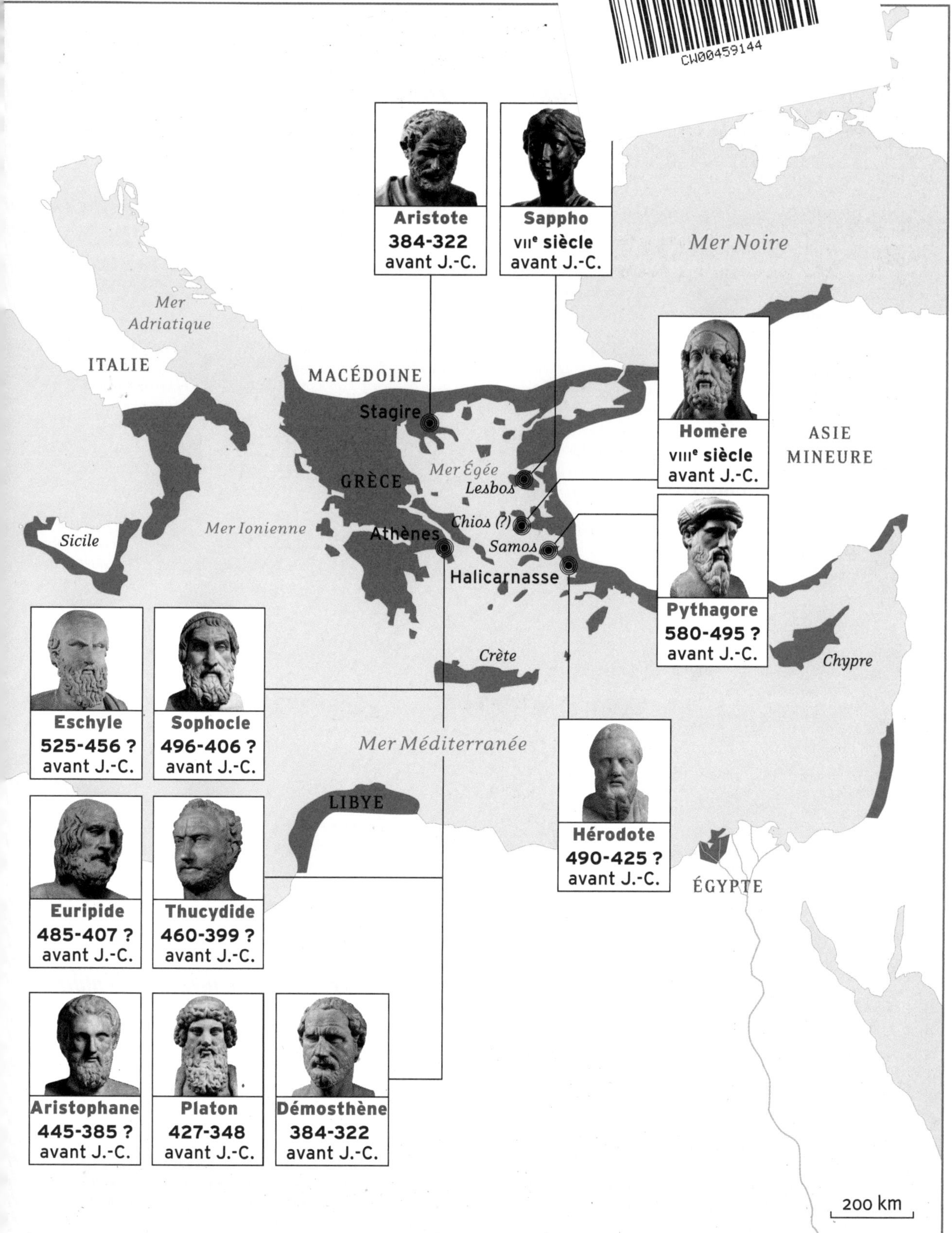

Mer Noire

Mer Adriatique

ITALIE

MACÉDOINE

**Aristote**
**384-322**
avant J.-C.

**Sappho**
**VIIe siècle**
avant J.-C.

Stagire

**Homère**
**VIIIe siècle**
avant J.-C.

ASIE MINEURE

GRÈCE

Mer Égée

Lesbos

Mer Ionienne

Sicile

Chios (?)

Athènes

Samos

Halicarnasse

**Pythagore**
**580-495 ?**
avant J.-C.

Chypre

Crète

**Eschyle**
**525-456 ?**
avant J.-C.

**Sophocle**
**496-406 ?**
avant J.-C.

Mer Méditerranée

LIBYE

**Hérodote**
**490-425 ?**
avant J.-C.

ÉGYPTE

**Euripide**
**485-407 ?**
avant J.-C.

**Thucydide**
**460-399 ?**
avant J.-C.

**Aristophane**
**445-385 ?**
avant J.-C.

**Platon**
**427-348**
avant J.-C.

**Démosthène**
**384-322**
avant J.-C.

200 km

Espace fortement influencé par la culture grecque (VIe-Ier siècle avant J.-C.)

Lieux de naissance et dates de vie des auteurs grecs

# Grec 3ᵉ

**Danielle Jouanna**
Agrégée de Lettres classiques

**Didier Kaszubowski**
Certifié de Lettres classiques
Professeur au collège Simone Signoret, Aubevoye (27)
et au lycée André Malraux, Gaillon (27)

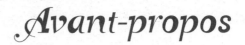

# Avant-propos

## Un émerveillement constant

■ C'est ce qu'éprouvent fréquemment les élèves qui entrent en contact avec le monde grec. Ils découvrent avec surprise l'**immense héritage** qu'ils doivent à la Grèce antique, que ce soit dans le domaine du vocabulaire, de la mythologie, de l'art, de la littérature... Et avec la surprise vient aussi l'admiration devant la perfection des œuvres littéraires et artistiques, souvent imitées et toujours aussi séduisantes.

## Un double objectif culturel et linguistique

■ Ce nouveau manuel doit justement permettre aux élèves curieux de la culture grecque de l'aborder sous ses **multiples facettes** :
- **en se familiarisant avec la mythologie, l'histoire et la civilisation grecques**, grâce aux textes traduits, aux nombreuses illustrations commentées, aux brefs exposés sur les arts et leurs techniques ; sans oublier le plaisir de la recherche sur l'origine des mots français, grâce aux rubriques récurrentes d'étymologie ;
- mais aussi **en s'initiant à la langue grecque**, d'une façon ludique et rigoureuse qui respecte le nouveau programme tout en assurant des bases solides qui permettront aux élèves qui le désirent de poursuivre cette étude au lycée.

## Une prise en compte des différents dispositifs d'apprentissage

■ Le manuel tient compte de la **grande diversité** du public et des moyens accordés dans les établissements pour l'enseignement du grec. La progression lente de l'étude de la langue sur les **trois premières séquences** favorise une véritable **initiation au grec** et l'acquisition des bases de la langue ; l'étude grammaticale enrichie des **deux dernières séquences** permet à ceux qui bénéficient d'horaires plus substantiels ou du dispositif d'Enseignement Conjoint des Langues Anciennes (ECLA) dès la 4ᵉ d'acquérir une **connaissance plus complète** du grec ancien.

■ L'approche des faits de langue et de civilisation est **inductive** et s'appuie sur des **textes authentiques**, selon une démarche devenue familière aux enseignants. Les références à l'**Histoire des arts** et l'utilisation des **TICE** ont aussi une place de choix dans le manuel.

■ Chaque professeur pourra ainsi **orienter librement son enseignement** en fonction des moyens qui lui sont accordés et des attentes de ses élèves, en mettant l'accent sur les pages de grammaire et les exercices, ou sur les élargissements (documents complémentaires des pages « Lectures », « D'hier à aujourd'hui » et « Comprendre le monde antique »).

*Les auteurs*

### Remerciements
Les auteurs remercient chaleureusement Stéphanie Térasse-Alami et Gilles Duhil pour leur relecture attentive.

**Édition :** Isabelle Stiégler - Raphaële Patout
**Relecture :** Graziella Vinh-Taïeb
**Iconographie :** Claire Venriès / Hatier illustration
**Cartographie :** Légendes cartographies

**Infographie :** Orou Mama
**Conception graphique :** Studio Favre & Lhaïk
**Mise en pages :** Rudy Nimguerns / Les Belles Lettres

© Hatier, Paris, avril 2013 - ISBN : 978-2-218-95527-3

# Sommaire

## PANORAMA DU MONDE GREC

- Trente siècles d'histoire — 6
- Au carrefour de l'Europe et de l'Asie — 10

## Séances TICE

- **Se documenter sur un mythe, sur les dieux**
  - Les querelles divines — 39
  - Médée — 45
  - Perséphone — 135
  - Asclépios — 161

- **Se documenter sur un personnage célèbre**
  - Anaxagore — 55
  - Aspasie — 63
  - Les sophistes — 101
  - Hippocrate — 147
  - Socrate — 153

- **Se documenter sur un événement**
  - La bataille de Chéronée — 59
  - La bataille des Thermopyles — 81
  - L'incendie de la bibliothèque d'Alexandrie — 91

- **Se documenter sur la vie quotidienne des Grecs**
  - La naissance — 105
  - Les jeux Olympiques — 119
  - Les fêtes — 121
  - Les batailles navales — 125
  - Les sacrifices humains — 157
  - L'oracle de Zeus à Dodone — 162

- **Réaliser un dossier d'Histoire des Arts**
  - Autour d'un dieu — 35
  - La céramique — 67
  - L'évolution de la statuaire — 68
  - Les stèles funéraires — 109
  - L'architecture des théâtres grec et romain — 133

- **Débattre sur un domaine de l'art grec**
  - Statue de Zeus ou de Poséidon ? — 41
  - Pour ou contre le retour des marbres du Parthénon à Athènes ? — 129

- **Étudier un plan**
  - Le Parthénon — 96
  - Le sanctuaire d'Olympie — 115

## Annexes

**Lectures** — 164
- L'épopée — 164
- La tragédie — 166
- La comédie — 168
- La poésie — 169
- Le roman — 170

**Tableaux de grammaire** — 172
- La déclinaison des noms — 172
- La déclinaison des adjectifs — 174
- La déclinaison des pronoms — 175
- Les subordonnées à l'indicatif — 177
- La conjugaison des verbes — 178

**Index grammatical** — 184

**Lexique grec-français** — 185

**Notices biographiques** — 190

## Séquence 1

# L'héritage grec

### UNITÉ 1 — Une langue, une culture

- LANGUE : Découvrir l'alphabet grec — 16
- LANGUE : Lire et écrire en grec — 17
- LECTURE : Les premiers écrits grecs : la poésie (Homère, *Iliade*, *Odyssée*) et la prose (Thucydide, *La Guerre du Péloponnèse*) — 20
- LANGUE : Esprits, accents et ponctuation — 23
- ● D'hier à aujourd'hui
  **De l'écriture minoenne au grec moderne** — 24

### UNITÉ 2 — La mythologie grecque

- LECTURE : Les amours de Zeus (Palaiphatos, *Histoires incroyables*) — 26
- PROLONGEMENTS : Zeus le séducteur — 27
- GRAMMAIRE : Découvrir la déclinaison Découvrir la conjugaison — 28
- LECTURE : Pâris et les trois déesses (Lucien, *Le Jugement des déesses*) — 30
- PROLONGEMENTS : Les dieux et les hommes — 31
- GRAMMAIRE : La 2e déclinaison — 32
- ● D'hier à aujourd'hui
  **Les dieux grecs à travers les arts** — 34

- ■ BILAN de séquence • Mots clés — 36

### COMPRENDRE LE MONDE ANTIQUE

La représentation des dieux :
- le relief et la ronde-bosse — 38
- les statues — 40

## Séquence 2

# Du mythe à l'histoire

### 3 UNITÉ Figures de héros

LECTURE : Jason et les Argonautes
(Diodore de Sicile, *Bibliothèque historique*) 44
PROLONGEMENTS : L'expédition des Argonautes 45
GRAMMAIRE : Le présent de l'indicatif actif 46
LECTURE : Thésée et le Minotaure
(Plutarque, *Vie de Thésée*) 48
PROLONGEMENTS : Portraits multiples de Thésée 49
GRAMMAIRE : La 1re déclinaison (1) 50
● D'hier à aujourd'hui
**Jason à travers les arts** 52

### 4 UNITÉ Grandes figures politiques

LECTURE : Périclès, un homme-lion ?
(Plutarque, *Vie de Périclès*) 54
PROLONGEMENTS : Les qualités
de l'homme politique 55
GRAMMAIRE : La 1re déclinaison (2)
Les adjectifs de la 1re classe 56
LECTURE : Démosthène, le génie oratoire
(Plutarque, *Vie de Démosthène*) 58
PROLONGEMENTS : Forces et faiblesses
de l'orateur 59
GRAMMAIRE : Le présent moyen-passif
Le complément du passif 60
● D'hier à aujourd'hui
**Aspasie de Milet** 62

■ BILAN de séquence • Mots clés 64

**COMPRENDRE LE MONDE ANTIQUE**

La céramique grecque 66
L'évolution des formes dans la statuaire 68
Deux grands sculpteurs : Polyclète et Lysippe 69

## Séquence 3

# Régimes et cités de l'époque classique

### 5 UNITÉ Démocratie ou oligarchie ?

LECTURE : Convocation à l'assemblée !
(Démosthène, *Sur la Couronne*) 72
PROLONGEMENTS : La vie politique à Athènes 73
GRAMMAIRE : Le présent actif
des verbes contractes en -ῶ 74
LECTURE : Deux rois pour Sparte
(Plutarque, *Vie d'Agésilas*) 76
PROLONGEMENTS : La vie politique à Sparte 77
GRAMMAIRE : Le présent moyen-passif
des verbes contractes en -ῶ 78
● D'hier à aujourd'hui
**Le « mirage » spartiate** 80

### 6 UNITÉ Deux grandes cités

LECTURE : Athènes, la ville d'Athéna
(Pausanias, *Description de la Grèce*) 82
PROLONGEMENTS : Les monuments d'Athènes 83
GRAMMAIRE : La 3e déclinaison (1)
Le participe présent actif 84
LECTURE : Alexandrie, la ville lumière
(Strabon, *Géographie*) 86
PROLONGEMENTS : La puissance d'Alexandrie 87
GRAMMAIRE : La 3e déclinaison (2)
Les adjectifs de la 2e classe 88
● D'hier à aujourd'hui
**Alexandrie et son héritage** 90

■ BILAN de séquence • Mots clés 92

**COMPRENDRE LE MONDE ANTIQUE**

Architecture et décoration :
la maison grecque 94
le temple grec 96

## Séquence 4

# Vie privée, vie publique

### UNITÉ 7 — Les étapes de la vie du citoyen

LECTURE : L'éducation à Sparte
(Plutarque, *Vie de Lycurgue*) 100
PROLONGEMENTS : L'éducation à Athènes 101
GRAMMAIRE : L'imparfait 102
LECTURE : Les noces de Daphnis et Chloé
(Longus, *Daphnis et Chloé*) 104
PROLONGEMENTS : Le rituel des funérailles 105
GRAMMAIRE : L'aoriste
Le comparatif et le superlatif des adjectifs 106
● D'hier à aujourd'hui
**Cérémonies, stèles et vases funéraires** 108

### UNITÉ 8 — La vie quotidienne

LECTURE : Le banquet d'Agathon
(Platon, *Le Banquet*) 110
PROLONGEMENTS : Jeux et divertissements 111
GRAMMAIRE : Le participe aoriste
Le discours indirect 112
LECTURE : Le sport au quotidien
(Diogène Laërce, *Vies des philosophes illustres* ;
Plutarque, *Vie d'Alcibiade*) 114
PROLONGEMENTS : La palestre,
le gymnase et le stade 115
GRAMMAIRE : Le futur
La proposition infinitive : temps et négation 116
● D'hier à aujourd'hui **Les jeux Olympiques** 118

### UNITÉ 9 — La paix et la guerre

LECTURE : La cité en fête
(Xénophon d'Éphèse, *Les Éphésiaques*) 120
PROLONGEMENTS : Les grandes fêtes athéniennes 121
GRAMMAIRE : Les pronoms-adjectifs 122
LECTURE : La cité en guerre
(Thucydide, *La Guerre du Péloponnèse*) 124
PROLONGEMENTS : La guerre au fil des siècles 125
GRAMMAIRE : Les pronoms personnels 126
● D'hier à aujourd'hui **La frise des Panathénées** 128

■ BILAN de séquence • Mots clés 130

**COMPRENDRE LE MONDE ANTIQUE**

Le théâtre grec 132
Les grandes cérémonies : Éleusis 134

## Séquence 5

# Représentations du monde

### UNITÉ 10 — Science et divination

LECTURE : Consultation de l'oracle
de Delphes (Hérodote, *Histoires*) 138
PROLONGEMENTS : Pratiques magiques 139
GRAMMAIRE : L'interrogation
directe et indirecte
Les questions de lieu 140
LECTURE : L'invention de la médecine
(Hippocrate, *L'Ancienne Médecine*) 142
PROLONGEMENTS : Géographie et astronomie 143
GRAMMAIRE : Les subordonnées
exprimant l'hypothèse à l'indicatif
Le verbe ἔχω 144
● D'hier à aujourd'hui
**La pratique médicale** 146

### UNITÉ 11 — La pensée religieuse

LECTURE : Embarquement pour les enfers
(Lucien, *Dialogue des morts*) 148
PROLONGEMENTS : La vie aux enfers 149
GRAMMAIRE : L'impératif actif 150
LECTURE : Comment les dieux
créèrent les hommes (Platon, *Protagoras*) 152
PROLONGEMENTS : Les relations
entre les dieux et les hommes 153
GRAMMAIRE : Prépositions et préfixes 154
● D'hier à aujourd'hui
**Rites et sacrilèges** 156

■ BILAN de séquence • Mots clés 158

**COMPRENDRE LE MONDE ANTIQUE**

Les grands sanctuaires :
le sanctuaire d'Asclépios à Épidaure 160
le sanctuaire d'Apollon à Delphes 162

 Dans le manuel, ce logo signale les activités d'Histoire des Arts.

# Trente siècles d'histoire

## -3200 à -1400

### Les premiers temps

Dans les îles se développe la **civilisation cycladique**. En Crète, il s'agit de la **civilisation minoenne**.

#### Doc. 1 *Minos, roi de Crète*

Minos est [...] le plus ancien personnage connu par la tradition qui ait eu une flotte et conquis, pour la plus grande partie, la maîtrise de la mer aujourd'hui grecque ; il établit sa domination sur les Cyclades.

■ Thucydide (460-399 env. avant J.-C.), *La Guerre du Péloponnèse*, I, 4, trad. J. de Romilly, © Les Belles Lettres (1953).

#### Doc. 2

*Une idole des Cyclades*

Âge du bronze
(3200-2000
avant J.-C.),
sculpture en marbre,
h 49 cm
(Londres, British Museum).

## -1600 à -1200

### Le temps des Mycéniens

La **civilisation mycénienne** est une civilisation brillante, comme en témoignent les traces qu'elle a laissées en Grèce (ruines d'immenses palais et de la ville de Mycènes). Les héros légendaires de la **guerre de Troie**, qui aurait eu lieu à la fin de la période mycénienne, ont été chantés beaucoup plus tard par Homère dans l'*Iliade* et dans l'*Odyssée*.

#### Doc. 4 *Le héros épique*

C'est l'homme aux mille tours, Muse, qu'il faut me dire, celui qui tant erra quand il eut pillé la ville sainte de Troie [...].

■ Homère (VIIIe s. avant J.-C.), *Odyssée*, I, 1-3, d'après la trad. de V. Bérard, © Les Belles Lettres (1924).

#### Doc. 3 *La Porte des Lions à Mycènes*

Entrée du palais de Mycènes (1250 avant J.-C.), site archéologique découvert par H. Schliemann vers 1870.

# -1200 à -800

## Le temps des Doriens

Les **Doriens** étendent leur domination après la chute des palais mycéniens. Cette période appelée « âges obscurs » se caractérise par une diminution de la population, une quasi-disparition de l'écriture, un appauvrissement et une simplification de l'art (vases dits « géométriques »).
La zone d'implantation des Doriens restera le Péloponnèse.

Doc. **5**

### Un exemple de vase géométrique

Céramique d'Argos, h 46,5 cm
(Paris, musée du Louvre).

# -800 à -480

## Le temps des colonies : la période archaïque

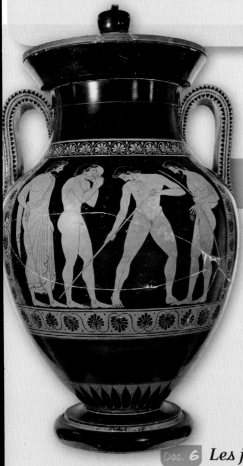

En **Grèce continentale**, en 776, naissent les **jeux Olympiques** et la « cité-État » (la *polis*), collectivité organisée politiquement comme à Sparte ou à Athènes. La réforme de Solon crée en 594 la **démocratie athénienne**. De nombreuses **colonies** grecques sont fondées en **Ionie** (sur la côte asiatique face à la Grèce) mais aussi en **Italie du Sud** et en **Sicile** (la « Grande Grèce »).
On trouve en Ionie de grands poètes (**Homère** au VIIIe siècle, **Sappho**, **Alcée** au VIIe siècle), puis de grands savants au VIe siècle (**Thalès**, **Pythagore** pour les mathématiques, **Anaximandre** et **Hécatée** pour la géographie, **Héraclite** pour la philosophie). Beaucoup sont originaires de Milet, la grande capitale intellectuelle du VIe siècle.

Doc. **6** *Les jeux Olympiques*

Exercices dans la palestre (vers 520-515 avant J.-C.), amphore à figures rouges attribuée à Phintias, découverte à Vulci, h 68,5 cm (Paris, musée du Louvre).

# -480 à -338

## Le temps de Périclès et de Socrate : la période classique

C'est le moment le plus brillant de la civilisation grecque. La **puissance d'Athènes** grandit. Le vᵉ siècle est appelé « le siècle de **Périclès** » parce que ce dernier reste plus de vingt ans au pouvoir à Athènes, dont il impose l'empire maritime et qu'il embellit par la construction des monuments de l'**Acropole**.

C'est aussi le temps des grands auteurs de tragédie (**Eschyle, Sophocle, Euripide**) et de comédie (**Aristophane**) ainsi que des grands historiens (**Hérodote et Thucydide**). Mais c'est aussi le temps d'affrontements souvent sanglants.

Les **guerres médiques** voient la victoire des Grecs sur les Perses (**Marathon** en 490 et **Salamine** en 480).

À la fin du siècle, Athènes et Sparte s'affrontent lors de la **guerre du Péloponnèse** (431-404). Athènes est vaincue mais reste au siècle suivant le lieu d'une grande activité intellectuelle et politique, avec ses philosophes (**Socrate**, **Platon** et **Aristote**) et ses grands orateurs (**Lysias**, **Isocrate**, **Démosthène**).

**Doc. 7** *La légendaire bravoure des Spartiates*

Une mère donnait le bouclier à son fils qui partait pour l'armée, et l'exhortant à se conduire en homme de cœur, elle lui disait : « Reviens avec lui, ou sur lui[1] ». Une autre, remettant de même le bouclier à son fils, au moment qu'il partait, lui dit : « Ton père l'a toujours conservé ; fais de même, ou meurs. » Une troisième dit à son fils, qui se plaignait d'avoir une épée trop courte : « Allonge-la d'un pas. »

■ Plutarque (46-120 env. après J.-C.), *Œuvres morales, Apophtegmes des Lacédémoniens*, 241 f, trad. Ricard (1844).

1. Le bouclier servait de civière, si nécessaire.

**Doc. 8**

## *Socrate*

Buste en marbre (Vatican, musée Pio-Clementino).

## Le temps d'Alexandre : la période hellénistique

# -338 à -146

Philippe, roi de Macédoine, remporte à Chéronée en 338 une victoire décisive sur les cités grecques ralliées à Athènes. À la suite de son père, **Alexandre** assure son autorité en Grèce. Il se lance dans la conquête de l'Asie ; il fonde de nouvelles cités, dont **Alexandrie**, en Égypte, qui devient un grand centre culturel grâce à sa célèbre bibliothèque. Mais il meurt à Babylone en 323 ; on fait souvent commencer à cette date la **période hellénistique**. Cette période est illustrée par des érudits et par des poètes à la poésie subtile et recherchée (**Théocrite, Apollonios de Rhodes**).

**Doc. 9** *Alexandre le Grand*

Détail d'une mosaïque de Pompéi (ivᵉ s. avant J.-C.) (Naples, Musée archéologique national).

# À partir de -146

## Le temps de la conquête romaine

En 146, la Grèce devient une simple province de l'empire romain mais l'autorité de sa culture reste immense. La **langue grecque** est utilisée comme langue de communication dans toute la zone correspondant à l'actuel Moyen-Orient.

Le IIe siècle après J.-C. connaît une activité intellectuelle intense avec **Plutarque** (auteur des *Vies parallèles* et des *Moralia*) et **Lucien**, qu'on a parfois appelé le « Voltaire de l'Antiquité ».

Doc. 11

*La porte de l'empereur romain Hadrien à Athènes*

### Doc. 10 *L'influence grecque sur la littérature latine*

La Grèce conquise a conquis son farouche vainqueur et porté les arts dans le rustique Latium[1]. [...] Il était déjà tard quand le vainqueur a porté son attention sur les écrits des Grecs et a commencé, dans la tranquillité qui a suivi les guerres puniques[2], à s'inquiéter de ce que Sophocle [...] et Eschyle pouvaient offrir de bon.

■ Horace (65-8 avant J.-C.), *Épîtres*, II, 1, 156,
trad. F. Villeneuve, © Les Belles Lettres (1934).

1. Région de Rome. 2. Guerres de Rome contre Carthage (de 268 à 146 avant J.-C.).

---

-2000     -1000     1

**800-500**
Époque archaïque    **338-146**

**1900-1600**
Installation des Ioniens    Époque hellénistique

Vers 3000    **1200-800**
Arrivée des Indo-Européens    Domination des Doriens    À partir de -146
Époque romaine

**1600-1200**    **480-338**
Domination des Mycéniens    Époque classique

---

## faire LE POINT

**1 Doc. 1** Qui a établi sa domination sur les Cyclades ? Ce personnage est-il présenté par Thucydide comme réel ou mythique ?

**2 Doc. 4** De quel personnage légendaire est-il question dans cet extrait du début de l'*Odyssée* d'Homère ? À la suite de quelle guerre fut-il amené à errer ?

**3 Doc. 6** Sur ce vase, on observe un entraîneur à gauche et trois athlètes sur la droite.

**a)** Quelle caractéristique physique distingue l'entraîneur des athlètes ?

**b)** En observant les accessoires qu'utilisent les athlètes, pouvez-vous reconnaître au moins une discipline olympique ?

**4 Doc. 7** Comment comprenez-vous cet avertissement de la mère spartiate à son fils : « Reviens avec lui, ou sur lui » ? Que signifie pour la mère l'abandon de son bouclier par un soldat spartiate sur le champ de bataille ?

**5 Doc. 10** Comment comprenez-vous la phrase : *La Grèce conquise a conquis son farouche vainqueur* ?

**6 Chronologie**

**a)** Recopiez-la sur votre cahier et situez les noms cités dans cette présentation historique.

**b)** Classez les différents personnages selon leur spécialité.

# Au carrefour de l'Europe et de l'Asie

## La géographie entre
## mythe et découvertes

### Doc. 1 — La création du monde

*D'après Hésiode, l'océan n'est pas une mer mais un fleuve, fils du Ciel et de la Terre ; il court tout autour de la terre et est le père des autres fleuves et des sources.*

Terre (*Gaia*), elle, d'abord enfanta un être égal à elle-même, capable de la couvrir tout entière, Ciel (*Ouranos*) Étoilé, qui devait offrir aux dieux bienheureux une assise sûre à jamais. Elle mit aussi au monde les hautes Montagnes, plaisant séjour des déesses, les Nymphes habitantes des monts vallonnés. Elle enfanta aussi la mer inféconde aux furieux gonflements, Flot (*Pontos*, l'eau salée) – sans l'aide du tendre amour. Mais ensuite, des embrassements de Ciel, elle enfanta Océan (*Okéanos*, l'eau douce) aux tourbillons profonds.

■ Hésiode (VIIIᵉ-VIIᵉ s. avant J.-C.), *Théogonie*, 126-133, trad. P. Mazon, © Les Belles Lettres (1928).

### Doc. 2 — Le Nord de l'Europe et ses peuples mystérieux

*Hérodote évoque les peuples qu'on trouverait en remontant vers le nord à partir de la Scythie.*

Voilà ce que disent les Scythes d'eux-mêmes et des pays qui sont au-dessus du leur [...]. Au-dessus des Issédons habitent les Arimaspes, hommes qui n'auraient qu'un œil ; au-dessus des Arimaspes, les griffons gardiens de l'or ; au-dessus des griffons, les Hyperboréens, qui s'étendent jusqu'à une mer.

■ Hérodote (484-425 avant J.-C.), *Histoires*, IV, 8 et 13, trad. Ph.-E. Legrand, © Les Belles Lettres (1945).

### Doc. 3 — La côte asiatique depuis le Bosphore

*Prométhée enchaîné sur le Caucase explique à Io, métamorphosée en vache et poursuivie par un taon, quels peuples elle rencontrera en descendant vers l'Égypte.*

Quand tu auras franchi le courant qui sert de limite aux continents, marche [...] jusqu'au moment où tu atteindras les champs gorgonéens de Kisthène, séjour des Phorkides, trois vierges antiques, au corps de cygne, qui n'ont qu'un même œil, une seule dent [...]. Près d'elles sont trois sœurs ailées à toison de serpents, les Gorgones, horreur des mortels, que nul humain ne saurait regarder sans expirer aussitôt. Tel est l'avertissement que d'abord je te donne. Mais apprends à connaître le péril d'un autre spectacle : garde-toi des chiens de Zeus, au bec aigu, qui n'aboient point, des Griffons ; et aussi de l'armée montée des Arimaspes à l'œil unique, qui habitent sur les bords du fleuve Pluton qui charrie l'or.

■ Eschyle (vers 525-456 avant J.-C.), *Prométhée enchaîné*, v. 790-806, trad. P. Mazon, © Les Belles Lettres (1931).

### Un griffon — Doc. 4

Détail d'une fresque antique
(Paris, musée du Louvre).

### Doc. 5 *Le monde d'Hérodote*

J'admire donc ceux qui ont partagé et divisé le monde en Libye, Asie et Europe, alors qu'entre ces parties les différences ne sont point petites. Car, dans le sens de la longueur, l'Europe s'étend tout le long des deux autres ; et, sous le rapport de la largeur, il ne me paraît pas qu'elle puisse même être mise en comparaison.

Pour la Libye, en effet, ce qu'on sait d'elle prouve qu'elle est tout entourée par la mer, sauf en ce qui confine à l'Asie ; c'est Nécos, le roi d'Égypte, qui, le premier à notre connaissance, en a fait la démonstration ; [...] il fit partir sur des vaisseaux des hommes de Phénicie, avec ordre, pour leur retour, de pénétrer en passant par les Colonnes d'Héraclès dans la mer Septentrionale, et de revenir par cette voie en Égypte. Ces Phéniciens donc, partis de la mer Érythrée, naviguaient sur la mer Australe.

■ Hérodote (484-425 avant J.-C.), *Histoires*, IV, 42, trad. Ph.-E. Legrand, © Les Belles Lettres (1945).

### Doc. 6 *La carte du monde selon Hérodote : un essai de reconstitution*

Pour Hérodote, l'Europe recouvre la moitié nord de la terre, l'Asie et la Libye correspondent à la moitié sud.

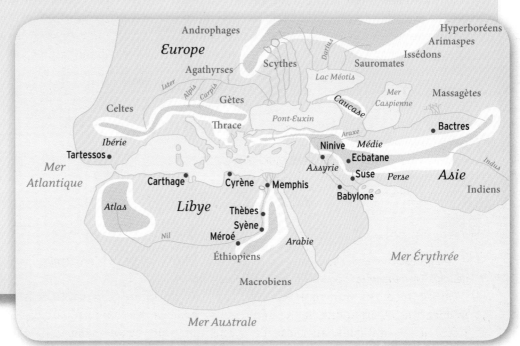

## faire LE POINT

**1 Doc. 1**

**a)** En quoi la création du monde selon Hésiode a-t-elle un caractère mythique ?

**b)** Pourquoi l'océan d'Hésiode est-il étonnant pour nous ?

**2 Doc. 2, 3 et 4**

**a)** Relevez les êtres fabuleux présents dans chacun des textes 2 et 3 et donnez, lorsqu'elles sont précisées, leurs caractéristiques.

**b)** Retrouvez sur la carte du monde selon Hérodote le pays des Issédons, des Arimaspes et des Hyperboréens. À quel pays ces contrées fabuleuses correspondraient-elles aujourd'hui ?

**3 Doc. 5 et 6**

**a)** Quelles différences Hérodote souligne-t-il dans sa présentation des continents ?

**b)** À quel continent la Libye antique correspond-elle de nos jours ?

**c)** Retrouvez les colonnes d'Héraclès sur la carte du doc. 6, en vous aidant de la carte des pages de garde arrière.

11

# La géographie réelle

**La Grèce moderne**

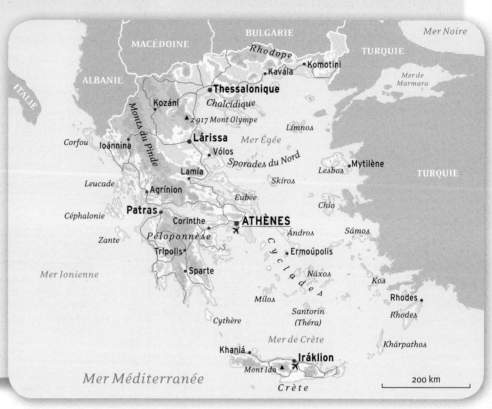

**La Grèce antique**
*(fin du Vᵉ s. avant J.-C.)*

Athènes et ses alliés

États grecs neutres

Sparte et la Ligue du Péloponnèse

Empire perse

Royaume de Macédoine

◆ Sanctuaire panhellénique

## Doc. 3 — Le Péloponnèse décrit par le géographe Strabon

Le Péloponnèse a la forme d'une feuille de platane et la même étendue, ou peu s'en faut, en longueur qu'en largeur, c'est-à-dire 1400 stades environ, à prendre pour sa longueur une ligne qui irait de l'O. à l'E. depuis le cap Chélonatas, par Olympie et la Mégalopolitide, jusqu'à l'isthme, et pour sa largeur une autre ligne qui irait du S. au N. depuis Malées jusqu'à Aegium en traversant toute l'Arcadie. De circuit, Polybe[1] donne au Péloponnèse 4000 stades, et Artémidore 4400 ; mais l'un et l'autre font abstraction de ses divers golfes ou enfoncements. En réalité, et quand on tient compte de toutes les sinuosités de la côte, le circuit de la presqu'île est de 5600 stades et plus. Quant à l'isthme, sa longueur mesurée, avons-nous dit, d'après le diolcos ou sillon servant au traînage des embarcations, est de 40 stades.

■ Strabon (vers 58-21 avant J.-C.), *Géographie*, VIII, 2, 1, trad. A. Tardieu (1867).

---

1. Polybe est un historien grec du IIe siècle avant J.-C., auteur d'un ouvrage intitulé *Histoires*.

## faire LE POINT

**1** Doc. 1 et 2

**a)** Quelles différences voyez-vous entre les deux cartes ?

**b)** La Grèce antique vous paraît-elle un territoire unifié comme la Grèce moderne ? Relevez les noms des principales régions de la Grèce antique (qui sont autant d'États indépendants).

**c)** Regardez la partie droite (asiatique) des deux cartes. La frontière entre l'« espace grec » (en vert sur la carte de la Grèce antique) et l'« espace perse » vous paraît-elle la même qu'aujourd'hui entre « l'espace grec » et « l'espace turc » ? Qu'en concluez-vous ?

**2** Doc. 2

**a)** Selon vous, quelle place la mer Égée occupait-elle dans la géographie des Grecs et dans leurs préoccupations commerciales et politiques ?

**b)** Situez Milet sur la côte asiatique.

**c)** Du côté de l'ouest, localisez Ithaque, la petite île d'Ulysse (elle s'étend le long de l'île de Céphalonie), et la grande île de Corcyre (Corfou), où Ulysse fut recueilli par les Phéaciens après son naufrage.

**3** Doc. 3

**a)** Sachant qu'un stade mesure environ 185 mètres, calculez en mètres ou kilomètres la largeur et le périmètre du Péloponnèse, et la longueur de l'isthme de Corinthe.

**b)** En regardant la carte de la Grèce antique, indiquez quelles sont les grandes cités antiques du Péloponnèse.

Doc. 4

Quartier et rempart nord de Mycènes, Péloponnèse.

# L'héritage grec

**UNITÉ 1** Une langue, une culture

Découvrir l'alphabet grec ........................... 16
Lire et écrire en grec ................................ 17
Les premiers écrits grecs : la poésie épique
et la prose .......................................... 20
Esprits, accents et ponctuation .................... 23

● **D'HIER À AUJOURD'HUI**
De l'écriture minoenne au grec moderne ........... 24

**UNITÉ 2** La mythologie grecque

LECTURE        Les amours de Zeus .............. 26
GRAMMAIRE   Découvrir la déclinaison ........ 28
                    Découvrir la conjugaison ...... 29
LECTURE        Pâris et les trois déesses ...... 30
GRAMMAIRE   La 2ᵉ déclinaison ................ 32

● **D'HIER À AUJOURD'HUI**
Les dieux grecs à travers les arts .................. 34

■ **BILAN de séquence** .......................... 36

## COMPRENDRE LE MONDE ANTIQUE

La représentation des dieux
Le relief et la ronde-bosse ......................... 38
Les statues ......................................... 40

## Lire l'image

• Qui est le dieu représenté ici ? Qu'est-ce qui permet de l'identifier ?

• Quelles caractéristiques insolites l'attelage du dieu présente-t-il ?

Art romain (IIIᵉ s.), mosaïque provenant d'une maison de Sousse, 1,80 x 1,10 m (Sousse, Musée archéologique).

# 1 Une langue, une culture

## DÉCOUVRIR L'ALPHABET GREC

Enfant, j'ai souvent rêvé de la Grèce. […]

Le grec m'introduisit d'emblée au cœur d'un autre monde. Par son alphabet tout d'abord, les dessins mystérieux de ses lettres dont certaines m'apparaissaient comme des hiéroglyphes chargés d'énigmes : l'oméga Ω, serrure magique ouvrant sur
5 des chambres secrètes ; le psi Ψ, trident surgi de la mer Égée, tout ruisselant d'algues et d'écume ; le thêta Θ, bouclier dur et mat orné de figures héraldiques ; le xi Ξ, escalier ou labyrinthe menant vers le ciel ou les profondeurs de la terre.

■ Jacques Lacarrière, *L'Été grec*, © Plon (1975).

| Majuscules | Minuscules | Nom | Prononciation | Diphtongues | Prononciation |
|---|---|---|---|---|---|
| A | α | alpha | *a* | **αι, αυ** | aï, au |
| B | β | bêta | *b* | | |
| Γ | γ | gamma | *g* toujours dur (*granit*) | | |
| Δ | δ | delta | *d* | | |
| E | ϵ | epsilon | *é* fermé bref (*blé*) | **ϵι, ϵυ** | eï, eu |
| Z | ζ | dzêta | *dz* | | |
| H | η | êta | *è* long ouvert (*scène*) | | |
| Θ | θ | thêta | *th* (prononcé *t*) | | |
| I | ι | iota | *i* | | |
| K | κ | kappa | *k* | | |
| Λ | λ | lambda | *l* | | |
| M | μ | mu | *m* | | |
| N | ν | nu | *n* | | |
| Ξ | ξ | xi | *x* (*ks*, jamais *gz*) | | |
| O | ο | omicron | *o* bref fermé (*pot*) | **οι, ου** | oï, ou |
| Π | π | pi | *p* | | |
| P | ρ | rhô | *r* | | |
| Σ | σ, ς | sigma | *s* (ς en fin de mot, σ ailleurs) | | |
| T | τ | tau | *t* | | |
| Υ | υ | upsilon | *u* | | |
| Φ | φ | phi | *ph* (prononcé *f*) | | |
| X | χ | chi | *ch* dur (*polychromie*) | | |
| Ψ | ψ | psi | *ps* | | |
| Ω | ω | oméga | *o* long ouvert (*mort*) | | |

**Remarques :**

**1.** Les éditeurs présentent généralement le β sous cette forme seulement à l'initiale des mots ; à l'intérieur du mot, ils utilisent une lettre très proche du *b* écrit français ; on a unifié ici l'écriture de cette lettre.

**2.** La prononciation proposée ici est la prononciation utilisée traditionnellement en France, dite érasmienne. Il existe des tentatives de prononciation différente.

## LIRE ET ÉCRIRE EN GREC

**1** Lisez à voix haute, puis recopiez en minuscules le nom des douze dieux et déesses de l'Olympe. (Ne tenez pas compte de l'accentuation.)

ΖΕΥΣ, *maître de l'Olympe*
ΠΟΣΕΙΔΩΝ, *dieu de la mer*
ΕΡΜΗΣ, *dieu du commerce*
ΑΡΗΣ, *dieu de la guerre*
ΑΠΟΛΛΩΝ, *dieu des arts*
ΗΦΑΙΣΤΟΣ, *dieu du feu*

ΗΡΑ, *épouse de Zeus*
ΔΗΜΗΤΗΡ, *déesse de la végétation*
ΕΣΤΙΑ, *déesse du foyer*
ΑΦΡΟΔΙΤΗ, *déesse de l'amour*
ΑΡΤΕΜΙΣ, *déesse de la chasse*
ΑΘΗΝΑ, *déesse de l'intelligence*

Il faut ajouter à cette liste deux dieux importants :

ΑΙΔΗΣ, *dieu des enfers* (le *iota* ne se prononce pas)
ΔΙΟΝΥΣΟΣ, *dieu de la fête*

**2** Écrivez en lettres grecques votre NOM (en majuscules) et votre prénom (en minuscules).

**3** Lisez à haute voix ces mots grecs.

πατήρ, *le père*
μήτηρ, *la mère*
ἵππος, *le cheval*
φόβος, *la crainte*
φωνή, *la voix*
θώραξ, *la cuirasse*
σίδηρος, *le fer*
ῥόδον, *la rose*
φίλος, *l'ami*
φιλοσοφία, *la philosophie*
λόγος, *le discours, le sujet d'étude*

παῖς, *l'enfant*
παιδεία, *l'éducation*
γένος, *la famille, la race*
Βάρβαρος, *le Barbare*
σεισμός, *le séisme*
φάρμακον, *le remède*
ὑπέρ, *au-dessus de*
ὑπό, *au-dessous de*
ἐλέφας, *l'éléphant*
γράμμα, *la lettre*

Pier Jacopo Alari Bonacolsi dit L'Antico (vers 1460-1528), *L'Apollon du Belvédère* (détail, 1497-1498), sculpture en bronze, or et argent (Francfort s/Main, Liebighaus).

**Remarque :** ces mots portent un accent (aigu, grave ou circonflexe) et parfois, sur la voyelle initiale, un signe appelé « esprit » (doux : ᾽ ou rude : ῾). Nous étudierons plus précisément les esprits et les accents → p. 23.

**4** Choisissez cinq mots dans la liste de l'exercice 3. Trouvez les mots qu'ils ont donnés en français.

**5** Les mots grecs commençant par une voyelle avec un esprit rude (῾) ont donné en français des mots commençant par *h*.

**a)** Lisez les mots grecs suivants et proposez des mots français qui en sont dérivés (attention à leur orthographe).

ἱππικός (adj.), *qui a rapport au cheval*
ἕλιξ, *spirale*
ὁρίζω, *limiter, définir*

**b)** Trouvez les mots français dérivés de αἷμα, *sang* (αι- a donné é- en français.)

**6** Les mots grecs commençant par un upsilon (υ) surmonté d'un esprit rude (')
ont donné en français des mots commençant par *hy-*.

**a)** Trouvez des mots commençant en français par les préfixes dérivés des préfixes
grecs ὑπό (*hypo-*) et ὑπέρ (*hyper-*).

**b)** Lisez les mots grecs suivants et trouvez le mot français qui en est dérivé,
en expliquant son sens.

ὑποκριτής, *acteur*

ὑγίεια, *santé*

**7** Les mots grecs commençant par un ρ avec un esprit rude (') ont donné en
français des mots commençant par *rh-* (surtout des termes de médecine ou des
mots savants).
Lisez les mots grecs suivants et trouvez le mot français qui en est dérivé.

ῥεῦμα, *écoulement, flot* (qui a donné le nom d'une maladie fréquente par temps froid)

ῥήτωρ, *orateur* (qui a donné le mot savant de même sens et la science dont il relève)

**8** Lisez et retenez le premier vers de l'*Odyssée* d'Homère. Soyez attentifs à
l'ordre des mots !

Ἄνδρα μοι ἔννεπε, Μοῦσα, πολύτροπον

*Raconte-moi, Muse, l'homme aux mille tours*

**9** Lisez et retenez le nom des neuf Muses.

Ἐρατώ (poésie lyrique)  Καλλιόπη (éloquence)  Οὐρανία (astronomie)

Εὐτέρπη (musique)  Κλειώ (histoire)  Πολύμνια (hymnes sacrés)

Θαλία (comédie)  Μελπομένη (tragédie)  Τερψιχόρα (danse, chant choral)

**10** Voici une représentation de deux des neuf Muses, trouvée à Pompéi et exposée
au musée du Louvre. Pouvez-vous les identifier ? Écrivez leur nom en grec.

Deux muses, fresque provenant de Pompéi,
villa de Julia Felix (vers 62-79 après J.-C.), 0,460 x 0,360 m
(Paris, musée du Louvre).

**11** Un peu de déchiffrement

### Doc. 1 — Un héros en action

Pouvez-vous lire le nom de la déesse et du héros représentés sur ce vase ? Aidez-vous de la reproduction en noir et blanc.

(L'orthographe sur les vases n'est pas toujours respectée : ainsi l'H est ici remplacé par un E.)

Combat d'Héraclès contre Géryon, amphore chalcidienne à figures noires trouvée à Vulci (vers 540 avant J.-C.), céramique (Paris, BnF).

### Doc. 2 — Ouste, dehors !

Lors de séances de l'Assemblée à Athènes, on inscrivait sur un morceau de céramique, appelé *ostrakon*, le nom d'un homme politique qu'on souhaitait exiler.
Lisez le nom des personnages nommés sur cet *ostrakon*.

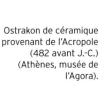

Ostrakon de céramique provenant de l'Acropole (482 avant J.-C.) (Athènes, musée de l'Agora).

Déroulé de l'amphore représentant le combat d'Héraclès et de Géryon, *in Description de quelques vases peints* (planche VIII), d'Honoré d'Albert (Paris, © Firmin Didot, 1840).

### Doc. 3 — Allez, les champions !

Lisez cette vignette extraite d'*Astérix aux jeux Olympiques* traduite en grec et retrouvez le texte français, sachant que NAI signifie *Oui*.

Vignette extraite d'*Astérix aux jeux Olympiques*, www.asterix.com
© 2013, Les Éditions Albert René / Goscinny-Uderzo.

**12** Lisez ces petites phrases grecques (inspirées de l'*Hymne homérique à Hermès*).

La première frasque d'Hermès, dieu du commerce... et des voleurs :

Ὅτε ὁ Ἑρμῆς παῖς ἦν,
*Quand Hermès était enfant,*

ἔκλεψε τοὺς τοῦ Ἀπόλλωνος βοῦς.
*il vola les bœufs d'Apollon.*

Καὶ ἵνα μὴ εὑρεθῇ,
*Et pour ne pas être découvert,*

εἷλξε τοὺς βοῦς τῶν οὐρῶν μέχρι τῆς αὑτοῦ οἰκίας.
*il tira les bœufs par la queue jusqu'à sa maison.*

# Les premiers écrits grecs

## LA POÉSIE

- Les premières œuvres créées par les Grecs ont été des poèmes et d'abord des **épopées**, considérées comme les poèmes les plus nobles.
- Les plus anciennes épopées que nous possédions ont été composées au **VIIIᵉ siècle avant notre ère** : il s'agit de l'*Iliade* et de l'*Odyssée*, attribuées à un poète nommé Homère. D'autres épopées furent composées à la même époque, mais elles ne nous sont pas parvenues.
- Les poèmes homériques furent transmis d'abord **oralement** : ils ne furent notés par écrit que deux siècles plus tard.

### La plus ancienne épopée en grec : l'*Iliade*

| Doc. 1 | Hélène sur les remparts |

Αὐτίκα δ' ἀργεννῇσι καλυψαμένη ὀθόνῃσιν
ὡρμᾶτ' ἐκ θαλάμοιο τέρεν κατὰ δάκρυ χέουσα,
οὐκ οἴη, ἅμα τῇ γε καὶ ἀμφίπολοι δύ' ἕποντο.

■ Homère (VIIIᵉ s. avant J.-C.), *Iliade*, III, 140-142 et 150-160, trad. P. Mazon, © Les Belles Lettres (1937).

*Dans la suite du texte, Priam et d'autres vieillards sont installés sur le rempart...*

*L'âge pour eux a mis fin à la guerre. Mais ce sont de beaux discoureurs : on dirait des cigales, qui, dans le bois, sur un arbre, font entendre leur voix charmante. Tels sont les chefs troyens siégeant sur le rempart. Ils voient Hélène monter sur le rempart, et, à voix basse, ils échangent des mots ailés :*

*Vite, elle se couvre d'un long voile blanc, et elle sort de sa chambre en versant de tendres pleurs. Elle n'est pas seule : deux suivantes l'accompagnent.*

« *Non, il n'y a pas lieu de blâmer les Troyens ni les Achéens aux bonnes jambières, si, pour telle femme, ils souffrent si longs maux. Elle a terriblement l'air, quand on l'a devant soi, des déesses immortelles... Mais, malgré tout, telle qu'elle est, qu'elle s'embarque et qu'elle parte ! qu'on ne la laisse pas ici, comme un fléau pour nous et pour nos fils plus tard !* »

*Troie*, film de Wolfgang Petersen (2004), avec Diane Kruger dans le rôle d'Hélène de Troie.

| Doc. 2 | La Belle Hélène |

# L'autre épopée attribuée à Homère : l'*Odyssée*

*Ulysse, après un naufrage dramatique, est arrivé sur le rivage de l'île de Corcyre et s'endort sous un buisson, épuisé et tout nu. Il est réveillé par les cris joyeux des servantes de Nausicaa, la fille du roi, venues là avec la princesse pour laver leur linge.*

῝Ως εἰπὼν θάμνων ὑπεδύσετο δῖος Ὀδυσσεύς,
ἐκ πυκινῆς δ' ὕλης πτόρθον κλάσε χειρὶ παχείῃ
φύλλων, ὡς ῥύσαιτο περὶ χροῒ μήδεα φωτός.

■ Homère (VIIIᵉ s. avant J.-C.), *Odyssée*, VI, 127-129 et 130-140, trad. V. Bérard (1924).

Doc. **4**   **Ulysse et Nausicaa**

Hydrie à figures rouges (vers 460-450 avant J.-C.), peintre de l'onochoé de Yale (Vᵉ siècle avant J.-C.), céramique, haut : 0,215 m (Paris, musée du Louvre).

*Et le divin Ulysse émergea des broussailles. Sa forte main cassa dans la dense verdure un rameau bien feuillu, qu'il donnerait pour voile à sa virilité.*

Voici la suite du texte :

*Puis il sortit du bois. Tel un lion des monts, qui compte sur sa force, s'en va, les yeux en feu, par la pluie et le vent, se jeter sur les bœufs et les moutons, ou court forcer les daims sauvages, jusqu'en la ferme close attaquer le troupeau ; c'est le ventre qui parle. Tel, en sa nudité, Ulysse s'avançait vers ces filles bouclées : le besoin le poussait… Quand l'horreur de ce corps tout gâté par la mer leur apparut, ce fut une fuite éperdue jusqu'aux franges des grèves. Il ne resta que la fille d'Alkinoos : Athéna lui mettait dans le cœur cette audace et ne permettait pas à ses membres la peur. Debout, elle fit tête[1]…*

1. Elle fit face.

# Comprendre les textes

**1** **Doc. 1. a)** Lisez le texte grec et recopiez quelques mots pour lesquels votre lecture a été difficile.
**b)** Comment Hélène apparaît-elle aux vieillards ? À qui la comparent-ils ?
**c)** Comment les vieillards eux-mêmes sont-ils présentés (dont le roi Priam) ? Ce tableau vous paraît-il satirique ou indulgent ?
**d)** Selon vous, pourquoi les vieillards souhaitent-ils qu'on rende Hélène à son époux Ménélas ?

**2** **Doc. 3. a)** Lisez le texte grec et repérez à la fin du premier vers les deux mots traduits par *le divin Ulysse*. Comment *Ulysse* se dit-il en grec ? Quel lien faites-vous avec le titre de l'épopée ?
**b)** Pourquoi cette scène pourrait-elle être comique ?
**c)** Quels éléments stylistiques lui donnent au contraire un ton soutenu ?

**3** **Doc. 4. a)** La représentation d'Ulysse vous paraît-elle conforme au texte proposé en document 3 ? Quelles différences relevez-vous ?
**b)** Comment interprétez-vous les gestes des personnages ?

LECTURE

# LA PROSE

• Les premiers écrits en prose apparaissent au **VIe siècle avant J.-C.**, en Ionie. Ce sont des **ouvrages scientifiques**. Leurs auteurs rédigent :
- soit des recherches sur la **nature** (φύσις / *phusis*), comme celles de Thalès, qui n'a laissé aucun écrit, ou Anaximène, qui aurait dessiné la première carte du monde. Ce sont des savants « philosophes » (le mot σοφία signifie pour les Grecs à la fois *la science* et *la sagesse*) ;
- soit des **généalogies** (pour rattacher les familles régnantes à leurs ancêtres mythiques) ou des **récits de fondation de cités.** Ce sont des historiens « enquêteurs » (le mot ἱστορία signifie d'abord *enquête*).

• Il ne nous reste presque rien de ces textes. Les premiers auteurs grecs écrivant en prose dont l'œuvre nous soit parvenue intégralement sont des historiens du Ve siècle avant J.-C. : d'abord **Hérodote** (vers 490-425), puis, à la fin du siècle, **Thucydide** (vers 460-404), qui signe dès la première phrase son récit de la guerre du Péloponnèse entre Athènes et Sparte.

## Doc. 5 Un autographe rédigé

Θουκυδίδης Ἀθηναῖος ξυνέγραψε τὸν πόλεμον τῶν Πελοποννησίων καὶ Ἀθηναίων ὡς ἐπολέμησαν πρὸς ἀλλήλους, ἀρξάμενος εὐθὺς καθισταμένου καὶ ἐλπίσας μέγαν τε ἔσεσθαι [...] ὅτι ἀκμάζοντές τε ἦσαν ἐς αὐτὸν ἀμφότεροι παρασκευῇ τῇ πάσῃ·

■ Thucydide (vers 460-399 env.), *La Guerre du Péloponnèse*, I, 1-2, trad. J. de Romilly, © Les Belles Lettres (1953).

*Thucydide d'Athènes a raconté comment se déroula la guerre entre les Péloponnésiens et les Athéniens. Il s'était mis au travail dès les premiers symptômes de cette guerre ; et il avait prévu qu'elle prendrait de grandes proportions [...] parce que les deux groupes étaient, en l'abordant, dans le plein épanouissement de toutes leurs forces ;*

Voici la suite du texte :

*[...] et, d'autre part, il voyait le reste du monde grec se joindre à chaque camp, aussitôt ou en projet. Ce fut bien la plus grande crise qui émut la Grèce et une fraction du monde barbare : elle gagna, pour ainsi dire, la majeure partie de l'humanité.*

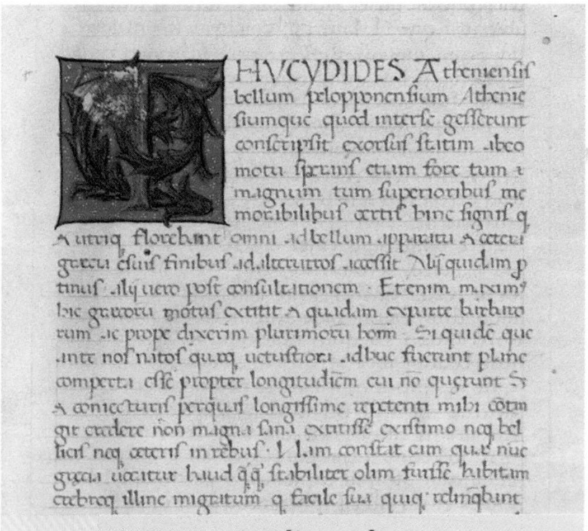


**Doc. 6 La Guerre du Péloponnèse**

Thucydide, *Histoire de la guerre du Péloponnèse*, fol. 3, parchemin latin (vers 1469) (Paris, BnF).

## Comprendre le texte

**1** **Doc. 5. a)** Repérez au début du texte grec la « signature » de Thucydide.
**b)** Relevez dans la suite du texte les mots signifiant *Péloponnésiens* et *Athéniens*.
**c)** Pourquoi Thucydide a-t-il pensé que cette guerre devait être racontée ?
**d)** Pourquoi se juge-t-il bien placé pour en être l'historien ?

# ESPRITS, ACCENTS ET PONCTUATION

## Les esprits : esprit doux et esprit rude

### ● L'esprit doux

**1** Relevez dans le texte de Thucydide → p. 22 les mots dont la première lettre est surmontée d'un signe ressemblant à un petit c à l'envers, comme dans le cas du mot ἀλλήλους. Il s'agit d'un **esprit doux**. Seules des voyelles initiales peuvent être surmontées de ce signe ; il fait alors partie de l'orthographe du mot.

**2** Observez les mots Ὀδυσσεύς et Ἀθηναῖος : qu'arrive-t-il quand cette voyelle initiale est une majuscule ?

**3** Observez le mot εὐθύς : où l'esprit se place-t-il quand le mot commence par une diphtongue ?

### ● L'esprit rude

Le signe inverse (que l'on trouve sur les voyelles initiales) ressemblant à un petit c est un **esprit rude**. Il marque une aspiration et se transcrit par un h : ὡς se prononce hôs.

**4** Retrouvez dans le texte un autre mot dont la première voyelle est surmontée d'un esprit rude.

**5** Comment transcririez-vous en français les mots Ἑλένη et ἱστορία ?

## Les accents

Il y a trois sortes d'accents : aigu, grave ou circonflexe. Ils sont toujours situés sur l'une des trois syllabes finales (jamais plus de trois « mesures » à partir de la fin du mot).
Ce sont des accents toniques (les Grecs élevaient la voix sur la syllabe accentuée).

### ● L'accent aigu

**6** Relevez dans le texte de Thucydide → p. 22 les mots qui portent un accent aigu et indiquez sur quelle syllabe il est placé (dernière ou **finale**, avant-dernière ou **pénultième**, avant-avant-dernière ou **antépénultième**).

### ● L'accent grave

**7** Relevez dans le même texte les accents graves. Sur quelle syllabe sont-ils toujours situés ?
**Remarque :** en observant le groupe de mots ἀκμάζοντές τε, vous notez peut-être une anomalie. L'accentuation apparemment anormale vient de ce que le mot ἀκμάζοντες est suivi d'un mot sans accent (τε, atone, appelé « **enclitique** »).

### ● L'accent circonflexe

**8** Relevez dans le même texte et dans celui de l'*Odyssée* → p. 21 les accents circonflexes.
Sur quelles syllabes sont-ils placés ?
Cette place s'explique parce qu'un circonflexe vaut deux « mesures » ; il ne peut donc jamais remonter plus haut que deux syllabes.
**Remarque :** l'accent et l'esprit peuvent se trouver sur la même syllabe. Relevez-en des exemples dans la ligne 6 du texte de Thucydide.

## La ponctuation

● On trouve en grec, comme en français, des **points** et des **virgules**.

● Les **apostrophes** marquent l'élision : quand un mot se termine par une voyelle brève, celle-ci disparaît (s'élide) si le mot suivant commence par une voyelle ; elle est remplacée par une apostrophe.
δ' ὕλης pour δὲ ὕλης (*Odyssée* → p. 21)

● Deux signes de ponctuation surprenants :
- Le **point-virgule** est en grec un point d'interrogation.
τί ποιεῖς ; *Que fais-tu ?*
- Le « **point en haut** » est l'équivalent soit de nos deux points, soit de notre point-virgule.
διάγουσι μανθάνοντες δικαιοσύνην· καὶ λέγουσιν
*Ils passent leur temps à étudier la justice ; et ils disent…*
(Hérodote)
Εἶπε· τί ποιεῖς ; *Il dit : Que fais-tu ?*

**Remarque :** une autre « spécialité grecque » est le iota souscrit. Lorsqu'un iota suit une voyelle longue, il se note sous cette voyelle et ne se prononce pas.
τῇ πάσῃ et non τῆι πάσηι

Manuscrit grec du XIVᵉ s. (ms 2. Fol. 3r, détail)
Oxford, Magdalen College).

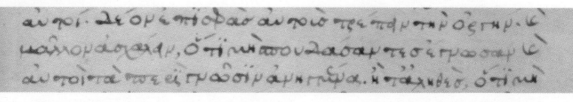

# De l'écriture minoenne au grec moderne

Les premiers systèmes d'écriture du monde grec ont été trouvés en Crète. On connaît :
- le **linéaire A**, écriture non encore déchiffrée et utilisée surtout à l'époque la plus glorieuse de la Crète minoenne (1700-1450 avant J.-C.) ;
- le **linéaire B**, apparu lorsque les Mycéniens envahirent la Crète en 1450 : ils utilisèrent l'écriture minoenne pour noter leur langue. Le linéaire B a pu être déchiffré parce qu'il transcrivait du grec. Une centaine de signes sous forme d'idéogrammes suffisaient à symboliser des objets ou à transcrire les sons utilisés dans la langue parlée. Chaque signe notait une syllabe.

**Doc. 1** *Une tablette de linéaire B*

Héraklion, Musée archéologique.

● D'après cette tablette, pourquoi a-t-on utilisé le terme de « linéaire » pour désigner cette écriture ?

• Sachant que les signes

ᛉᛉᛏ ᛏ ᛏ ᛏᛏ ᛏ ᛏ ᛏ ᛏ

symbolisent successivement :
ovin, mouton, brebis ; caprin, bélier, chèvre ; bovin, bœuf, vache ;

et que les chiffres sont notés ainsi :

| = 1,  — = 10, O = 100

a) déchiffrez la première ligne de la tablette ;
b) écrivez : 23 bœufs ; 112 brebis ; 10 caprins ; 6 chèvres ; 4 béliers.

**Doc. 2** *Du phénicien au latin*

| Phénicien | | Grec ancien | | Grec classique | Étrusque | Latin |
|---|---|---|---|---|---|---|
| ᚷ | aleph | ᚪ | alpha | A | | A |
| ᚱ | bêt | Β | bêta | B | | B |
| ᚱ | gimel | ᚴ | gamma | Γ | | C, G |
| ᚪ | dalet | Δ | delta | Δ | | D |
| ᚢ | he | ᛟ | epsilon | E | | E |
| ᚣ | waw | ᚻ | digamma | | | |
| ᛁ | zaïn | ᛉ | dzêta | Z | | Z |
| ᛗ | het | ᛖ | hêta | H | | H |
| ᚦ | tet | ᚫ | thêta | Θ | | |
| ᚣ | yod | ι | iota | I | | I |
| ᚥ | kaf | Κ | kappa | Κ | | I K |
| ᚴ | lamed | ᚥ | lambda | Λ | | L |
| ᛗ | mem | ᛗ | mu | M | | M |
| ᚴ | nun | ᛏ | nu | N | | N |
| ᛞ | samek | ᛣ | xi | Ξ | | X |
| O | 'aïn | O | omikron | O | | O |
| ᚱ | pe | Γ | pi | Π | | P |
| ᛗ | sade | ᛗ | san | | | |
| ᚥ | qof | ᚤ | qoppa | | | Q |
| ᚱ | resh | Ρ | rho | Ρ | | R |
| ᚥ | shin | ᛥ | sigma | Σ | | S |
| ✝ | taw | ᛏ | tau | T | | T |
| | | ᚤ | upsilon | Υ | | V, Y |
| | | ᚥ | phi | Φ | | F |
| | | Χ | khi | Χ | | |
| | | ᚤ | psi | Ψ | | |
| | | | | Ω oméga | | |

Les Phéniciens (habitant le Liban actuel) inventent au XIe siècle avant J.-C. un alphabet où chaque lettre correspond à un son. Les Grecs l'empruntent au IXe siècle avant J.-C., y ajoutent les voyelles et il se répand alors dans tout le monde grec. Les Étrusques (occupant le centre de l'Italie) et les Latins adapteront à leur tour cet alphabet grec.

● Quel avantage l'alphabet phénicien procurait-il par rapport au linéaire B ?

● Repérez quelques lettres qui n'ont pas beaucoup évolué dans les différents alphabets.

## Doc. 3  *Les inscriptions*

Mur du Code de lois de Gortyne (détail),
dialecte dorien en boustrophédon
(vers 480-460 avant J.-C.).

Les notations grecques les plus anciennes sont les inscriptions sur pierre, en majuscules. Cette célèbre inscription de Gortyne en Crète est écrite en « boustrophédon » : en « aller et retour », comme le bœuf (βοῦς) qui creuse son sillon en tournant (στροφή) au bout du champ.

⬤ Retrouvez l'écriture boustrophédon en observant les lettres grecques des deux premières lignes.

## Doc. 4  *Les manuscrits*

Venise, Biblioteca Nazionale Marciana.

On écrit plus tard en minuscules sur papyrus (d'origine végétale), puis sur parchemin (des peaux préparées spécialement), et enfin sur papier (des fibres végétales réduites en pâte). La fragilité de ces supports explique que beaucoup de textes anciens ont disparu.

⬤ D'après le titre du manuscrit, de quelle œuvre ce manuscrit est-il la copie ?

## Doc. 5  *Le grec moderne*

Le grec moderne dérive en ligne directe du grec ancien mais la prononciation a beaucoup évolué ; de nombreuses lettres ne se prononcent plus de la même manière. Ainsi, le son [i] est représenté par cinq graphies différentes en grec moderne : η ; ι ; υ ; οι ; ει.

⬤ Sur ce panneau de signalisation, comparez les lettres grecques à leur transcription en alphabet latin.

⬤ Dans une nouvelle écrite en grec moderne par Soti Triandaphyllou, l'héroïne (grecque) ouvre à Athènes un restaurant français et sa carte offre des plats aux noms surprenants : ἐσκαλοπ, μπουντέν, κασσουλέ, σώς ταρτάρ, πόμ σωτέ αλά κρέμ.
Retrouvez les plats français dont l'alphabet grec essaie de transcrire les noms. (En grec moderne, μπ note le *b* français, et ντ le *d*.)

Panneaux de signalisation à Athènes.

# La mythologie grecque

## Les amours de Zeus

*Selon la légende, Zeus amoureux enleva la jeune princesse Europe en Phénicie en prenant une forme animale ; Palaiphatos (un commentateur mal connu du IVᵉ siècle de notre ère) en doute...*

Περὶ Εὐρώπης.

Φασὶν Εὐρώπην τῆς Φοίνικος ἐπὶ ταύρου ὀχουμένην διὰ τῆς θαλάσσης ἐκ Τύρου εἰς Κρήτην ἀφίκεσθαι. Ἐμοὶ δὲ οὔτ' ἂν ταῦρος
5  οὔθ' ἵππος δοκεῖ τοσοῦτον πέλαγος διανύσαι δύνασθαι, οὔτε κόρη ἐπὶ ταῦρον ἄγριον ἀναβῆναι. Ὅ τε Ζεύς, εἰ ἐβούλετο Εὐρώπην εἰς Κρήτην ἐλθεῖν, εὑρεῖν ἂν αὐτῇ ἑτέραν πορείαν καλλίονα.

■ Palaiphatos (IVᵉ s. avant J.-C.), *Histoires incroyables*, 15, trad. D. Jouanna et D. Kaszubowski.

*Au sujet d'Europe.*

*On raconte qu'Europe, la fille de Phénix, transportée sur le dos d'un taureau à travers la mer, arriva de Tyr en Crète. À mon avis, ni un taureau ni un cheval n'aurait pu nager sur une telle distance, ni une jeune fille monter un taureau sauvage. Zeus, s'il avait voulu emmener Europe en Crète, lui aurait trouvé un autre moyen de transport plus convenable.*

*Palaiphatos continue ainsi :*

*Voici quelle est la vérité : un homme de Cnossos nommé Tauros faisait la guerre à Tyr. Pour finir, il enleva à Tyr beaucoup d'autres jeunes filles, et en particulier la fille du roi, Europe. Les gens disaient donc : « Tauros est parti en emmenant Europe, la fille du roi » ; et c'est ainsi que le mythe s'est répandu.*

L'enlèvement d'Europe
(fin IIᵉ-début IIIᵉ siècle après J.-C.),
mosaïque en pâte de verre
et opus tessellatum
(Arles, Musée départemental).

### Comprendre le texte

❶ Sous quelle forme Zeus a-t-il séduit Europe ?

❷ Situez Tyr et la Crète sur la carte des pages de garde.

❸ Pourquoi Palaiphatos juge-t-il cette légende invraisemblable ?

❹ Que pensez-vous de l'explication qu'il propose pour rendre compte de la naissance de ce mythe ?

### Observer la langue

❶ a) Lisez tout haut la première phrase du texte grec (l. 2-4).
b) Recopiez-la.

❷ Relevez les mots (en bleu) qui reviennent plusieurs fois.
a) Que constatez-vous concernant leur terminaison ?
b) Classez celui qui présente dans cette terminaison la voyelle **-o-** et celui qui présente la voyelle **-η-**. Quel est d'après vous leur genre respectif : masculin ou féminin ?

**Une déclaration d'amour de Zeus**

*Pour endormir la vigilance de Zeus, Héra, son épouse, a emprunté à Aphrodite, la déesse de l'amour, une bandelette magique ; Zeus ne résiste pas en la voyant.*

« Jamais encore pareil désir d'une déesse ni d'une femme n'a à tel point inondé et dompté mon cœur en ma poitrine – non, pas même quand je m'épris de l'épouse d'Ixion, [...] – ni de Danaé, aux fines chevilles, la fille d'Acrisios, la mère de Persée glorieux entre tous héros ; – ni de la fille de l'illustre Phénix, qui me donna pour fils Minos et Rhadamante égal aux dieux ; – ni de Sémélé ni d'Alcmène, à Thèbes : Alcmène qui enfanta Héraclès aux puissants desseins ; Sémélé, qui donna le jour à Dionysos, joie des mortels ; – ni de Déméter la reine aux belles tresses ; – ni de la glorieuse Létô ; ni de toi-même ; – non, jamais autant que je t'aime à cette heure et que me tient le doux désir. »

■ Homère (VIIIᵉ s. avant J.-C.), *Iliade*, XIV, 315-328, trad. P. Mazon, © Les Belles Lettres (1937).

**Les conséquences de la conduite de Zeus**

*Sur l'Olympe, un dieu reproche à Zeus les conséquences de sa conduite amoureuse.*

Le fait que notre assemblée comporte des bâtards, c'est toi, Zeus, qui en es la cause en couchant avec des mortelles et en descendant auprès d'elles tantôt sous une forme, tantôt sous une autre ; si bien que nous, nous avons peur qu'on aille se saisir de toi et t'offrir en sacrifice quand tu es taureau, ou que, quand tu es or, un des ouvriers fondeurs d'or n'aille réaliser une œuvre avec toi, et que nous te retrouvions sous forme de collier, de bracelet ou de boucle d'oreille – sans compter que tu as rempli le ciel de ces demi-dieux.

■ Lucien (120-180 après J.-C.), *L'Assemblée des dieux*, 7, trad. D. Jouanna et D. Kaszubowski.

**Consolation à un mari trompé**

Alcmène entre Zeus et Hermès, vase à figures rouges (vers 350-340 avant J.-C.) (Lipari, musée Eoliano).

*Pour séduire Alcmène, Zeus (Jupiter) a pris l'apparence de son mari, le général thébain Amphitryon. Il calme la colère de ce dernier en apparaissant dans toute sa gloire devant lui et son esclave Sosie.*

JUPITER [...]
  Un partage avec Jupiter
  N'a rien du tout qui déshonore ;
Et sans doute il ne peut être que glorieux
De se voir le rival du souverain des dieux.
Je n'y vois pour ta flamme aucun lieu de murmure ; [...]
Et ce doit à tes feux être un objet bien doux
De voir que pour lui plaire il n'est point d'autre voie
  Que de paraître son époux.
  [...]

SOSIE
Le seigneur Jupiter sait dorer la pilule.

■ Molière (1622-1673), *Amphitryon*, acte III, scène 10.

## Prolonger la lecture

❶ **Doc. 1. a)** Faites la liste des femmes aimées de Zeus (la *fille de l'illustre Phénix* est Europe ; l'*épouse d'Ixion*, moins connue, s'appelle Dia).
**b)** Selon vous, quels sentiments Héra peut-elle éprouver en entendant cette énumération ?

❷ **Doc. 2. a)** Quelles sont les conséquences de l'inconduite de Zeus ?
**b)** Quelle image ces reproches donnent-ils de Zeus ? Relevez tout ce qui contribue à dévaloriser son image habituelle de maître des dieux.

❸ **Doc. 3. a)** Que pensez-vous des consolations adressées par Zeus à Amphitryon ?
**b)** Expliquez le sens de la remarque de Sosie, qui est passée en proverbe.

# DÉCOUVRIR LA DÉCLINAISON

## Le rôle des terminaisons

● La terminaison du mot varie selon son **genre** (masculin, féminin ou neutre), selon son **cas** (correspondant à sa fonction grammaticale) et selon son **nombre** (singulier ou pluriel). L'ensemble de ces terminaisons (ou désinences) s'appelle une **déclinaison**.

- le **genre** : Εὐρώπη, *Europe* : féminin ; ταῦρος, *taureau* : masculin

- la **fonction** grammaticale détermine le **cas** :

Εὐρώπη βλέπει ταῦρον.    Ταῦρος  φέρει Εὐρώπην.

*Europe*      *voit*       *un taureau. Un taureau porte*   *Europe.*

sujet           COD        sujet         COD

L'enlèvement d'Europe, métope de l'Acropole de Sélinonte (Sicile), calcaire, haut : 84,2 cm (Syracuse, Musée archéologique régional)

La terminaison -η indique la fonction **sujet** au féminin, et -ην, la fonction **COD** au féminin.
La terminaison -ος indique la fonction **sujet** au masculin, et -ον, la fonction **COD** au masculin.

- le **nombre** : ταῦρος, *un taureau* ;   ταῦροι, *des taureaux*

● Contrairement au français, l'ordre des mots en grec n'a pas d'importance pour indiquer les fonctions. Vous pourrez trouver aussi bien :

Εὐρώπην φέρει ταῦρος    ou    ταῦρος Εὐρώπην φέρει. *Un taureau porte Europe.*

COD            sujet          sujet    COD

## L'article

● Le grec possède comme le français un **article défini** : on cite généralement le nom avec son article.

- masculin : ὁ, *le* ; ὁ λόγος : *le discours*
- féminin : ἡ, *la* ; ἡ κεφαλή : *la tête*
- neutre : τό, *le* ; τὸ δῶρον : *le don, le cadeau*

● Le grec ne possède **pas d'article indéfini** correspondant à l'article français (*un, une, des*).

ὁ ταῦρος : *le taureau* ; ταῦρος : *un taureau*

## Les cas et la déclinaison

● La langue grecque comporte **3 déclinaisons**, dont chacune présente **5 cas**, c'est-à-dire **5 terminaisons** (appelées « désinences ») indiquant la fonction du mot dans la phrase. Exemples empruntés à la 2ᵉ déclinaison (masculin) → p. 32.

| Fonction (en français et en grec) | Cas grec | Désinences du singulier | Exemples |
|---|---|---|---|
| • Sujet et attribut du sujet | nominatif | -ος | ὁ λόγος *(le discours)* est καλός *(beau)* |
| • Apostrophe, interpellation | vocatif | -ε | ἄνθρωπε ! *(Eh, l'homme !)* |
| • COD ou attribut du COD | accusatif | -ον | L'homme écrit τὸν λόγον *(le discours)* |
| • Complément du nom | génitif | -ου | ὁ τοῦ ἰατροῦ λόγος *(le discours du médecin)* |
| • COI et compléments circonstanciels | datif | -ῳ | J'obéis τῷ ἰατρῷ *(au médecin)* |

## À vous de jouer !

**1** Traduisez en grec avec la bonne désinence le mot *discours* (λόγος) dans les phrases suivantes.

**1.** Il écrit un **discours**.
**2.** La beauté d'un **discours** peut convaincre la foule.
**3.** Ô **discours**, que ton pouvoir est grand !
**4.** L'intonation donne à un **discours** toute sa force.
**5.** Un beau **discours** est une arme.

### L'ENCLAVE DU NOM

Le grec enclave le complément du nom entre l'article et le nom et dit : « *le du médecin discours* ».

**2** Identifiez le cas des mots en gras dans les phrases suivantes, puis traduisez celles-ci.

**1.** Ὁ ἰατρὸς θεραπεύει (*soigne*) **τὸν ἄνθρωπον**.
**2.** Ὁ **τοῦ ἰατροῦ** ἵππος πείθεται (*obéit*) **τῷ ἀνθρώπῳ**.
**3.** **Ἰατρέ**, θεραπεύεις (*soignes-tu*) καὶ (*aussi*) **τὸν ἵππον** (*le cheval*) ;

## DÉCOUVRIR LA CONJUGAISON

- La fonction des mots grecs, comme pour les mots français, se détermine par rapport au **verbe**.

### Les personnes du verbe

- Les verbes grecs se conjuguent comme les verbes français, avec **6 personnes** : 3 pour le singulier, 3 pour le pluriel.

- On désigne les verbes grecs par leur **1re personne du singulier** et non par leur infinitif.
**βλέπω** : *voir* ; **φέρω** : *porter*

### Deux catégories de verbes

- Le grec possède **deux grandes catégories de verbes**, qu'on distingue selon la désinence de la 1re personne du singulier :
- les verbes en **-ω** (les plus nombreux) ;
- les verbes en **-μι** (très anciens et plus rares). Vous n'étudierez pour le moment que le verbe **εἰμί** (*être*) → p. 46.

## À vous de jouer !

**1** **a)** Retrouvez la 1re personne du singulier des verbes suivants.

**1.** βαίν-ει : *il marche*
**2.** γράφ-ει : *il écrit*

**b)** Quelle finale caractérise la 3e personne du singulier ?

**2** Formez la 3e personne du singulier des verbes suivants.

**1.** λέγω : *je dis*
**2.** παρέχω : *je fournis, j'offre*

**3** Traduisez les verbes en gras en vous reportant aux exemples donnés p. 28 sur « Le rôle des terminaisons ».

**1.** Je **vois** un beau cheval.
**2.** Le cheval **porte** le médecin.

**4** Recopiez les phrases suivantes, soulignez les verbes, puis traduisez.

**1.** Ὁ ἰατρὸς βαίνει.
**2.** Ὁ ἄνθρωπος τῷ ἰατρῷ τὸν ἵππον παρέχει.
**3.** Γράφω τὸν τοῦ ἀνθρώπου λόγον.

Kylix décoré d'un cavalier
(470-460 avant J.-C.),
art grec (Athènes, musée d'Art cycladique).

# Pâris et les trois déesses

*Héra, Athéna et Aphrodite se disputent le prix de la beauté. Zeus les invite à se soumettre au jugement d'un humain, le jeune berger Pâris, fils du roi de Troie. Les trois déesses décident de rendre visite au jeune homme, conduites par Hermès.*

ΠΑΡΙΣ. Τίνας ταύτας ἄγεις τὰς γυναῖκας ;

ΕΡΜΗΣ. Ἀλλ' οὐ γυναῖκές εἰσιν. Ἥραν δὲ
καὶ Ἀθηνᾶν καὶ Ἀφροδίτην ὁρᾷς. Κἀμὲ
τὸν Ἑρμῆν ἀπέστειλεν ὁ Ζεύς. Ἀλλὰ τί
5  τρέμεις ; Κελεύει δέ σε δικαστὴν γενέσθαι
τοῦ κάλλους αὐτῶν. Τοῦ δὲ ἀγῶνος τὸ ἆθλον
εἴσῃ ἀναγνοὺς τὸ μῆλον.

ΠΑΡΙΣ. Φέρε ἴδω· « Ἡ καλή, φησίν, λαβέτω. »
[...] Ἐξαρκέσει σκοπεῖν αὐτὰς ὡς ἔχουσιν,
10  ἢ καὶ ἀποδῦσαι δεήσει πρὸς τὸ ἀκριβὲς τῆς
ἐξετάσεως ;

■ D'après Lucien (120-180 après J.-C.), *Le Jugement des déesses,* trad. D. Jouanna et D. Kaszubowski.

PÂRIS. – Qui sont ces femmes que tu amènes là ?

HERMÈS. – Mais ce ne sont pas des femmes. Ce sont Héra, Athéna et Aphrodite que tu vois. Et moi je suis Hermès, envoyé par Zeus. Allons, pourquoi trembles-tu ? Il veut que tu sois le juge de leur beauté. Tu connaîtras la récompense du concours en lisant [ce qui est écrit] sur cette pomme.

PÂRIS. – Donne, que je voie : « Que la (plus) belle, dit cette pomme, (me) reçoive. » [...] Suffira-t-il de les examiner comme elles sont, ou faudra-t-il aussi qu'elles se déshabillent, pour juger avec précision ?

## Comprendre le texte

❶ Pourquoi Pâris tremble-t-il d'abord ?

❷ Quelle évolution voyez-vous dans ses sentiments, d'après la dernière phrase ?

❸ La pomme que Pâris doit donner à la lauréate vous semble-t-elle un fruit ordinaire ? Pourquoi ?

➤ **D'après ce texte, quels étaient les rapports des dieux et des hommes en ces temps légendaires ?**

## Observer la langue

❶ a) Lisez tout haut la première phrase du texte.
b) Recopiez-la.

❷ Observez les mots en bleu dans le texte.
a) Vous avez vu dans le texte → p. 26 des mots masculins (ὁ ταῦρος, ὁ ἵππος). Quel nouvel article remarquez-vous ici ?
b) Quelle est la terminaison du mot qui le suit ?

Girolamo di Benvenuto (1470-1524), *Le Jugement de Pâris,* huile sur bois (Paris, musée du Louvre).

**Généalogie des dieux**

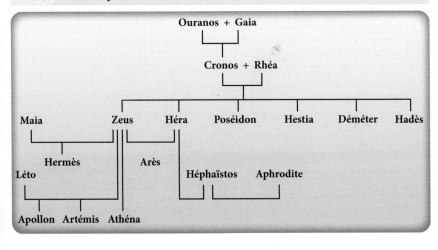

Zeus servi par Ganymède (détail),
coupe à figures rouges
(Tarquinia, Musée national étrusque).

Doc. 2 **La guerre de Troie vue par les Anciens et les Modernes**

*Dans la bataille, Aphrodite protège les Troyens et son fils Énée blessé ; mais le Grec Diomède la blesse à la main.*

Alors, dans un grand cri, elle laisse choir son fils de ses bras. Phœbos Apollon le prend dans les siens et lui donne l'abri d'une vapeur sombre, dans la crainte qu'un Danaen[1] aux prompts coursiers, en le frappant du bronze à la poitrine, ne lui vienne ravir la vie. Sur quoi, Diomède au puissant cri de guerre, à grande voix, s'exclame : « Arrière ! fille de Zeus ; laisse là combat et carnage. [...] »
II dit ; elle part, éperdue. Sa peine est terrible.

■ Homère (VIIIe s. avant J.-C.), *Iliade*, V, 343-352, trad. P. Mazon, © Les Belles Lettres (1937).

———————————
1. Un Grec.

*Ulysse le Grec et Hector le Troyen essaient de négocier à Troie pour éviter la guerre. Mais les dieux envoient leur messagère Iris.*

IRIS. – Oui, Aphrodite ; elle me charge de vous dire que l'amour est la loi du monde. [...] Et qu'elle vous interdit à vous deux, Hector et Ulysse, de séparer Pâris d'Hélène. Ou il y aura la guerre.

PÂRIS, LES VIEILLARDS. – Merci, Iris !

HECTOR. – Et de Pallas aucun message ?

IRIS. – Oui, Pallas me charge de vous dire que la raison est la loi du monde. [...] Et elle vous ordonne, à vous Hector et vous Ulysse, de séparer Hélène de ce Pâris à poil frisé. Ou il y aura la guerre...

■ Jean Giraudoux, *La guerre de Troie n'aura pas lieu* (1935), acte II, scène 12, © Grasset.

## **Prolonger** la lecture

**1** **Doc. 1.** Pouvez-vous donner les noms romains de toutes ces divinités ?

**2** **Doc. 2. a)** Pourquoi Aphrodite protège-t-elle les Troyens ?
**b)** Où voit-on, dans le texte de Giraudoux, qu'Athéna (Pallas) semble ne pas les aimer ? Comment expliquez-vous cette aversion ?

**c)** Précisez ce que demande chacune des déesses chez Jean Giraudoux. Sur quoi sont-elles d'accord ?

➤ **Comment les dieux sont-ils présentés dans ces deux textes ? Comparez leurs rapports avec les hommes.**

## GRAMMAIRE La 2ᵉ déclinaison

● Vous avez déjà découvert quelques mots masculins de la 2ᵉ déclinaison (ὁ ταῦρος, ὁ ἵππος) → p. 28. Le grec, comme le latin, possède aussi un **genre neutre**. Les mots en bleu du texte → p. 30 (τὸ ἆθλον, τὸ μῆλον) appartiennent, comme le masculin, à la 2ᵉ déclinaison. Ils se distinguent du masculin seulement par le fait que nominatif, vocatif et accusatif présentent une **forme unique**.

| Cas | Noms masculins en -ος | | | | Noms neutres en -ον | | | |
| | ὁ λόγος : *la parole, le discours* | | | | τὸ δῶρον : *le don, le cadeau* | | | |
|---|---|---|---|---|---|---|---|---|
| | Singulier | | Pluriel | | Singulier | | Pluriel | |
| Nominatif | ὁ | λόγ-ος | οἱ | λόγ-οι | τὸ | δῶρ-ον | τὰ | δῶρ-α |
| Vocatif | | λόγ-ε | | λόγ-οι | | δῶρ-ον | | δῶρ-α |
| Accusatif | τὸν | λόγ-ον | τοὺς | λόγ-ους | τὸ | δῶρ-ον | τὰ | δῶρ-α |
| Génitif | τοῦ | λόγ-ου | τῶν | λόγ-ων | τοῦ | δώρ-ου | τῶν | δώρ-ων |
| Datif | τῷ | λόγ-ῳ | τοῖς | λόγ-οις | τῷ | δώρ-ῳ | τοῖς | δώρ-οις |

● Les **adjectifs dits « de la 1ʳᵉ classe »** se déclinent au masculin et au neutre de la même façon → p. 56.

ὁ ἀγαθὸς ἰατρός : *le bon médecin*       τὸ καλὸν δῶρον : *le beau cadeau*

## ÉTYMOLOGIE

### ● À partir de mots masculins

Tous les **mots masculins** du Vocabulaire à retenir figurent dans des **mots composés français**.
▶ Citez-en quelques-uns, en donnant leur sens (par exemple : ἄνθρωπος > *anthropophage*, « qui dévore des humains »).
Exception : γεωργός a donné un prénom. Lequel ?

### ● À partir de mots neutres

▶ Quels noms français dérivent des **mots neutres** suivants ?
- τὸ εἴδωλον : *l'image, la statue*
- τὸ ζῷον : *l'animal*
- τὸ φάρμακον : *le remède*
▶ Quels mots français plus savants dérivent des **mots neutres** suivants ?
- τὸ ἆθλον, ου, *le prix, la lutte* : comment appelle-t-on celui qui pratique un sport ?
- τὸ ἱερόν, *le lieu sacré, le sanctuaire* a donné un adjectif qualifiant une attitude : lequel ?
- τὸ ὅπλον, *l'arme* a donné un nom désignant un guerrier grec : lequel ?

## Vocabulaire à retenir

**Noms masculins**

ὁ ἀγρός, οῦ : *le champ*
ὁ ἄνθρωπος, ου : *l'homme*
ὁ γεωργός, οῦ : *le paysan*
ὁ δῆμος, ου : *le peuple*
ὁ θεός, οῦ : *le dieu*

ὁ ἰατρός, οῦ : *le médecin*
ὁ ἵππος, ου : *le cheval*
ὁ οἶνος, ου : *le vin*
ὁ φόβος, ου : *la crainte*
ὁ χρόνος, ου : *le temps*

**Noms neutres**

τὸ ἆθλον, ου : *le prix, la lutte*
τὸ ζῷον, ου : *l'animal*
τὸ εἴδωλον, ου : *l'image*
τὸ ἱερόν, οῦ : *le sanctuaire*
τὸ ὅπλον, ου : *l'arme*
τὸ φάρμακον, ου : *le remède*

## Identifier et manipuler

**1** Déclinez oralement les mots suivants.

1. ὁ ἵππος, ου : *le cheval*
2. ὁ ἀγαθὸς ἰατρός : *le bon médecin*
3. τὸ ὅπλον, ου : *l'arme*
4. τὸ καλὸν εἴδωλον, ου : *la belle image*

**2** Relevez dans le texte suivant les mots appartenant à la 2ᵉ déclinaison.

**a)** Indiquez ceux qui sont au masculin ou au neutre (repérables grâce à leur article) et donnez leur nominatif.
**b)** Indiquez les formes au génitif ou au datif pour lesquelles on peut hésiter.
**c)** Lisez ce texte à voix haute.

Τὸν ἵππον ὁ δοῦλος προάγει εἰς τὸν ἀγρόν·
ἐγὼ μακρῷ περιπάτῳ χρῶμαι.
Ὁ δοῦλος φέρει τὰ ἀναγκαῖα
εἰς τὴν οἰκίαν, ἀπὸ τοῦ χώρου.

*L'esclave emmène le cheval au champ ;*
*et moi je fais une longue promenade.*
*L'esclave rapporte le nécessaire*
*à la maison depuis la propriété.*

■ D'après Xénophon, *Économique*, XI, 14-18, trad. D. Jouanna et D. Kaszubowski.

**3** À quels cas sont les noms suivants ?

1. οἱ ἀγροί
2. τὰ ὅπλα
3. τοῖς ἵπποις
4. τὸν θεόν
5. τῶν ἄθλων
6. τὸ εἴδωλον
7. τῷ ἰατρῷ
8. τοὺς φόβους

Esclave porteur d'amphores, coupe à figures rouges (médaillon central, première moitié du vᵉ siècle avant J.-C.) (Paris, musée du Louvre).

## Traduire

**4** À l'aide du Vocabulaire à retenir, traduisez les mots en gras.

1. **Le médecin** donne **des remèdes** au paysan.
2. **Les hommes** aiment **le vin** des paysans.
(Attention à la règle indiquée → p. 29.)
3. **La statue** du dieu effraie **les hommes**.
(Attention à la règle indiquée → p. 29.)
4. **Homme**, donne **des armes** au peuple.

**5** Traduisez ces petites phrases grecques.

1. Οἱ ἄνθρωποι τὰ τῶν θεῶν εἴδωλα τιμῶσιν *(honorent)*.
2. Ὁ χρόνος φάρμακόν ἐστι *(est)* τοῖς τῶν ἀνθρώπων φόβοις.

### À vous de jouer avec les accents !

**6** **a)** Que remarquez-vous dans l'accentuation de ἄνθρωπος, ἀνθρώπου ?
Lorsque la finale devient longue (voyelle longue ou diphtongue), elle compte pour deux mesures ; l'accent doit « descendre » au génitif, sinon on aurait quatre mesures.
**b)** Écrivez et accentuez le génitif singulier de εἴδωλον.

**7** **a)** Que remarquez-vous dans l'accentuation de δῶρον, δώρου ?
Un accent circonflexe (comptant pour deux mesures) sur l'avant-dernière syllabe ne peut plus rester circonflexe au génitif : il devient aigu, sans changer de place.
**b)** Écrivez et accentuez le génitif singulier de ζῷον.

**8** **a)** Que remarquez-vous dans l'accentuation de ὁ θεός, τοῦ θεοῦ ?
L'accent de l'article et des mots accentués au nominatif sur la syllabe finale devient circonflexe au génitif et au datif.
**b)** Écrivez et accentuez le datif singulier et pluriel de τὸ ἱερόν.

# Les dieux grecs à travers les arts

### Doc. 1 — La découverte des dieux grecs

*Après sa découverte de l'alphabet* → p. 16, *Jacques Lacarrière découvre les dieux grecs...*

Plus tard s'ajouta la découverte de la mythologie, monde fantastique où tout prenait le contre-pied des règles quotidiennes [...]. Zeus surtout m'intriguait, ce prodigieux Don Juan céleste qui séduisait indistinctement déesses, nymphes et mortelles et prenait pour ce faire les apparences les plus inattendues : taureau, pluie d'or ou cygne. [...] Il y avait aussi Artémis, déjà en mini-jupe, les cheveux dans le vent et le sein découvert ; Aphrodite jaillissant des vagues une main sur son sexe d'écume ; Athéna, ma déesse préférée, ma fiancée secrète que je trouvais la plus jolie de toutes malgré son harnachement guerrier, sa cuirasse et sa lance. [...] Zeus, Dionysos, Artémis, Athéna, Aphrodite, voilà qui furent alors mes maîtres et mes maîtresses. Découvrir les mythes grecs à cet âge, c'est forcer malgré soi les portes des interdits, violer innocemment le monde adulte, pressentir, au-delà des murs gris des lycées, l'existence d'une terre d'azur et de sang – la Grèce – que je rêvais intensément de rencontrer.

■ Jacques Lacarrière, *L'Été grec,* © Plon (1975).

● En quoi les dieux grecs paraissent-ils fantastiques et fascinants au jeune Jacques Lacarrière ? Donnez des exemples.

● Montrez en citant le texte que la découverte de la mythologie enrichit son univers quotidien.

### Doc. 2 — La naissance d'Athéna

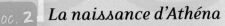

Naissance d'Athéna, amphore à figures noires provenant d'Italie (détail, deuxième moitié du vi<sup></sup>e siècle avant J.-C.), h 41 cm (Paris, musée du Louvre).

● Comment distingue-t-on les hommes des femmes dans la peinture de ce vase ?

● Quels attributs permettent de reconnaître Zeus et Athéna ?

● Comment Athéna naît-elle ?

### Doc. 3 — Une assemblée des dieux assistant à la guerre de Troie

Une assemblée des dieux assiste à la bataille de Troie, trésor des Syphniens, frise est (vers 525 avant J.-C.), marbre, h 60 cm (musée de Delphes).

● Derrière Zeus, assis sur un trône sur la droite, se trouvent deux dieux et deux déesses favorables aux Troyens. Pouvez-vous identifier les deux dieux, sachant que les deux déesses (qui leur sont souvent associées) sont de droite à gauche Artémis et Aphrodite ?

## Doc. 4 — *Les métamorphoses de Zeus*

● Zeus, dans ces deux réalisations, enlève le jeune Ganymède et la jeune Europe. Sous quelle forme apparaît-il ?

● Que veulent rappeler les Grecs modernes en choisissant cette légende pour illustrer leur pièce de 2 euros ?

Ganymède enlevé par Zeus, mosaïque (IIIᵉ siècle après J.-C.) (Sousse, Musée archéologique).

Pièce de 2 euros grecque : l'enlèvement d'Europe.

## Doc. 5 — *Des dieux antiques devenus modernes*

● Quel dieu du mythe des origines Goya représente-t-il ici ? Quel sentiment cherche-t-il à susciter ? Expliquez.

● Quelle œuvre célèbre Dalí a-t-il détournée ici ? En quoi sa création est-elle surréaliste ? (Renseignez-vous sur ce mouvement littéraire et artistique moderne.)

À gauche : Francisco Jose de Goya y Lucientes (1749-1828), *Chronos dévorant ses enfants* (1821-1823), huile sur toile (Madrid, musée du Prado).

À droite : Salvador Dalí (1904-1989), *Vénus de Milo aux tiroirs* (1964), bronze, 98,50 x 32,50 cm (Figueres, Fundació Gala-Salvador Dalí).

## Séance **TICE**

Constituez à votre tour (seul ou en groupe) un petit musée rassemblant des œuvres représentant une même divinité antique, de différentes natures et réalisées à différentes époques.

## Pour conclure

● Quelle est la nature de chacune des œuvres représentées sur ces deux pages (support, matière, technique...) ?

**Mots clés**

Voici des mots importants en lien avec le Panorama et la séquence 1.
Pour les graver dans votre mémoire, retrouvez-les dans les exercices.

ἡ Ἀττική : *l'Attique*

ἡ Ἑλλάς : *la Grèce*

οἱ Ἕλληνες : *les Hellènes, les Grecs*

ὁ Πελοπόννησος : *le Péloponnèse*

ἡ χώρα : *la région*

ὁ αὐτόχθων : *issu du sol, l'indigène*

ὁ θεός : *le dieu*

ἡ ἱστορία : *l'enquête, l'histoire*

οἱ Τρῶες : *les Troyens*

τὸ ἔθνος : *le peuple, la nation, la tribu*

τὸ ἔπος : *la parole, le chant, le vers*

ὁ νόστος : *le retour*

---

**Grammaire** | ## Je décline, tu conjugues, nous traduisons

① Associez les cas aux fonctions et aux désinences du masculin de la 2ᵉ déclinaison.

| Cas | Fonctions | Désinences |
|---|---|---|
| Nominatif • | • Apostrophe, interpellation | • -ου -ων |
| Vocatif • | • COD ou attribut du COD | • -ε -οι |
| Accusatif • | • Complément du nom | • -ον -ους |
| Génitif • | • COI et compléments circonstanciels | • -ῳ -οις |
| Datif • | • Sujet et attribut du sujet | • -ος -οι |

---

**Géographie** | ## Visite guidée

② Lisez et recopiez en minuscules le nom de ces grandes cités ou sanctuaires grecs, puis donnez leur traduction. (Ne vous souciez pas des accents.)

ΑΘΗΝΑΙ

ΚΟΡΙΝΘΟΣ

ΜΥΚΗΝΑΙ

ΣΠΑΡΤΗ

ΟΛΥΜΠΙΑ

ΔΕΛΦΟΙ

③ Situez les villes de l'exercice 2 sur la carte en les associant aux numéros qui leur correspondent. Aidez-vous de la carte → p. 23.

④ Situez la région (ἡ χώρα) de l'Attique (ἡ Ἀττική) et le Péloponnèse (ὁ Πελοπόννησος).

Méli-mélo mythologique

**5** Lisez et classez ces noms de dieux, muses ou héros en donnant leur traduction. (Attention à l'orthographe !)

Ἄρης - Ἑρμῆς - Εὐτέρπη - Ἡρακλῆς - Θαλία - Ὀδυσσεύς

## Littérature    Quelques célébrités

**6** Reproduisez ce tableau dans votre cahier et classez-y les auteurs suivants en vous aidant des pages de garde de début de manuel et « Les premiers écrits grecs » → p. 20-22.

Αἰσχύλος (la diphtongue Αι est transcrite en E en français) - Ἀναξιμένης - Εὐριπίδης - Ἡρόδοτος - Θαλῆς - Θουκυδίδης - Ὅμηρος - Σοφοκλῆς

| Auteurs épiques | Auteurs tragiques | Auteurs historiques | Auteurs scientifiques |
|---|---|---|---|
|  |  |  |  |

**7** Quel était le titre grec de l'œuvre d'Hérodote, *L'Enquête* ?

## Étymologie    ἡ Ἑλλάς

## Le mot « Grèce »

**8** Retrouvez les mots grecs laissés en blanc.

Le nom « Grèce » vient du mot latin *Graecia*, dérivé de *Graecus*. Mais le mot employé par les Grecs anciens et modernes pour désigner la Grèce est ........... et les Grecs s'appelaient ............ . Ils pensaient devoir ce nom à un fondateur mythique, le héros Hellen, petit-fils de Prométhée.

Le non-Grec pour un Grec est βάρβαρος, c'est-à-dire un homme qui ne parle pas la langue grecque et utilise donc un langage incompréhensible, fait d'onomatopées (« bar-bar »).

Les habitants de Troie, ..........., n'étaient pas des barbares aux yeux des Grecs lors de la guerre de Troie ; ils parlaient apparemment la même langue.

**9** À l'aide du mot Ἕλληνες, qui désigne les Grecs, dites comment on appelle les élèves qui apprennent le grec.

**10** Comment désigne-t-on la Grèce en anglais, en allemand et en espagnol ?

## Comprendre les mots difficiles

À l'aide du sens des mots θεός, ἔθνος et αὐτόχθων :

**11** Quel est le domaine d'étude (-λογία) de la « théologie » et de l'« ethnologie » ?

**12** Qu'est-ce qu'un « autochtone » ? Que pensez-vous de la graphie de ce mot en français ?

## L'épopée

L'un des thèmes favoris des épopées est le retour (νόστος) du héros rendu difficile par l'hostilité des dieux ou des lieux traversés.

**13** Qu'est-ce qui, dans l'étymologie du mot « épopée » (τὸ ἔπος), signale le caractère poétique de ces œuvres ? Comment étaient-elles diffusées en l'absence des livres ?

**14** Si l'on considère l'étymologie du mot « nostalgie », de quoi souffre (ἀλγέω-ῶ) une personne nostalgique ?

# La représentation des dieux : le relief et la ronde-bosse

Doc. 1  *Athéna pensive ou mélancolique*

Athéna pensive devant une stèle, marbre (Athènes, musée de l'Acropole).

Le célèbre bas-relief de l'*Athéna mélancolique*, qui date du milieu du Ve siècle, a fait couler beaucoup d'encre depuis sa découverte sur l'Acropole d'Athènes en 1888. [...] On a supposé qu'Athéna lisait (à vrai dire dans une position mal commode) une stèle inscrite, compte des trésoriers du trésor sacré ou liste de soldats morts au champ d'honneur ; d'autres ont imaginé qu'un objet ou un personnage avait été représenté, reposant sur le pilier, mais seulement peint sur le marbre lisse [...] et que ce détail essentiel se serait effacé avec le temps. [...] D'autres enfin l'ont considéré comme une borne du sanctuaire de la déesse, qui marquerait ainsi de sa lance la limite assignée à son terrain sacré. Toutes ces explications étaient erronées [...]. De nombreuses peintures de vases contemporaines du bas-relief permettent en effet d'interpréter sans risque d'erreur le pilier en question comme la borne ou *terma* qui, sur un stade, marque la ligne de départ et la ligne d'arrivée pour la course de vitesse. [...] La déesse n'est donc aucunement mélancolique et le monument n'est autre chose qu'un *ex-voto*[1] où un vainqueur à la course du stade avait fait représenter la divine patronne de ces jeux devant le *terma*, symbole de l'épreuve dans laquelle il avait triomphé.

■ François Chamoux, *La Civilisation grecque*, chap. IX, © Arthaud (1983).

1. Un *ex-voto* est un objet offert à un dieu en remerciement d'une grâce obtenue.

● Il s'agit ici, selon François Chamoux, d'un bas-relief. Expliquez en vous appuyant sur le doc. 2.

● Quels attributs permettent d'identifier Athéna ?

● Qu'est-ce qui, dans sa position et dans ses gestes, justifierait les épithètes *pensive* ou *mélancolique* attribuées à la déesse ?

● Quelle interprétation François Chamoux propose-t-il ? Sur quoi s'appuie-t-il pour défendre cette opinion ?

● Parmi les interprétations proposées, laquelle a votre préférence ? Pourquoi ?

*Petit traité d'Histoire des Arts*

• On parle de « **relief** » lorsque l'artiste sculpte la pierre de façon à ce que les formes se détachent plus ou moins sur le fond qui reste plat. Il y a deux types de reliefs :

– le **bas-relief** : la sculpture se détache faiblement du fond de pierre. Le sujet représenté reste engagé à mi-corps ou au-delà de la moitié du corps (on parle alors parfois de « moyen-relief ») ;

– le **haut-relief** : la sculpture se libère du fond de pierre mais le sujet reste relié au fond par une partie du corps.

• La **ronde-bosse** n'est pas attachée à un fond : on peut en faire le tour. Les sculptures en ronde bosse se rencontrent sur les frontons des temples mais, le plus souvent, ce sont des statues posées sur un socle.

Doc. **3** *Artémis recevant des offrandes*

● S'agit-il ici d'un haut-relief ou d'un bas-relief ? Expliquez.

● Quel attribut permet d'identifier la déesse Artémis ?

● Observez la taille de la déesse et celle de ses fidèles. Que remarquez-vous ?

Offrande d'une chèvre à Artémis, relief en marbre (détail, vers 350 avant J.-C.) (musée de Brauron, Grèce).

● Quels sont les deux dieux représentés sur ce fronton ?

● L'artiste devait intégrer les statues dans la forme triangulaire du fronton du temple. En partant du sommet du bras du dieu, retrouvez le dessin du haut du triangle et montrez comment les statues s'y inscrivent.

 Séance **TICE** @

Les deux dieux se disputent. Faites des recherches sur cette fameuse querelle.

Doc. **4** *Le fronton ouest du Parthénon*

Parthénon, fronton ouest (vers 437-432 avant J.-C.), reconstitution d'après un dessin de Karl Schwerzek (1904) (Athènes, musée de l'Acropole).

# La représentation des dieux : les statues

Les musées présentent essentiellement, aujourd'hui, des statues en marbre blanc. Mais les sculpteurs grecs avaient recours à bien d'autres matériaux.

### Doc. 1 — La hiérarchie des matériaux

Les Grecs [...] plaçaient au premier rang, pour leur prestige propre, le chryséléphantin[1] – le plus rarement utilisé parce que le plus coûteux et par là le plus prisé –, puis le bronze, et sans doute, pour sa haute ancienneté, le bois. Le marbre venait derrière : certes, de grands sculpteurs y ont taillé certains de leurs chefs-d'œuvre, tel Praxitèle [...] mais il est certain que des trois catégories entre lesquelles se répartit toute la sculpture classique, il se place en dernière position, derrière le chryséléphantin et le bronze.

■ Philippe Bruneau, *La Sculpture I, L'Art Grec,* © Taschen (2010).

1. Cette technique rassemblait sur une structure en bois des plaques d'or (ὁ χρυσός, οῦ : *l'or*) figurant les vêtements et des éléments d'ivoire (ὁ ἐλέφας, ἐλέφαντος : *l'ivoire*) pour la peau.

● Reclassez par ordre hiérarchique les différents matériaux utilisés par les sculpteurs.

Zeus et Ganymède, sculpture en terre cuite peinte (vers 470 avant J.-C.) (musée d'Olympie)

### Doc. 2 — Zeus enlevant le jeune Ganymède

Certains artistes utilisaient des matériaux plus ordinaires et plus faciles à travailler, comme l'argile. L'exemple le plus remarquable est celui du groupe conservé à Olympie qui représente Zeus enlevant le jeune Ganymède. Les traces de peinture encore visibles sur cette œuvre rappellent que dans l'Antiquité les statues de bois, de marbre ou d'argile étaient peintes.

● Que savez-vous de la légende de l'enlèvement de Ganymède ?

### Doc. 3 — La statue de culte d'Athéna sur l'Acropole

Pausanias, un érudit du IIe siècle après J.-C. [...] a vu cette statue dans la salle de l'Érechthéion[1] [...]. Athènagoras[2] nous apprend qu'elle était en bois d'olivier et Tertullien[3] qu'elle consiste en « un poteau brut qui n'a pas de forme humaine, un morceau de bois dégrossi ». C'est donc une statue en bois d'Athéna [...], un mannequin grossier, qu'il faut habiller et parer pour lui donner l'allure de la déesse.

■ Bernard Holtzmann, *L'Acropole d'Athènes,* © Picard (2003).

1. Un des temples sur l'Acropole d'Athènes.
2. Philosophe chrétien d'Athènes du IIe siècle après J.-C.
3. Écrivain latin chrétien du IIe siècle après J.-C.

● En quel matériau était la statue de culte d'Athéna sur l'Acropole ? Où était-elle conservée ?

● À l'occasion de quelle fête cette statue était-elle habillée ? Faites appel à vos souvenirs de 6e ou bien faites une recherche sur Internet.

La célébrité des statues de marbre vient du fait que la plupart des statues arrivées jusqu'à nous sont des copies d'époque romaine d'originaux grecs en bronze ou en or et en ivoire, dérobés ou détruits lors de pillages et d'incendies. Les musées conservent cependant quelques œuvres d'exception.

**Doc. 4** *La Vénus de Milo*

La Vénus de Milo n'échappe pas à la règle : elle fut réalisée au II$^e$ siècle avant J.-C. par des artistes grecs qui, à la demande des Romains, se mettent déjà à copier ou adapter en marbre des chefs-d'œuvre en bronze des V$^e$ et IV$^e$ siècles avant J.-C.

● Cette statue a été trouvée sur l'île de Milo (Mélos), en Grèce. Quel nom grec devrait-elle porter ?

@ ● Les bras de la statue ont disparu. En songeant à ses attributs, imaginez ce que la déesse pouvait faire de ses bras ou tenir dans ses mains. Vous pouvez aussi vous appuyer sur d'autres représentations.

Vénus de Milo, marbre découvert à Mélos dans les Cyclades (vers 130-100 avant J.-C.), h 2,02 m (Paris, musée du Louvre).

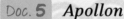

**Doc. 5** *Apollon*

● Sur cette tête chryséléphantine d'Apollon, l'or et l'ivoire ont été noircis accidentellement. Dans quelle circonstance, selon vous ?

● Quelles sont les parties en or et celles en ivoire ?

Tête d'homme, probablement le dieu Apollon, sculpture chryséléphantine (vers VI$^e$ siècle avant J.-C.) (Delphes, Musée archéologique).

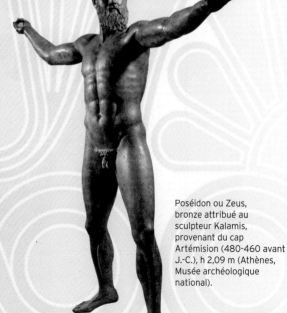

**Doc. 6** *Zeus ou Poséidon ?*

Cette sculpture en bronze du V$^e$ siècle avant J.-C. suscite des interrogations : s'agit-il de Zeus lançant son trait de foudre ou de Poséidon lançant son trident ?

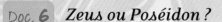

Séance **TICE** @

Constituez deux groupes : chacun présentera ses arguments en faveur d'une thèse ou de l'autre, en s'appuyant sur des représentations de chacun des dieux trouvées sur Internet.

Poséidon ou Zeus, bronze attribué au sculpteur Kalamis, provenant du cap Artémision (480-460 avant J.-C.), h 2,09 m (Athènes, Musée archéologique national).

# Du mythe à l'histoire

**UNITÉ 3** Figures de héros

| | | |
|---|---|---|
| LECTURE | Jason et les Argonautes | 44 |
| GRAMMAIRE | Le présent de l'indicatif actif | 46 |
| LECTURE | Thésée et le Minotaure | 48 |
| GRAMMAIRE | La 1re déclinaison (1) | 50 |

● D'HIER À AUJOURD'HUI
Jason à travers les arts 52

**UNITÉ 4** Grandes figures politiques

| | | |
|---|---|---|
| LECTURE | Périclès, un homme-lion ? | 54 |
| GRAMMAIRE | La 1re déclinaison (2) | |
| | Les adjectifs de la 1re classe | 56 |
| LECTURE | Démosthène, le génie oratoire | 58 |
| GRAMMAIRE | Le présent moyen-passif | |
| | Le complément du passif | 60 |

● D'HIER À AUJOURD'HUI
Aspasie de Milet 62

■ BILAN de séquence 64

**COMPRENDRE LE MONDE ANTIQUE**

| | |
|---|---|
| La céramique grecque | 66 |
| L'évolution des formes dans la statuaire grecque | 68 |
| Deux grands sculpteurs : Polyclète et Lysippe | 69 |

Intérieur d'une coupe à figures rouges (vers 440-420 avant J.-C.), attribuée au peintre de Codros, céramique (Londres, British Museum).

## Lire l'image

• Quel est le héros représenté au centre de la coupe ? Dans laquelle de ses aventures ? Décrivez la scène.

• La représentation de l'animal est-elle conforme à ce que vous savez de cette légende ?

# 3 Figures de héros

Bertel Thorval&shy;
*Jason* (18
marbre (Thorva&shy;
Mus&shy;
Copenha&shy;

## Jason et les Argonautes

*Diodore de Sicile, historien grec du Iᵉʳ siècle avant J.-C., est l'auteur de la* Bibliothèque historique. *Cette œuvre couvre plus de mille ans d'histoire, des temps mythologiques à Jules César. Dans le livre IV, il raconte l'aventure de Jason et des Argonautes. Voici le début de son récit.*

Περὶ τῶν Ἀργοναυτῶν οἰκεῖόν ἐστιν διελθεῖν.
Ἰάσονα εἶναι λέγουσιν υἱὸν μὲν Αἴσονος,
ἀδελφιδοῦν δὲ Πελίου τοῦ Θετταλῶν βασιλέως.
Ὁ Ἰάσων ἐπεθύμει τι πρᾶξαι μνήμης ἄξιον.
5   Τοῦτο **λέγει** τῷ βασιλεῖ, ὃς αὐτῷ συγχαίρει·
τῷ δ᾽ ὄντι, οὐχ οὕτως ὁ Πελίας σπεύδει
προαγαγεῖν εἰς ἐπιφάνειαν τὸν νεανίσκον,
ὡς **ἐλπίζει** ἐν ταῖς παραβόλοις στρατείαις
διαφθαρήσεσθαι. Κρύπτει οὖν τὴν διάνοιαν
10  ταύτην, καὶ παρακαλεῖ πλεῖν εἰς Κόλχους
ἐπὶ τὸ διαβεβοημένον τοῦ κριοῦ δέρος
χρυσόμαλλον.

■ Diodore de Sicile (Iᵉʳ siècle avant J.-C.), *Bibliothèque historique*, livre IV, chapitre 40 (simplifié), trad. D. Jouanna et D. Kaszubowski.

*Il est bon (ici) d'exposer l'histoire des Argonautes. On raconte que Jason est fils d'Æson et neveu de Pélias, le roi des Thessaliens. Jason désirait accomplir un exploit digne de mémoire. Il* le *dit au roi, qui l'encourage : en réalité Pélias ne désire pas tant mener le jeune homme à la gloire, qu'*il espère *sa mort dans les dangers de l'expédition. Il cache donc cette pensée, et conseille une expédition navale vers la Colchide, pour (conquérir) la célèbre toison d'or du bélier.*

## Comprendre le texte

**❶** Retrouvez dans le début du texte le nom de l'expédition navale à laquelle Jason participe. Recopiez le mot grec qui la désigne.

**❷** Relevez les mots grecs qui désignent les habitants de la Thessalie et de la Colchide.

**❸** Quel est le désir de Pélias ? Pourquoi, selon vous ?

**➤ En vous appuyant sur le texte, dites quels sont les traits de caractère du jeune Jason.**

## Observer la langue

**❶** Ligne 1, retrouvez en grec le verbe *est* en vous appuyant sur sa ressemblance avec le français.

**❷** Observez les verbes en bleu dans le texte grec (l. 5 et 8) et leur traduction, puis déduisez quelle est en grec la finale marquant la 3ᵉ personne du singulier à l'indicatif présent.

**❸** λέγουσιν (l. 2) signifie littéralement *ils disent*.
**a)** Comment ce verbe est-il traduit ici ?
**b)** Quelle est la finale marquant la 3ᵉ personne du pluriel en grec ?

**Préparatifs de l'expédition**

Pour accomplir ce voyage, il avait besoin d'un navire et d'un équipage. Il fit construire le navire par un architecte renommé et entreprit de recruter l'équipage en faisant apposer, dans les principales villes de Grèce, une affichette annonçant le prochain départ de l'expédition. Alléchés par la perspective de participer à un exploit historique, certains des plus grands héros de l'époque se portèrent volontaires.

Hercule fut le premier à se présenter, suivi de peu par Thésée et Pirithoüs, puis par Castor et Pollux, les frères jumeaux d'Hélène ; Orphée, qui était à l'époque le plus fameux musicien de la Grèce, demanda aussi à participer au voyage. [...]

Le navire fut appelé Argo, du nom de son constructeur, et les membres de l'équipage se baptisèrent eux-mêmes les Argonautes.

■ Denis Lindon, *Les dieux s'amusent*,
© Flammarion (1999).

Doc. 2 **Un voyage plein de dangers**

Poussés par le vent, ils s'avançaient dans les remous du Bosphore. C'est là qu'une lame, haute comme une montagne, surgit devant le navigateur, semblant prête à s'abattre sur son navire, tant elle est toujours dressée au-dessus des nues ; on a l'impression de ne pouvoir échapper au funeste destin, car c'est en plein sur le milieu du navire qu'elle pend, menaçante, pareille à une nuée ; pourtant elle s'affaisse, si le navire a la chance de posséder un habile pilote. Grâce à la science de Tiphys, nos héros, eux aussi, pouvaient poursuivre leur route, sans dommage, malgré leur épouvante.

■ Apollonios de Rhodes (IIIe s. avant J.-C.), *Argonautiques*, II, 168-177, trad. E. Delage, © Les Belles Lettres (2009).

Doc. 3 **Jason apportant la toison d'or à Pélias**

Cratère apulien à figures rouges (340 avant J.-C.) (musée du Louvre).

## **Prolonger** la lecture

**1** **Doc. 1.** Quels personnages divins et humains figurent dans l'équipage du navire Argo ?

**2** **Doc. 2. a)** Montrez que le mouvement des flots qui menace les Argonautes est amplifié à l'extrême. Comment nomme-t-on ce procédé d'écriture ?
**b)** À qui les Argonautes doivent-ils d'échapper à une mort présentée comme inévitable ?

**3** **Doc. 3. a)** Identifiez Jason. À quels détails le reconnaît-on ?
**b)** Identifiez Pélias. À quels détails reconnaît-on le Roi ?

 Séance **TICE** @

**Médée fut la compagne de Jason, elle l'aida dans sa conquête de la Toison d'or.**

• **Faites des recherches sur le mythe de Médée.**

• **Quels dramaturges de l'Antiquité et du XVIIe s. ont fait de Médée l'héroïne de leurs tragédies ?**

## GRAMMAIRE Le présent de l'indicatif actif

● Dans le **dictionnaire**, les verbes grecs sont toujours donnés à la 1re personne du singulier de l'indicatif présent actif, mais ils sont traduits par l'infinitif présent en français.

| | λύω : *je délie* | | εἰμί : *je suis* |
|---|---|---|---|
| | Désinences | Conjugaison | Conjugaison |
| 1re sing. (je) | -ω | λύ-ω | εἰ-μί |
| 2e (tu) | -εις | λύ-εις | εἶ |
| 3e (il) | -ει | λύ-ει | ἐσ-τί(ν)* |
| 1re pl. (nous) | -ομεν | λύ-ομεν | ἐσ-μέν |
| 2e (vous) | -ετε | λύ-ετε | ἐσ-τέ |
| 3e (ils) | -ουσι(ν)* | λύ-ουσι(ν)* | εἰ-σί(ν)* |
| Infinitif | -ειν | λύ-ειν | εἶ-ναι |

\* Lorsque le mot qui suit cette terminaison commence par une voyelle, ou devant une ponctuation forte, un **ν** euphonique s'ajoute aux terminaisons en **-ι**.

## ÉTYMOLOGIE

### ● À partir du verbe λύω

Le radical **λύ-** du verbe **λύω**, *délier*, a donné en français des mots composés du suffixe *-lyse* ou *-lysie* (*action de délier*).

▶ Indiquez-en quelques-uns.

### ● Les mots du texte et leurs dérivés

▶ Repérez dans le texte de Diodore → p. 44 les mots grecs suivants et cherchez les mots français qui en sont dérivés :
- **Βασιλέως** (l. 3), *le roi*, a donné un prénom et le nom d'un monument religieux, à l'origine un palais royal.
- **μνήμης** (l. 4), *la mémoire*, a donné un adjectif qualifiant un moyen de ne pas oublier.

- **ἐπιφάνειαν** (l. 7), *l'apparition, la mise en lumière*, a donné son nom à une fête religieuse.
- **στρατείαις** (l. 8), *l'expédition militaire* : à partir du radical στρατ-, trouvez le nom qui désigne en français un chef militaire habile et le nom qui désigne son art.

### ● La racine *λεγ

La racine *λεγ signifie *rassembler, dire, parler*, d'où le verbe λέγω, *dire* et ses dérivés :
- **λέξις**, *parole, mot* ; **λεξικόν**, *recueil de mots, lexique* ;
- **λόγος**, *parole, raison, compte* et ses composés : **διάλογος**, *dialogue* ; **κατάλογος**, *catalogue* ; **λογικός**, *logique* ; **λογίζομαι**, *raisonner, compter* ; **συλλογισμός**, *syllogisme*.

▶ Trouvez en français des noms de sciences se terminant par le suffixe grec **-λογία** (*réflexion sur, étude de*) et donnez leur sens.

### Vocabulaire à retenir

| | | |
|---|---|---|
| **ἄγω** : *conduire* | **λέγω** : *dire* | **Composés de εἰμί** |
| **ἀκούω** + gén. : *entendre* | **σπεύδω** : *se hâter, désirer* | Ces verbes se composent d'un préverbe et du verbe εἰμί. Ils se conjuguent comme εἰμί. |
| **ἐλπίζω** : *espérer* | **τρέχω** : *courir* | |
| **ἔχω** : *avoir* | **φέρω** : *porter* | **ἄπειμι** : *être absent* |
| **κρύπτω** : *cacher* | **χαίρω** : *se réjouir, saluer* | **πάρειμι** : *être présent* |

## Identifier et manipuler

**1** **a)** Traduisez les formes suivantes en utilisant le Vocabulaire à retenir et le vocabulaire de l'exercice 3.
**b)** Mettez ces formes grecques au pluriel.

1. θεραπεύεις
2. εἶ
3. ἄγει
4. πάρεστι
5. ἔχω
6. ἄπειμι
7. ἐλπίζει
8. λέγεις
9. σπεύδω

**2** **a)** Conjuguez les verbes suivants au présent de l'indicatif.
**b)** Formez leur infinitif.

1. ἀκούω
2. τρέχω
3. φέρω
4. χαίρω
5. πάρειμι
6. ἄπειμι

## Traduire

> ### LA RÈGLE Τὰ ζῷα τρέχει
> Un sujet au neutre pluriel est toujours accompagné d'un verbe au singulier. Retenez cet exemple :
> Τὰ ζῷα τρέχει. *Les animaux courent.*

**3** Traduisez en grec les mots en gras en vous aidant du Vocabulaire à retenir.

1. Le berger **est** là et **conduit** les animaux.
2. Quand **nous entendons** du bruit nous nous mettons à **courir**.
3. Les Corinthiens **sont** riches : ils **ont** beaucoup de ressources.
4. **Vous saluez** les magistrats qui **portent** des offrandes.
5. Quand **tu es absent** de chez toi, **tu caches** ton argent.

**4** Traduisez les phrases suivantes en appliquant la règle Τὰ ζῷα τρέχει.

1. Les armes ne sont pas des remèdes pour les hommes. 🔍
2. Les images des dieux portent des couronnes (ὁ στέφανος, ου). 🔍

**5** **Version**
Traduisez ces phrases en français.

1. Ἐν τῷ ἀγρῷ εἰσιν οἱ τοῦ γεωργοῦ ἵπποι καὶ τρέχουσιν.
2. Ὁ ἰατρὸς τοὺς ἀνθρώπους φυτοῖς θεραπεύει. Τὰ φυτὰ φάρμακά ἐστιν. 🔍
3. Ὁ λόγος ὅπλον τοῖς ἀνθρώποις ἐστίν.

## Parlons grec !

**6** Les Grecs utilisaient χαῖρε (l'impératif du verbe χαίρω) pour dire « bonjour ».
**a)** En regardant l'image, traduisez ce dialogue fictif.
**b)** Que veut dire littéralement χαῖρε ?

- Χαῖρε, Ἑρμῆ.
- Χαῖρε, Διόνυσε.

**7** Répondez à votre professeur qui fait l'appel : « Je suis présent(e). »

**8** Si l'un de vos camarades est absent, comment direz-vous : « Il/Elle est absent(e) » ?

Hermès et Dionysos, détail d'une amphore à figures noires (vers 540-530 avant J.-C.), céramique athénienne, h 18,2 x 11,4 cm (Paris, musée du Louvre).

## Étymologie

**9** *Audio* en latin veut dire *entendre* ; *curo, soigner.*
**a)** Retrouvez dans les tableaux de vocabulaire les équivalents grecs de ces verbes.
**b)** Classez les mots suivants selon leur origine grecque ou latine : acoustique, auditeurs, cure, thérapeutique.
**c)** Complétez ces phrases :

Les .............. mélomanes recherchent les salles où l'................. est excellente.
Une ......... thermale est une méthode ......... conseillée pour lutter contre l'asthme.

> **Vocabulaire pour la version**
>
> ἐν + dat. : *dans*     καί : *et*
> θεραπεύω : *soigner*     τὸ φυτόν, οῦ : *la plante*

Thésée et le Minotaure

*Pour apaiser la colère de Minos, le roi de Crète, les Athéniens doivent lui envoyer tous les neuf ans un tribut de sept jeunes gens et sept jeunes filles, livrés au Minotaure, un monstre mi-homme mi-taureau enfermé dans un labyrinthe. Thésée, le fils du roi d'Athènes, demande à faire partie des jeunes gens...*

Οὐδεμία σωτηρίας ἐλπὶς ὑπέκειτο, καὶ ὡς
ἐπὶ συμφορᾷ τὴν ναῦν ἔπεμπον.
Ὁ μὲν οὖν Θησεὺς κατέπλευσεν εἰς
Κρήτην, καὶ ἀγῶνος τότε ἐκεῖ γενομένου,
5  ἠξίωσε ἀγωνίσασθαι καὶ ἐνίκησεν. Ἔθους
δ' ὄντος ἐν Κρήτῃ θεᾶσθαι καὶ τὰς γυναῖκας,
Ἀριάδνη παροῦσα πρὸς ὄψιν ἐξεπλάγη
τοῦ Θησέως. Παρὰ οὖν τῆς Ἀριάδνης τὸ
λίνον λαβών, ἀπέκτεινε τὸν Μινώταυρον καὶ
10  ἀπέπλευσε τὴν Ἀριάδνην ἀναλαβών.

■ D'après Plutarque (45-125 après J.-C.), *Vie de Thésée*, c. 17, 4
et 19, 1-6 (simplifié), trad. D. Jouanna et D. Kaszubowski.

Il n'existait aucun espoir de salut, et on envoya le navire comme s'il était promis à un malheur certain.

Thésée fit donc voile vers la Crète, et comme une compétition sportive s'y déroulait alors, il demanda à y participer et remporta la victoire. La coutume en Crète étant que les femmes aussi assistent au spectacle, Ariane, qui était là, fut saisie d'émoi à la vue de Thésée. Ayant donc reçu d'Ariane le (fameux) fil de lin, il tua le Minotaure et repartit en emmenant Ariane.

Gustave Moreau,
*Ariane et Thésée* (1890),
huile sur toile, 147 x 119 cm,
(Paris, musée Gustave Moreau, ).

## Comprendre le texte

**1** À quel malheur certain les Athéniens s'attendent-ils en envoyant le navire en Crète ?

**2** Quelle coutume de Crète Plutarque mentionne-t-il ? D'après vous, était-elle courante en Grèce ?

**3** Savez-vous à quoi servit le fil de lin d'Ariane ?

➤ **Récapitulez tous les éléments qui ont joué en faveur de Thésée.**

Thésée et le Minotaure,
hydrie à figures noires
(vers 540 av. J.-C.), détail,
(Paris, musée du Louvre).

## Observer la langue

**1** Recopiez les cinq noms en caractères gras du deuxième paragraphe (l. 3 à 10), en regroupant ceux qui ne diffèrent que par leur finale.

**2** **a)** Recopiez les trois mots en caractères gras du premier paragraphe (l. 1-2), en relevant les variantes de la syllabe finale.
**b)** Quelle différence notez-vous avec les mots en gras du second paragraphe ? Quelle lettre précède ici le α dans chacun des trois cas ?

## Doc. 1 — Thésée, un séducteur sans scrupules ?

La cause de l'entrée en guerre des Amazones aurait été le mariage de Thésée avec Phèdre, et Antiope, avec ses Amazones, aurait attaqué Thésée pour se venger de lui [...]. Il court, cependant, sur les amours de Thésée d'autres récits qui n'ont pas été mis à la scène[1], et qui n'ont ni des commencements honnêtes ni des fins heureuses. Ainsi, l'on dit qu'il enleva une certaine Anaxo de Trézène, et qu'après avoir tué Sinis et Cercyon[2], il fit violence à leurs filles, qu'il épousa Périboia, mère d'Ajax, puis Phéréboia et Iopè, fille d'Iphiclès. On lui reproche aussi, je l'ai dit, d'avoir par amour pour Aiglé, fille de Panopée, abandonné Ariane, d'une façon qui n'était ni belle ni honorable. Enfin, l'enlèvement d'Hélène remplit l'Attique des fureurs de la guerre.

■ Plutarque (45-125 après J.-C.), *Vie de Thésée*, 28 , 1 et 29, 1-2, trad. R. Flacelière et É. Chambry, © Les Belles Lettres (1958).

*1. Allusion à* Hippolyte, *tragédie d'Euripide mettant en scène Phèdre et Thésée.*
*2. Deux brigands dont Thésée débarrassa l'Attique.*

## Doc. 3 — Thésée, un roi démocrate ?

*Thésée aurait eu un important rôle politique. Les Athéniens lui attribuent une réforme de la monarchie allant dans le sens de la démocratie.*

Il était si loin de rien faire contre le gré des citoyens, qu'il institua le peuple maître de la politique, alors qu'eux trouvaient normal qu'il exerçât seul le pouvoir, car ils considéraient que la monarchie telle qu'il l'exerçait offrait plus de sécurité et de participation commune au pouvoir que leur propre régime démocratique. Car – à la différence des autres souverains – il ne réservait pas à d'autres les tâches pénibles en se réservant à lui seul la jouissance des plaisirs, mais il faisait siens les dangers et accordait les avantages à tous en les mettant en commun.

■ Isocrate (IVe s. av. J.-C.), *Éloge d'Hélène*, § 35-36, trad. D. Jouanna et D. Kaszubowski.

## Doc. 2 — Thésée, un héros ?

Lors du banquet de mariage de son ami Pirithoos, qui appartient au peuple thessalien des Lapithes, des Centaures, ayant abusé du vin servi au repas, se jettent sur les femmes lapithes pour les violer. Un combat s'engage entre les Lapithes et les Centaures. Thésée participe à cet affrontement. Les Centaures seront vaincus et chassés de Thessalie.

Cet épisode, symbolique de la lutte de la civilisation contre la barbarie, a souvent été utilisé comme thème artistique.

Lapithe et Centaure (447 avant J.-C.), métope du Parthénon, marbre, h 134 cm (Londres, British Museum).

## Prolonger la lecture

**1** **Doc. 1. a)** Faites la liste des femmes aimées par Thésée, selon la tradition.
**b)** Comment Plutarque juge-t-il la conduite de Thésée ?

**2** **Doc. 2. a)** En quoi les Centaures sont-ils comparables au Minotaure ?
**b)** À quel autre héros célèbre pourriez-vous comparer Thésée ? Précisez pourquoi.

**3** **Doc. 3.** Quelles sont les vertus politiques de Thésée, selon Isocrate ? En quoi le personnage mythique de Thésée prend-il ici une dimension historique ?

▶ **Quel portrait de Thésée se dégage de ces documents ?**

## GRAMMAIRE La 1re déclinaison (1)

● Elle comporte des **noms féminins**, pour l'essentiel. Ils se terminent :
- par un **-α** si cette désinence est précédée d'un ρ ou d'une voyelle,
- par un **-η** dans les autres cas.

| Noms en -α | ἡ ἡμέρα, *le jour* | | | Noms en -η | ἡ κεφαλή, *la tête* | | |
|---|---|---|---|---|---|---|---|
| | Singulier | | Pluriel | | Singulier | | Pluriel |
| Nom. | ἡ | ἡμέρ-α | αἱ ἡμέρ-αι | | ἡ κεφαλ-ή | αἱ κεφαλ-αί | |
| Voc. | | ἡμέρ-α | ἡμέρ-αι | | κεφαλ-ή | κεφαλ-αί | |
| Acc. | τὴν | ἡμέρ-αν | τὰς ἡμέρ-ας | | τὴν κεφαλ-ήν | τὰς κεφαλ-άς | |
| Gén. | τῆς | ἡμέρ-ας | τῶν ἡμέρ-ῶν* | | τῆς κεφαλ-ῆς | τῶν κεφαλ-ῶν | |
| Dat. | τῇ | ἡμέρ-ᾳ | ταῖς ἡμέρ-αις | | τῇ κεφαλ-ῇ | ταῖς κεφαλ-αῖς | |

*\* Le génitif pluriel de la 1re déclinaison porte toujours un accent circonflexe sur la voyelle finale.*

## ÉTYMOLOGIE

### ● À partir d'ἡμέρα et de κεφαλή

▶ Complétez les phrases suivantes :
- **ἡ ἡμέρα, ας** : est « éphémère » ce qui ne se déroule que sur (**ἐπί**) un ............... . Le calendrier dont on détache chaque jour une feuille est un ........................ .
- **ἡ κεφαλή, ῆς** : une « céphalée » est un mal de ........ : l'ensemble des centres nerveux contenu dans (**ἐν**) la boîte crânienne s'appelle l'.................. .

### ● À partir d'autres noms de la 1re déclinaison

▶ Dans quels mots français retrouvez-vous ces mots grecs ?
- **ἡ τέχνη, ης**, *le métier, l'art*
- **ἡ σοφία, ας**, *la sagesse, la science*

▶ **ἡ ἀγορά, ᾶς**, *la place publique* : comment appelle-t-on les personnes qui ont peur de la foule, donc des places publiques ?

▶ **ἡ οἰκία, ας**, *la maison* : sachant que **οἰκ-** a donné **éc-** en français, comment appelle-t-on l'art de gérer une maison ou un État ?

▶ Connaissez-vous les mots latins et français qui ont la même racine que :
- **ἡ φυγή, ῆς**, *la fuite, l'exil* ?
- **ἡ ὥρα, ας**, *la saison* (attention à l'esprit rude !) ? Le sens du mot français qui en est issu (*heure*) est-il plus proche du latin ou du grec ?

### Vocabulaire à retenir

| Noms en -α | Noms en -η |
|---|---|
| ἡ ἀγορά, ᾶς : *la place publique* | ἡ ἀδελφή, ῆς : *la sœur* |
| ἡ βία, ας : *la force, la violence* | ἡ διατριβή, ῆς : *l'occupation* |
| ἡ οἰκία, ας : *la maison* | ἡ δίκη, ης : *la justice* |
| ἡ σοφία, ας : *la sagesse, la science* | ἡ τέχνη, ης : *le métier, l'art* |
| ἡ ὥρα, ας : *la saison* | ἡ φυγή, ῆς : *la fuite, l'exil* |

## Identifier et manipuler

**①** Complétez ces mots grecs en ajoutant un **-α** ou un **-η** pour former le nominatif.

1. ἡ δημοκρατί— : *la démocratie*
2. ἡ τρόφ— : *la nourriture*
3. ἡ ἐπιστήμ— : *la science*
4. ἡ πεῖρ— : *la tentative, l'essai*

**②** Déclinez les mots féminins suivants. (Attention aux accents !)

1. ἡ ἀγορά, ᾶς, *la place publique*
2. ἡ οἰκία, ας, *la maison*
3. ἡ ἀδελφή, ῆς, *la sœur*
4. ἡ δίκη, ης, *la justice*

**③** À quel cas sont ces noms ?

1. τὰς οἰκίας
2. τῆς ὥρας
3. τῇ φυγῇ
4. τῶν τέκνων
5. αἱ ἀδελφαί
6. ταῖς διατριβαῖς
7. τὴν βίαν
8. τὴν δίκην

**④** Mettez au pluriel.

1. τῇ ὥρᾳ
2. τὴν δίκην
3. ἡ βία
4. ἡ τῆς ἀδελφῆς τέχνη

**⑤** **a)** Soulignez les mots appartenant à la 1ʳᵉ déclinaison.
**b)** À quel cas sont-ils ? Leur sens est en gras dans la traduction.

Πάσας τὰς ἐπιστήμας οὐ μανθάνομεν, ἀλλ' ἀποδοκιμάζομεν τὰς βαναυσικὰς καλουμένας τέχνας, ὅτι τὰς ψυχὰς καταγνύουσι.
Δοκιμάζομεν δὲ τὴν γεωργίαν εἶναι ἐργασίαν καλὴν καὶ ἐπιστήμην κρατίστην.

*Nous n'apprenons pas **toutes les sciences**, mais nous rejetons **les métiers dits artisanaux**, parce qu'ils brisent **les âmes**[1].*
*Nous jugeons que **l'agriculture** est une **belle activité** et **la meilleure des sciences**.*

■ D'après Xénophon, *L'Économique*, trad. D. Jouanna et D. Kaszubowski.

1. Comme beaucoup d'aristocrates, Xénophon méprise les métiers artisanaux parce qu'ils sont sédentaires, c'est-à-dire impropres à entretenir la force physique et à fournir de bons soldats.

## Traduire

**⑥** Après avoir trouvé sa fonction française, traduisez chaque fois le mot *déesse* : ἡ θεά, ᾶς.

1. Les Athéniens honorent *la déesse* Athéna.
2. Les temples sont les maisons *des déesses*.

3. *Déesse*, je t'honore par mes sacrifices.
4. Il donne ses offrandes à *la déesse*.
5. *Les déesses* sont parfois jalouses des mortelles.

Carte postale publicitaire pour un film réalisé en 1924 (détail : Athéna), illustrée par Volkers (collection particulière).

**⑦** **Thème**
Utilisez le Vocabulaire à retenir pour traduire ces phrases en grec.

1. La sagesse est la force[1] de la justice.
2. Les saisons guident (ἄγω) les occupations des hommes[2].

1. L'attribut du sujet ne prend pas d'article en grec.
2. N'oubliez pas que le grec enclave le complément du nom entre l'article et le nom (*les des hommes occupations*).

**⑧** **Version**
Traduisez ces phrases en français.

1. Ἐν τῇ ἀγορᾷ, βλέπομεν τὰς τῶν ἀνθρώπων διατριβὰς καὶ μανθάνομεν τὴν δημοκρατίαν.

2. Τοὺς μὲν τῆς μοναρχίας κινδύνους ὁ Θησεὺς ἀποδοκιμάζει, τὰς δὲ τῆς δημοκρατίας ὠφελείας θεραπεύει.

| Vocabulaire pour la version | |
| --- | --- |
| βλέπω : *voir, regarder* | μὲν... δέ : *d'une part...* |
| μανθάνω : *apprendre* | *d'autre part* |
| ὁ κίνδυνος, ου : | ἀποδοκιμάζω : *rejeter* |
| *le danger* | ἡ ὠφέλεια, ας : *l'utilité,* |
| | *l'avantage* |

# Jason à travers les arts

### Jason l'aventurier, vu par un poète du XVIᵉ siècle

*Dans ce quatrain du poète Joachim du Bellay, Jason, comme Ulysse, reste le symbole d'un grand héros voyageur.*

Heureux qui, comme Ulysse, a fait un beau voyage,
Ou comme celui-là qui conquit la toison,
Et puis est retourné, plein d'usage et raison,
Vivre entre ses parents le reste de son âge !

■ Joachim du Bellay, *Les Regrets* (1558).

● Quel vers désigne Jason sans le nommer ? Comment appelle-t-on ce procédé ?

● Sur quel moment du parcours des deux héros le poète insiste-t-il ? Pourquoi, selon vous ?

● Connaissez-vous la suite de ce sonnet très célèbre ?

### Jason le séducteur, vu par Euripide et par Corneille au XVIIᵉ siècle

*Jason parvient à conquérir la Toison d'or grâce à l'aide de Médée, la fille du roi de Colchide. Il la ramène avec lui en Grèce et l'épouse, mais l'abandonne ensuite pour épouser la fille du roi de Corinthe. Il justifie ici sa conduite.*

**Texte A**

JASON *(s'adressant à Médée)*

Tu trouves odieux d'expliquer qu'Amour, de ses traits inévitables, t'a obligée à sauver ma personne. [...] Quant au mariage royal que tu viens de stigmatiser, je te démontrerai que sur ce point je fais preuve de sagesse, ensuite de vertu, et enfin d'une grande affection pour toi et mes enfants. Après avoir quitté la terre d'Iolcos pour m'installer ici, traînant avec moi bien des malheurs sans ressource, quelle aubaine plus heureuse aurais-je pu trouver que d'épouser, moi l'exilé, la fille d'un roi ? Ce n'est pas, comme tu t'en plains amèrement, par haine de ta couche ou par un coup de foudre pour une nouvelle épouse. Je voulais – point essentiel – nous assurer une vie prospère. [...] Mais pour vous, les femmes, tout va bien quand la couche va bien ; si un accident l'atteint, le projet le meilleur, le plus brillant devient pour vous le pire ennemi à combattre.

■ Euripide (485-407 env.), *Médée*, v. 529-573, trad. D. Jouanna et D. Kaszubowski.

**Texte B**

JASON *(s'adressant à l'un des Argonautes)*

Nous voulant à Lemnos rafraîchir dans la ville,
Qu'eussions-nous fait, Pollux, sans l'amour d'Hypsipyle[1] ?
Et depuis à Colchos que fit votre Jason
Que cajoler Médée et gagner la Toison ?
Alors sans mon amour qu'était votre vaillance ?
Eût-elle du Dragon[2] trompé la vigilance ?
Ce peuple que la terre enfantait tout armé[3],
Qui de nous l'eût défait, si Jason n'eût aimé ?
Maintenant qu'un exil m'interdit ma patrie
Créuse[4] est le sujet de mon idolâtrie,
Et que pouvais-je mieux que lui faire la Cour,
Et relever mon sort sur les ailes d'Amour ?

■ Corneille, *Médée* (1635).

1. La reine de Lemnos.
2. Le roi de Colchide Æétès avait confié la garde de la Toison à un dragon que Médée endormit grâce à un philtre.
3. Æétès avait demandé à Jason de semer les dents d'un autre dragon : du sol surgissaient alors des guerriers que Jason devait affronter.
4. Créuse est la fille du roi de Corinthe.

● Quelle image de Jason ces textes donnent-ils ? Comparez-la à celle qui se dégageait du texte grec proposé page 44.

*Jason et Médée après la victoire*

● Jason vient de conquérir la Toison. Relevez dans le tableau ce qui permet de le dire.

● Selon la légende, quel animal devrait être à la place de l'aigle que l'on voit mort au premier plan ?

● Médée pose sa main gauche sur l'épaule de Jason. Comment interprétez-vous ce geste ?

● Étudiez la direction des regards de chacun des personnages.
  a) Que constatez-vous ?
  b) De quoi Jason semble-t-il préoccupé ?

Gustave Moreau, *Jason* (1865), huile sur toile, 204 x 115,5 cm (Paris, musée d'Orsay).

Doc. 4 *Jason et les Argonautes*

Les effets spéciaux de ce film ont été réalisés par Ray Harryhausen, considéré comme le grand précurseur du trucage au cinéma. La séquence de combat entre les Argonautes et les squelettes, d'une durée de 3 minutes, a demandé plus de 4 mois de travail à Ray Harryhausen. Vous pouvez retrouver cette séquence sur Internet en saisissant les mots clés : Argonautes + squelettes.

● Comparez la composition de cette affiche à celle du tableau de Gustave Moreau (éléments du décor, position des personnages, vêtements, attitude...).

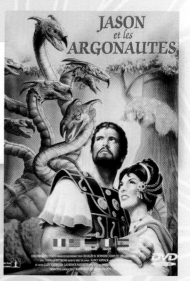

*Jason et les Argonautes* (1963), film anglo-américain réalisé par Don Chaffey.

Pour conclure

○ Quelles sont les caractéristiques du héros antique (Jason, Thésée, mais aussi Héraclès ou Ulysse) ? Qu'est-ce qui a fait son succès au-delà de l'Antiquité ?

# Grandes figures politiques

## Périclès, un homme-lion ?

*Périclès (494-429 avant J.-C.), stratège et homme d'État athénien, est la figure emblématique de l'âge d'or de la Grèce antique. Voici un portrait de Périclès brossé par l'historien Plutarque dans ses* Vies parallèles.

Περικλῆς γὰρ ἦν τῶν μὲν φυλῶν
'Ακαμαντίδης, τῶν δὲ δήμων Χολαργεύς, οἴκου
δὲ καὶ γένους τοῦ πρώτου κατ' ἀμφοτέρους.
Ξάνθιππος γὰρ [...] ἔγημεν 'Αγαρίστην
5 Κλεισθένους ἔγγονον, ὃς [...] κατέλυσε τὴν
τυραννίδα γενναίως καὶ νόμους ἔθετο καὶ
πολιτείαν ἄριστα κεκραμένην πρὸς ὁμόνοιαν
καὶ σωτηρίαν κατέστησεν. Αὕτη κατὰ τοὺς
ὕπνους ἔδοξε τεκεῖν λέοντα καὶ μεθ' ἡμέρας
10 ὀλίγας ἔτεκε Περικλέα, τὰ μὲν ἄλλα τὴν
ἰδέαν τοῦ σώματος ἄμεμπτον, προμήκη δὲ τῇ
κεφαλῇ καὶ ἀσύμμετρον. Ὅθεν αἱ μὲν εἰκόνες
αὐτοῦ σχεδὸν ἅπασαι κράνεσι περιέχονται [...].
Οἱ δ' Ἀττικοὶ ποιηταὶ σχινοκέφαλον αὐτὸν
15 ἐκάλουν· τὴν γὰρ σκίλλαν ἔστιν ὅτε καὶ
σχῖνον ὀνομάζουσι.

■ Plutarque (45-125 après J.-C.), *Vie de Périclès*, III, 1-4,
trad. É. Chambry et R. Flacelière (légèrement modifiée),
© Les Belles Lettres (1964).

Périclès était de la tribu Acamantide, du dème[1] de Cholarges, d'une maison et d'une famille qui tenait le premier rang, du côté maternel comme du côté paternel. En effet, Xanthippe[2] [...] avait épousé Agaristè, petite-fille de ce Clisthène, qui [...] renversa bravement la tyrannie et établit des lois et une constitution admirablement tempérée en vue d'assurer la concorde et la sauvegarde de l'État. Agaristè eut un songe où elle crut accoucher d'un lion. Quelques jours après, elle mit au monde Périclès, qui, bien conformé pour le reste du corps, avait la tête allongée et d'une grosseur disproportionnée. C'est pour cette raison que ses représentations comportent presque toutes un casque [...]. Mais les poètes attiques, eux, l'appelaient « schinocéphale » (tête d'oignon), *car l'oignon marin reçoit parfois ce nom de schinos.*

1. Arrondissement d'Athènes.
2. Son père.

## Comprendre le texte

1 Qui est, selon Plutarque, l'arrière-grand-père maternel de Périclès ? Quelles actions importantes Plutarque lui attribue-t-il ?

2 Par quelle anecdote Plutarque donne-t-il un caractère exceptionnel à la naissance de Périclès ? Quel sens peut-on lui donner ?

3 Périclès est né à Athènes. D'après le début du texte, quelles sont les divisions administratives de la cité ?

4 Comment peut-on reconnaître Périclès sur ses représentations ? Pourquoi est-il représenté ainsi ?

## Observer la langue

Les mots en bleu sont trois mots de la 1re déclinaison qui peuvent surprendre.

1 ὁμόνοιαν (ἡ ὁμόνοια, τῆς ὁμονοίας : *la concorde*) : notez la place de l'accent.

2 Οἱ ποιηταὶ (ὁ ποιητής, τοῦ ποιητοῦ : *le poète*) : quel article trouvez-vous ici ? D'après le génitif singulier, à quelle déclinaison auriez-vous songé plutôt ?

3 τὴν σκίλλαν (ἡ σκίλλα, τῆς σκίλλης : *l'oignon marin*) : les terminaisons en -α de la 1re déclinaison déjà étudiées suivaient un ρ ou une voyelle ; qu'est-ce qui est surprenant ici ?

Buste de Périclès
(495-429 avant J.-C.),
sculpture en marbre,
réplique romaine
d'après la sculpture
en bronze de Cresilas
(Vatican, musée Pio-
Clementino).

Ainsi avait-il, dit-on, non seulement une pensée sublime et un langage élevé, exempt de toute bouffonnerie vulgaire et sans scrupule, mais encore une gravité de visage que le rire n'altérait jamais, une démarche calme, un ajustement du costume qu'aucun mouvement oratoire ne pouvait déranger, un débit sans aucun éclat de voix, et bien d'autres traits du même genre qui frappaient tout le monde d'émerveillement.

■ Plutarque (45-125 après J.-C.), *Vie de Périclès*, V, 1,
trad. É. Chambry et R. Flacelière (légèrement modifiée),
© Les Belles Lettres (1964).

Doc. 3 **Le stratège et le philosophe**

Augustin-Louis Belle (1757-1841), *Anaxagore et Périclès*,
huile sur toile, 76 x 98 cm (Londres, The Mattthiensen Gallery).

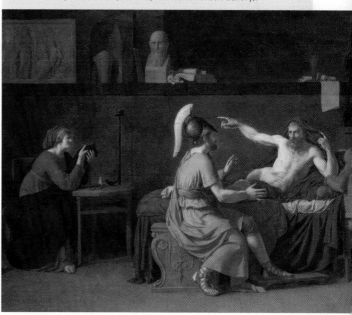

Doc. 2 **Un esprit scientifique**

[Périclès] équipa cent cinquante vaisseaux et, ayant fait embarquer en grand nombre des hoplites et des cavaliers d'élite, il se disposa à prendre la mer [...]. Périclès était déjà monté sur sa trière lorsqu'il survint une éclipse de soleil qui obscurcit le ciel et jeta l'effroi dans tous les esprits, comme en présence d'un grand prodige. Périclès, voyant son pilote tremblant et interdit, lui mit sa chlamyde[1] devant les yeux comme un voile, puis lui demanda si cela lui faisait peur ou s'il y voyait un présage sinistre. « Non, dit le pilote. – Eh bien, reprit Périclès, quelle différence y a-t-il entre ceci et cela, sinon que ce qui a produit cette obscurité est plus grand que ma chlamyde ? »

■ Plutarque (45-125 après J.-C.), *Vie de Périclès*, XXXV, 1-2,
trad. É. Chambry et R. Flacelière, © Les Belles Lettres (1964).

1. Manteau court.

## Prolonger la lecture

 **1** **Doc. 1.** Quels sont les artifices (gestes, attitudes, vêtements) qui complètent l'efficacité de la parole de Périclès ? Que ressent la foule en le voyant parler ?

**2** **Doc. 2.** Quel comportement le pilote adopte-t-il vis à vis de l'éclipse ? De quelle qualité intellectuelle Périclès fait-il preuve ici ?

**3** **Doc. 3. a)** Identifiez, d'après la légende de ce tableau, les deux personnages qui conversent.

**b)** Décrivez le contraste entre la position et l'apparence de chacun.

**c)** Comment l'artiste traduit-il l'idée d'une conversation ? Mettez en évidence les détails qui permettent de dire qui est ici le maître et qui est le disciple.

Séance **TICE** @

**Faites des recherches sur Anaxagore de Clazomènes en insistant sur les relations qui l'unirent à Périclès.**

# GRAMMAIRE La 1ʳᵉ déclinaison (2)

● En plus des noms en -α long et en -η étudiés → p. 50, la 1ʳᵉ déclinaison comporte des **noms féminins en -α bref** (au nominatif et à l'accusatif singulier) et des **noms masculins**.

| Noms féminins en -α bref | | Noms masculins de la 1ʳᵉ déclinaison | |
|---|---|---|---|
| ἡ ἀλήθεια, ας *la vérité* | ἡ θάλαττα, ης *la mer* | ὁ νεανίας, ου *le jeune homme* | ὁ πολίτης, ου *le citoyen* |
| **Singulier** | | **Singulier** | |
| Nom.   ἡ   ἀλήθει-α | ἡ  θάλαττ-α | Nom.   ὁ   νεανί-ας | ὁ   πολίτ-ης |
| Voc.       ἀλήθει-α | θάλαττ-α | Voc.      νεανί-α | πολίτ-α |
| Acc.   τὴν  ἀλήθει-αν | τὴν  θάλαττ-αν | Acc.   τὸν  νεανί-αν | τὸν  πολίτ-ην |
| Gén.   τῆς  ἀληθεί-ας | τῆς  θαλάττ-ης | Gén.   τοῦ  νεανί-ου | τοῦ  πολίτ-ου |
| Dat.   τῇ   ἀληθεί-ᾳ | τῇ  θαλάττ-ῃ | Dat.   τῷ   νεανί-ᾳ | τῷ  πολίτ-ῃ |
| **Pluriel** | | **Pluriel** | |
| Nom.   αἱ   ἀλήθει-αι | αἱ  θάλαττ-αι | Nom.   οἱ   νεανί-αι | οἱ   πολίτ-αι |
| Voc.       ἀλήθει-αι | θάλαττ-αι | Voc.      νεανί-αι | πολίτ-αι |
| Acc.   τὰς  ἀληθεί-ας | τὰς  θαλάττ-ας | Acc.   τοὺς  νεανί-ας | τοὺς  πολίτ-ας |
| Gén.   τῶν  ἀληθει-ῶν | τῶν  θαλαττ-ῶν | Gén.   τῶν  νεανι-ῶν | τῶν  πολιτ-ῶν |
| Dat.   ταῖς  ἀληθεί-αις | ταῖς  θαλάττ-αις | Dat.   τοῖς  νεανί-αις | τοῖς  πολίτ-αις |

## Les adjectifs de la 1ʳᵉ classe

● Le masculin et le neutre se déclinent sur la 2ᵉ déclinaison, le féminin (en -α ou en -η) sur la 1ʳᵉ.

δίκαιος, ου ; δικαία, ας ; δίκαιον, ου : *juste*
καλός, οῦ ; καλή, ῆς ; καλόν, οῦ : *beau*

● Dans le lexique et dans le dictionnaire, ils sont présentés sous la forme : καλός, ή, όν, *beau*.

## Vocabulaire à retenir

**Noms féminins en -α bref**
ἡ γλῶττα, ης : *la langue*
ἡ δίαιτα, ης : *le genre de vie, le régime*
ἡ δόξα, ης : *la réputation, l'opinion publique*
ἡ ὁμόνοια, ας : *la concorde*
ἡ τράπεζα, ης : *la table*

**Noms masculins en -ης**
ὁ δεσπότης, ου : *le maître*
ὁ δικαστής, οῦ : *le juge*
ὁ ναύτης, ου : *le marin*
ὁ οἰκέτης, ου : *le serviteur*
ὁ στρατιώτης, ου : *le soldat*

**Adjectifs**
ἀγαθός, ή, όν : *bon*
ἄλλος, η, ο : *autre*
δίκαιος, α, ον : *juste*
ἱερός, ά, όν : *sacré*
καθαρός, ά, όν : *pur*
κακός, ή, όν : *mauvais*
καλός, ή, όν : *beau*
πλούσιος, α, ον : *riche*

## Identifier et manipuler

**1** Écrivez les mots de la première colonne du Vocabulaire à retenir au génitif singulier, en faisant attention au déplacement éventuel de l'accent → règles p. 23.

**2** Traduisez et déclinez.
1. ἀγαθὴ δίαιτα
2. καθαρὰ γλῶττα
3. κακὸς ναύτης

## Traduire

### L'EXPRESSION πολλὰ καὶ καλά

πολλὰ καὶ καλά : *de nombreuses et belles choses*
En grec, un adjectif employé seul au neutre singulier ou pluriel peut avoir la valeur d'un nom.
καλόν : *une belle chose* ; καλά : *de belles choses* ;
τὸ κακόν : *le mal*

**3** Version
Traduisez en utilisant aussi le vocabulaire des leçons précédentes.

1. Οἱ ἄνθρωποι διὰ τῶν ποιητῶν (διά + gén. : *par l'intermédiaire de*) μανθάνουσι πολλὰ καὶ καλά.
2. Εὑρίσκετε (εὑρίσκω : *trouver*) καλὴν διατριβὴν καὶ καλὴν δίαιταν ἐν τῇ γεωργίᾳ.
3. Οὐ μανθάνομεν σοφίαν ἐν ταῖς τῶν πλουσίων οἰκίαις διότι (*parce que*) οἱ πλούσιοι δεσπόται οὐκ ἔχουσι καλὴν δόξαν.

**4** Thème
Traduisez en utilisant aussi le vocabulaire des leçons précédentes.

1. Dans (ἐν + *dat.*) les maisons riches, les maîtres justes n'ont pas de mauvais serviteurs (*négation* : οὐκ).
2. Les juges parlent avec une langue pure (*traduire par un datif sans préposition*).
3. L'art des poètes est sacré.
4. Un bon marin n'est pas toujours (ἀεί) un bon soldat.

## À vous de jouer !

**5** Dans les lignes 11 et 12 du texte de Plutarque → p. 54, vous avez rencontré deux adjectifs commençant par un ἀ- appelé « alpha privatif » : ἄ-μεμπτον qui signifie littéralement *qu'on ne peut pas blâmer*, et ἀ-σύμμετρον, *qui n'est pas symétrique*.
a) Quels préfixes français correspondent à l'alpha privatif grec ? Pour trouver, cherchez l'adjectif antonyme des adjectifs *symétrique, capable, connu*.
b) Comment appelle-t-on quelqu'un qui n'a pas de patrie ? pas de tonus ?

## Étymologie

• À partir de τὸ γένος, γένους, *la race, la famille*

**6** Quels mots français sont issus du radical γεν- ?

**7** Cherchez dans le texte de Plutarque → p. 54 (l. 5) un mot grec formé à partir du radical γον- ainsi que sa traduction.

**8** Des mots français savants sont issus de cette forme : qu'est-ce qu'une gonade ? un épigone ? Attention : un polygone n'a rien à voir avec cette racine !

**9** Trouvez des mots latins de même racine.

• D'après le Vocabulaire à retenir

**10** Quels sont les mots français dérivés de ἡ γλῶττα, ης (ou ἡ γλῶσσα) ; ἡ δίαιτα, ης ; ὁ δεσπότης, ου ; ὁ ναύτης, ου ?

**11** Quel prénom vient de l'adjectif ἀγαθός ?

### L'EXPRESSION ὁ καλὸς κἀγαθός

ὁ καλὸς κἀγαθός : *l'homme de bien*
Les Grecs ont réuni deux adjectifs (καλὸς καὶ ἀγαθός) en un seul substantif : pour eux, le physique et le moral s'accordaient pour former l'homme idéal.

Vase grec à figures noires représentant un bateau avec des rameurs (VIᵉ s. avant J.-C.) (Paris, musée du Louvre).

# Démosthène, le génie oratoire

*Démosthène est connu à la fois pour le grand rôle politique qu'il a joué dans l'Athènes du IV<sup>e</sup> siècle avant J.-C., notamment contre Philippe, le roi de Macédoine qui menaçait Athènes, et par ses très nombreux discours. C'est l'un des plus grands orateurs de l'Antiquité.*

Λαμβάνει δὲ τῆς πολιτείας καλὴν ὑπόθεσιν
τὴν πρὸς Φίλιππον ὑπὲρ τῶν Ἑλλήνων
δικαιολογίαν, καὶ πρὸς ταύτην ἀγωνίζεται
ἀξίως, ὥστε ταχὺ δόξαν ἔχει. Πλεῖστος
5  δ' αὐτοῦ λόγος ἐστὶ παρὰ τῷ Φιλίππῳ τῶν
δημαγωγούντων. Καὶ ἀπεχθαίνεται μὲν οὖν
ὑπὸ τῶν ἄλλων ῥητόρων, θαυμάζεται δὲ ἐν
τῇ Ἑλλάδι καὶ θεραπεύεται ὑπὸ τοῦ μεγάλου
βασιλέως.

■ D'après Plutarque (45-125 après J.-C.), *Vie de Démosthène*, XII, 7, trad. É. Chambry et R. Flacelière (modifiée), © Les Belles Lettres (1976).

*Il prend comme noble principe de sa politique la défense des Grecs contre Philippe ; et il lutte pour elle de façon si valeureuse, qu'il acquiert rapidement de la renommée. Il est, de tous les hommes politiques, celui dont Philippe fait le plus grand cas. Il est détesté sans doute par les autres orateurs, mais il est admiré de la Grèce et traité avec ménagement par le grand Roi.*

Démosthène, buste en marbre (Rome, Museo Nazionale Romano).

## Comprendre le texte

**1** Démosthène est présenté comme un orateur politique. Comment Plutarque juge-t-il sa conduite ? Retrouvez lignes 1 et 4 un adjectif et un nom que vous venez d'apprendre, exprimant cette opinion.

**2** Relevez dans le texte grec (l. 2) le nom de l'adversaire de Démosthène ; mettez ce nom au nominatif. Que savez-vous de ce personnage ?

**3** De quel peuple « barbare », grand adversaire des Grecs lors des guerres médiques, le *grand Roi* est-il le souverain ?

**4** Quels paradoxes Plutarque souligne-t-il à la fin de son texte ?

**5** À quel grand homme politique et orateur romain pourriez-vous comparer Démosthène ?

## Observer la langue

**1** ἀπεχθαίνεται : *il est détesté* ; θαυμάζεται : *il est admiré* ; θεραπεύεται : *il est traité avec ménagements (soigné).*
a) Quels sont le temps et la voix de ces verbes en français ?
b) Quelle est la terminaison commune des verbes grecs ?

**2** ὑπὸ τῶν ἄλλων ῥητόρων : *par les autres orateurs* ; ὑπὸ τοῦ μεγάλου βασιλέως : *par le grand Roi.*
a) Quelle est la fonction française de ces groupes nominaux prépositionnels ?
b) Quelle préposition et quel cas sont utilisés en grec pour traduire cette fonction ?

**3** ἀγωνίζεται est traduit dans le texte par *il lutte.*
a) Quelle est la terminaison de ce verbe ?
b) À quelle voix est-il traduit en français ? Est-ce la même que dans les cas précédents ?

## Doc. 1   Comment Démosthène devint un grand orateur

Il se fit, dit-on, aménager une salle d'études souterraine, qui a été conservée même jusqu'à notre époque. Il y descendait tous les jours sans exception pour s'exercer à l'action oratoire et cultiver sa voix ; souvent même il y restait deux ou trois mois de suite, se faisant raser un seul côté de la tête, afin d'être empêché de sortir, même s'il en avait grande envie, par le respect humain. [...]

Il parvint par ses efforts à se défaire de sa prononciation vicieuse et de son zézaiement, et à articuler nettement en se mettant des cailloux dans la bouche tout en déclamant des tirades. Pour exercer sa voix, il parlait en courant et en gravissant des pentes et prononçait d'un seul trait, sans reprendre haleine, des discours ou des vers. Enfin, il avait chez lui un grand miroir, en face duquel il se plaçait pour s'exercer à la déclamation.

■ Plutarque (45-125 après J.-C.), *Vie de Démosthène*, VII, 6 et XI, 1, trad. É. Chambry et R. Flacelière, © Les Belles Lettres (1976).

## Doc. 3   Démosthène contre Philippe II de Macédoine

Pourquoi permettrions-nous à Philippe de faire tout ce qui lui plaît, pourvu qu'il ne touche pas à l'Attique [...] ? Vous le savez trop bien, ce qui a le plus contribué aux succès de Philippe, c'est que partout il s'est trouvé présent, prêt à agir avant nous. Maître d'une armée qui est constamment sous sa main et sachant d'avance ce qu'il veut faire, dès qu'il a décidé d'attaquer quelqu'un, il fond sur lui. Nous, au contraire, c'est seulement à la nouvelle d'un événement que dans le trouble et le tumulte nous nous préparons.

■ Démosthène (384-322 avant J.-C.), *Sur les affaires de Chersonèse*, 8 et 11, trad. M. Croiset, © Les Belles Lettres (1925).

## Doc. 2   Démosthène s'exerçant à la parole

L'orateur politique grec Démosthène harangue les flots de la mer, gravure d'après Jules Lecomte du Nouy (1870).

## Doc. 4   Démosthène au combat

*Les Athéniens furent écrasés par Philippe en 338 avant J.-C. : Démosthène eut-il alors une conduite irréprochable ?*

La vérité sur ce point est difficile à discerner. On dit que [...] jusque-là il s'était montré homme de cœur, mais dans la bataille elle-même il ne fit rien de beau ni qui s'accordât avec ses discours : il abandonna son poste, jeta ses armes et s'enfuit de la manière la plus honteuse. [...] Mais le peuple l'absolvait et même continuait à l'honorer et l'appelait de nouveau aux affaires.

■ Plutarque (45-125 après J.-C.), *Vie de Démosthène*, XX, 1-2 et XXI, 2, trad. É. Chambry et R. Flacelière, © Les Belles Lettres (1976).

## Prolonger la lecture

1. **Doc. 1.** Quelles sont les différentes contraintes que s'impose Démosthène ? Quel résultat chacune de ces contraintes vise-t-elle ?
2. **Doc. 2.** Observez le lieu et les conditions atmosphériques ; quelle méthode Démosthène pratique-t-il ici pour s'exercer ?
3. **Doc. 3 et 4.** Quels contrastes dans le caractère du personnage ces deux extraits mettent-ils en évidence ? Relevez les expressions utilisées par l'auteur pour jeter un doute sur l'authenticité du récit de sa conduite lors de la bataille.

Séance TICE   @

**Faites une recherche documentaire sur la bataille de Chéronée au cours de laquelle les Athéniens furent écrasés par Philippe en 338 avant J.-C. Puis racontez à vos camarades cette bataille en présentant ses causes, les forces en présence, son déroulement, ses conséquences.**
**N'oubliez pas d'illustrer votre propos et de citer vos sources !**

## GRAMMAIRE Le présent moyen-passif

● Il existe en grec, à côté de l'actif et du passif, une troisième voix : le **moyen**.
Au présent et à l'imparfait, le moyen et le passif ont les mêmes formes.

● Le passif indique que le sujet subit l'action. Le moyen indique que **le sujet fait l'action dans son propre intérêt** ; il peut se construire comme l'actif avec un complément d'objet.
δρέπομαι κρίνον : *je cueille un lis*

| Désinences | | λύ-ο-μαι : *je suis délié*<br>ou : *je délie dans mon intérêt* | Participe présent passif |
|---|---|---|---|
| 1ʳᵉ sing | -ο-μαι | λύ-ομαι | λυ-όμενος, λυ-ομένη, |
| 2ᵉ | -ε-σαι > -ει / -η | λύ-ει (ou λύ-η) | λυ-όμενον : *(en train d'être)* |
| 3ᵉ | -ε-ται | λύ-εται | *délié, déliée* |
| 1ʳᵉ pl. | -ο-μεθα | λυ-όμεθα | |
| 2ᵉ | -ε-σθε | λύ-εσθε | déclinaison sur le modèle des |
| 3ᵉ | -ο-νται | λύ-ονται | adjectifs de la 1ʳᵉ classe |
| Infinitif | -ε-σθαι | λύ-εσθαι | |

● **Certains verbes très usuels n'existent qu'au moyen** comme γίγν-ομαι, *je deviens*, οἴ-ομαι, *je pense*.

● Dans le lexique ou dans le dictionnaire, ils sont présentés avec la terminaison **-ομαι**.
Les verbes actifs (pouvant se mettre à la voix moyenne et passive) comme **λύω** sont présentés avec la terminaison **-ω**.

### Le complément du passif

● S'il s'agit d'une personne : c'est un **complément d'agent**. Il se met au génitif précédé de la préposition **ὑπό**.
Οἱ ἵπποι ἄγονται εἰς τὸν ἀγρὸν ὑπὸ τοῦ γεωργοῦ.
*Les chevaux **sont emmenés** au champ **par le paysan**.*

● S'il s'agit d'une chose : c'est un **complément de moyen**. Il se met au datif sans préposition.
Αἱ νόσοι ἀπαλλάττονται τοῖς φαρμάκοις.
*Les maladies **sont écartées par les remèdes**.*

## Vocabulaire à retenir

**αἰσθάνομαι** : *sentir, percevoir*
**βούλομαι** : *vouloir*
**γίγνομαι** : *devenir, être*
**οἴομαι** : *penser*
**ὀργίζομαι** : *se mettre en colère*
**πείθομαι** : *être persuadé, obéir à*
**φαίνομαι** : *paraître, sembler*
**χρηματίζομαι** : *s'enrichir*

**θαυμάζω** : *admirer*
**λαμβάνω** : *prendre*
**σπεύδω** : *se hâter*
**χαίρω** : *se réjouir*

## Identifier et manipuler

**1** Dans le Vocabulaire à retenir, dites d'après leur sens :
**a)** si les verbes grecs de la première colonne sont moyens ou passifs ;
**b)** si les verbes grecs de la deuxième colonne peuvent avoir un passif.

**2** Donnez l'infinitif et le participe présent (masculin) des verbes de la première colonne.

**3** Conjuguez un verbe de chaque colonne.

## Traduire

**4** Traduisez ces phrases en grec.

1. Les marins sont admirés par les soldats.
2. Les bons serviteurs obéissent à leur maître.
3. Les paysans veulent devenir riches.
4. Les animaux soignés par les remèdes du médecin veulent courir dans le champ.

---

### LE PARALLÉLISME μέν... δέ

• Ces deux particules signifient généralement *d'une part..., d'autre part...* Elles servent à relier deux éléments identiques et se placent toujours derrière le premier mot de chacun des deux éléments.

• Elles peuvent avoir un simple sens de liaison. On traduit alors δέ par *et* (sans traduire μέν).

• Elles peuvent avoir un sens d'opposition. On traduit alors δέ par *mais* (sans traduire μέν).

ἀπεχθαίνεται μέν... θαυμάζεται δέ (Plutarque → p. 58)

---

**5** **Version**
### Et si on arrêtait les métèques ?
*Les métèques étaient de riches étrangers résidant à Athènes ; ils détenaient souvent l'industrie et le commerce. En 404 avant J.-C., les « Trente Tyrans »* (οἱ Τριάκοντα), *qui se sont emparés du pouvoir à Athènes, veulent les arrêter pour confisquer leur argent.*

Θέογνις λέγει τοῖς Τριάκοντα·
« Οἱ μέτοικοι τῇ πολιτείᾳ ἄχθονται, καὶ καιρός ἐστι χρηματίζεσθαι·
Ἡ μὲν ἀρχὴ πάντως πένεται, οἱ δὲ μέτοικοι πλούσιοί εἰσιν.
Δεῖ δέκα μετοίκους συλλαμβάνειν· καλὴ ἀπολογία ἡμῖν ἐστιν. »
Οἱ ἄλλοι τῶν Τριάκοντα αὐτίκα πείθονται.

■ D'après Lysias (env. 458-380 avant J.-C.), *Contre Ératosthène.*

## Étymologie

• **Les mots du texte (p. 58) et leurs dérivés**

**6** Observez le mot δικαιολογίαν (l. 3) et les trois premières syllabes du mot δημαγωγούντων (l. 6) : à partir de quels mots que vous connaissez ont-ils été formés ? Précisez leur sens exact.

**7** ῥητόρων (l. 7, de ὁ ῥήτωρ, ῥήτορος, 3ᵉ déclinaison) signifie *l'orateur* ; pouvez-vous, avec l'aide d'un dictionnaire, expliquer la différence de sens, en français, entre un *orateur* et un *rhéteur* ? Comment appelle-t-on l'art dans lequel se distingue un rhéteur ?

**8** L'adverbe ταχὺ (l. 4) signifie *vite, rapidement.* Quel terme médical français désigne un rythme cardiaque trop rapide (ἡ καρδία, ας : *le cœur*) ?

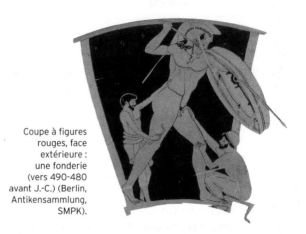

Coupe à figures rouges, face extérieure : une fonderie (vers 490-480 avant J.-C.) (Berlin, Antikensammlung, SMPK).

---

### Vocabulaire pour la version

Θέογνις : *Théognis, l'un des Trente Tyrans*
ὁ μέτοικος, ου : *le métèque*
ἡ πολιτεία, ας : *la constitution, le régime politique*
ἄχθομαι + dat. : *haïr, être hostile à*
καιρός ἐστι : *c'est le moment de*
ἡ ἀρχή, ῆς : *le pouvoir, le gouvernement*
πάντως : *complètement*
πένομαι : *être pauvre*
πλούσιος, α, ον : *riche*
δεῖ : *il faut (verbe impersonnel)*
δέκα : *dix*
συλλαμβάνω : *prendre ensemble, arrêter*
ἡ ἀπολογία, ας : *l'excuse*
ἡμῖν : *à nous*
οἱ ἄλλοι : *les autres*
αὐτίκα : *aussitôt*

# Aspasie de Milet

## Doc. 1 — *Une femme influente*

*Aspasie est l'une des rares femmes connues de l'Antiquité : elle fut la compagne de Périclès et, bien que métèque, elle exerça une réelle influence sur sa politique ainsi que sur les philosophes de l'époque, qu'elle aimait réunir autour d'elle.*

### Texte A

C'est peut-être ici la meilleure occasion de se demander par quel art, par quel prestige cette femme domina les hommes d'État les plus influents et inspira aux philosophes une sincère et grande considération. [...] On dit qu'elle fut recherchée par Périclès pour sa science et pour sa sagesse politique. Et il est vrai que Socrate allait quelquefois chez elle avec ses amis et que les familiers de la maison d'Aspasie y conduisaient leurs femmes pour entendre sa conversation. [...] [Périclès] lui-même prit Aspasie pour compagne et l'aima singulièrement. On dit en effet qu'en sortant de chez lui et en rentrant de l'agora, chaque jour, il ne manquait jamais de la saluer et de l'embrasser.

■ Plutarque (45-125 après J.-C.), *Vie de Périclès*, XXIV, 2, 5, 8-9, trad. É. Chambry et R. Flacelière, © Les Belles Lettres (1964).

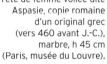

Tête de femme voilée dite Aspasie, copie romaine d'un original grec (vers 460 avant J.-C.), marbre, h 45 cm (Paris, musée du Louvre).

### Texte B

SOCRATE. – J'ai la chance d'avoir pour maître une femmes des plus distinguées dans l'art oratoire. Entre beaucoup de bons orateurs qu'elle a formés, il y en a même un qui est le premier de la Grèce, Périclès, fils de Xanthippe.

MÉNÉXÈNE. – Qui est-ce ? À coup sûr, c'est Aspasie que tu veux dire ?

■ Platon (427-347 avant J.-C.), *Ménéxène*, 235 e, trad. L. Méridier, © Les Belles Lettres (1931).

● **D'après ces textes, quelles étaient les qualités d'Aspasie ?**

● **Quels liens unissaient Périclès et Aspasie ? Socrate et Aspasie ?**

## Doc. 2 — *Aspasie vue par Victor Hugo*

*Un convive un peu aviné fait l'éloge d'Aspasie.*

Savez-vous ce que c'était qu'Aspasie, Mesdames ? Quoiqu'elle vécût dans un temps où les femmes n'avaient pas encore d'âme, c'était une âme ; une âme d'une nuance rose et pourpre, plus embrasée que le feu, plus fraîche que l'aurore. Aspasie était une créature en qui se touchaient les deux extrêmes de la femme ; c'était la prostituée déesse.

■ Victor Hugo (1802-1885), *Les Misérables*, 1re partie, livre III, 8.

● **Qu'est-ce qui provoque l'admiration de V. Hugo chez Aspasie telle qu'il l'imagine ?**

● **Quelle est le nom de la figure de style utilisée dans l'expression *prostituée déesse* ?**

*Aspasie vue par les Modernes*

**Texte A** *(chanté)*

C'est une gamine charmante, charmante, char-mante,
Qui possède une âme innocente, innocen-ente ;
En elle tout est poésie.
Elle répond
au joli nom
d'Aspasi-i-e.

■ *Phi-Phi* (Phidias), opérette d'A. Willemetz et F. Solar, sur une musique d'H. Christiné (1918).

**Texte B**

À l'âge d'or de la démocratie et des arts, [...] le vice et la folie soupent tous les soirs avec le génie ; et quand Aspasie donne une fête, quels ne sont pas ses invités ! Sophocle, Phidias, Aristote, Anaxagore...

■ Gérald Messadié (né en 1931), 4e de couverture de *Madame Socrate*, © J.-C. Lattès (2000).

● Quelle image d'Aspasie le texte de G. Messadié donne-t-il ? L'opérette *Phi-Phi* donne-t-elle la même image ?

 ● D'après le texte de G. Messadié, quels grands hommes ont fréquenté Aspasie ? Faites des recherches afin de préciser la spécialité de chacun.

Doc. 4 *Aspasie la coquette*

● À quelle époque ce portrait a-t-il été réalisé ? Et celui de la page de gauche ?

● Quelles différences constatez-vous dans la présentation du personnage (vêtement, expression) ?

Marie-Geneviève Bouliard (1772-1819), *Aspasie* (1794), huile sur toile, 163 x 127 cm (Arras, musée des Beaux-Arts).

Doc. 5 *Aspasie l'intellectuelle*

Michel Corneille (1642-1708), *Aspasie au milieu des philosophes de la Grèce* (1671-1680), peinture sur toile, voussure est du plafond du salon des Nobles de la Reine (Versailles, châteaux de Versailles et de Trianon).

● Quel philosophe se tient derrière Aspasie ? Aidez-vous du doc. 1, B.

● Quel rôle Aspasie semble-t-elle jouer auprès des savants qui l'entourent ?

**P**our conclure

● Quel aspect d'Aspasie le peintre du document 5 semble-t-il avoir privilégié ? Est-ce le même que les écrivains modernes ?

Voici des mots importants en lien avec la séquence.
Pour les graver dans votre mémoire, retrouvez-les dans les exercices ci-dessous.

τὸ ἄγαλμα : *la statue*          ὁ λόγος : *la parole, le discours*
ἡ ἀλήθεια : *la vérité*          ὁ μῦθος : *le mythe, la légende*
τὸ ἆθλον : *la lutte*            ἡ ὁδός : *la route*
ἡ γλῶττα : *la langue*           ἡ φωνή : *la voix, le son*
ὁ ἥρως : *le héros*              ἡ τέχνη : *le métier, l'art*

## Grammaire — Je décline, tu conjugues, nous traduisons

**1** Rappelez le sens de ces noms. À quelle déclinaison appartiennent-ils et à quel(s) cas sont-ils ?

1. τῷ δήμῳ   3. τὰ εἴδωλα   5. τῆς τέχνης   7. τὸν δεσπότην   9. τῇ ἱστορίᾳ
2. τῶν ὁδῶν   4. τοῖς ἱεροῖς   6. τὰς ἀληθείας   8. οἱ στρατιῶται   10. τοῖς ἄθλοις

**2** Donnez le sens de ces verbes. À quelle(s) voix sont-ils conjugués et à quelle(s) personne(s) ?

1. ἄγει   2. γίγνεται   3. βούλει   4. ἔχουσι(ν)

**3** À quelles règles ces exemples renvoient-ils ? Expliquez.

1. ὁ **τοῦ ἰατροῦ** λόγος, *le discours **du médecin***
2. **τὸ** καλόν, ***le** beau* ; **οἱ** καλοί, ***ceux qui** sont beaux*
3. τὰ ζῷα **τρέχει**, *les animaux **courent***

## Étymologie — ἡ φωνή, ἡ γλῶττα

**ἡ γλῶττα** (ou γλῶσσα, **selon les dialectes**), *la langue, le langage*

**4** La **glotte** désigne plus précisément en français « l'orifice du larynx délimité par les cordes vocales, dont l'ouverture ou la fermeture contrôle le débit d'air expiré et qui sert à produire les sons et donc le langage ». Un **polyglotte** (πολύ-, *beaucoup*) est quelqu'un qui parle plusieurs langues.

▶ En utilisant la racine *gloss-*, trouvez le mot qui désigne à la fin d'un ouvrage le recueil des mots difficiles.

**ἡ φωνή**, *la voix, le son*

**5** Le radical φων- est présent dans de nombreux mots français. Il concerne :
**a)** la voix : une **aphonie** (ἀ- préfixe négatif) est une absence d'émission vocale ; une **dysphonie** (δυσ-, préfixe qui désigne une difficulté) est une difficulté d'émission vocale ; le **phoniatre** (ὁ ἰατρός, *le médecin*) soigne les troubles de la voix ou de la parole.

▶ Quel est le spécialiste qui rééduque les troubles de la parole et aide à corriger les difficultés orthographiques qui en sont la conséquence ?

**b)** le son : l'**euphonie** (εὔ-, *bien*) est la production d'un son agréable ; la **symphonie** (συν-, *ensemble*) est une production de sons accordés, harmonieux.

▶ En utilisant l'adjectif grec *mauvais*, dites comment on désigne la production de sons désagréables.

▶ Retrouvez des noms d'instruments de musique et d'appareils électro-acoustiques composés avec le suffixe *-phone*.

## Mythologie ὁ μῦθος

Le héros et l'amour (ὁ ἥρως, ὁ ἔρως)

**6** Attribuez à chaque héros ses compagnes.

| ὁ ἥρως : le héros | ὁ ἔρως : l'amour |
|---|---|
| Jason<br>Thésée | Antiope<br>Ariane<br>Créuse<br>Médée<br>Phèdre |

Statue d'Antonio Canova
(1757-1822) (Vienne,
Kunsthistorisches Museum).

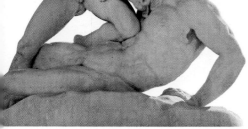

Statue d'Étienne Jules Ramey (1830-1924),
(Paris, jardin des Tuileries).

Le héros et la lutte (ὁ ἥρως, τὸ ἆθλον)

**7** **a)** Quel même héros reconnaissez-vous dans ces deux sculptures ?
**b)** Quels monstres terrasse-t-il ? Au cours de quels épisodes de sa légende ?
**c)** Quelles ressemblances et quelles différences notez-vous entre ces deux sculptures ?

## Littérature et histoire    τὸ ἄγαλμα

**8** Attribuez à chaque statue (ἄγαλμα) le nom de la personnalité littéraire ou historique représentée.
Quels caractéristiques ou détails vous ont permis d'identifier chacune ?

ὁ Δημοσθένης – ὁ Ὅμηρος – ὁ Περικλῆς – ὁ Σωκράτης

atue de Laurent-Philippe Roland
46-1816), (Paris, musée du Louvre).

Paris, jardin des Tuileries.

Copie romaine d'après un
bronze de Polyeuktos (ɪɪɪᵉ s.
avant J.-C.) (Rome, Vatican
Museo Pio Clementino).

Athènes, Académie.

# La céramique grecque

**La céramique désigne l'ensemble des objets fabriqués en terre cuite. Les formes élaborées de ces objets du quotidien, adaptées à leur usage, et la richesse de leur décoration peinte en ont fait des œuvres d'art que l'on admire aujourd'hui.**

## Doc. 1 — *Transport et banquets*

Pour transporter des liquides, on utilisait surtout l'amphore. Le cratère était le récipient indispensable pour mélanger le vin et l'eau lors des banquets. Pour boire, on utilisait des coupes comme la *kylix*.

⬤ **Dans quel vase retrouvez-vous la racine du verbe** κεράννυμμι (*κρα), *mélanger* ?

Amphore attique à figures rouges : gigantomachie (vers 410-400 avant J.-C.), h 69 cm (Paris, musée du Louvre).

Cratère en calice à figures rouges, face B : massacre des Niobides (vers 460-450 avant J.-C.), h 54 cm, diam 55 cm (Paris, musée du Louvre).

Coupe attique à figures rouges : guerriers combattants (vi[e] s. avant J.-C.) (Châtillon-sur-Seine, Musée archéologique).

## Doc. 2 — *Cérémonies et toilette*

Les loutrophores servaient à la toilette des mariées ou à celle des morts.
Les coquettes et les athlètes utilisaient aussi des vases : l'alabastre, par exemple, contenait les parfums ou les huiles.

⬤ **Trouvez le sens du mot** *loutrophore* **en cherchant celui des deux mots grecs qui le composent :** λουτρόν **et** φέρω.

Loutrophore à figures rouges : pleureuses (vers 480 avant J.-C.), h 82 cm (Paris, musée du Louvre).

Alabastre à figures roug[...] le jeune ma[...] tend une ce[...] symbole de [...] l'union du c[...] à la jeune fe[...] (470 avant [...] (Paris, BNF, cabinet des Médailles).

## Doc. 3   *Petit traité d'Histoire des Arts*

Les objets en céramique étaient peints selon des techniques qui évoluèrent. La plus ancienne est la technique dite à « figures noires » qui s'est développée dès le VIIe siècle avant J.-C. et qui consistait à peindre en noir les personnages, le fond restant de la couleur de l'argile. Les détails étaient incisés à l'aiguille.

Dès 530 avant J.-C., la méthode s'inverse : c'est le fond qui est en noir, les personnages étant laissés en rouge, de la couleur de l'argile cuite d'où le nom de « figures rouges ». Les détails étaient réalisés à l'aide d'un pinceau fin. On complétait parfois ces deux couleurs dominantes par des couleurs d'origine végétale : blanc, bleu, rouge, vert olive...

Amphore à figures noires (début du ve s. avant J.-C.), céramique athénienne, h 19,7 cm (Paris, musée du Louvre).

## Les thèmes décoratifs sont nombreux : la céramique parle des dieux, des hommes et des héros.

### Doc. 4   *Les aventures d'Ulysse*

● **Quel est l'épisode de l'*Odyssée* illustré sur cette coupe ?**

Coupe laconienne à figures noires, intérieur (vers 550 avant J.-C.) (Paris, BNF, cabinet des Médailles).

### Doc. 5   *Les travaux d'Héraclès*

● **Quels sont les travaux d'Héraclès représentés sur ces deux amphores ?**

Amphore à figures rouges (vers 530-520 avant J.-C.), céramique athénienne, h 58,2 cm (Paris, musée du Louvre).

Séance **TICE**   @

**Répartissez-vous par groupes et faites des recherches sur Internet afin de répondre aux questions suivantes.**

• **Groupe 1** : quels sont les différents types de vases et leur usage ?

• **Groupe 2** : comment les vases étaient-ils fabriqués ?

• **Groupe 3** : quelles étaient les différentes techniques utilisées par les peintres ?

• **Groupe 4** : quels étaient les hommes ou les héros les plus représentés ?

Vous pouvez consulter ce site : www.ac-nancy-metz.fr/louvreedu/hercule/pages/antique/ceram.html

# L'évolution des formes dans la statuaire

**Doc. 1** *La période archaïque*
(800-480 avant J.-C.)

**Doc. 2** *La période classique*
(480-338 avant J.-C.)

Koré au péplos (vers 530 avant J.-C.), marbre peint, h 1,21 m (Athènes, musée de l'Acropole).

Le Satyre au repos (IVᵉ s. avant J.-C.), copie romaine d'après un original de Praxitèle (40 326 avant J.-C.), marbre (Saint-Pétersbourg, mus de l'Ermitage).

Vieille femme ivre (vers 200-180 avant J.-C.), copie romaine d'après un original hellénistique de la fin du IIIᵉ s. avant J.-C.), marbre, h 0,92 m (Munich, Glyptothèque).

**Doc. 3**
*La période hellénistique*
(323-146 avant J.-C.)

● Mettez en évidence les principales caractéristiques de l'évolution des formes et des attitudes à travers les trois périodes présentées ici.

● Associez à chaque période de la liste A trois caractéristiques de la liste B.

**Liste A.** Période archaïque, période classique, période hellénistique.

**Liste B.** Déhanchement, déséquilibre, frontalité, mouvement, anecdotique, réalisme, stylisation, symétrie.

**Séance TICE** @

Recherchez sur Internet d'autres représentations de statues grecques (un féminine et une masculine) qui illustrent chacune de ces trois périodes. Soulignez en les caractéristiques.

Vous pouvez vous aider de ce parcours chronologique à travers la sculpture grecque proposé par le musée du Louvre : www.louvre.fr/routes/la-sculpture-grecque

# Deux grands sculpteurs : Polyclète et Lysippe

## Doc. 4 — La géométrie des proportions

La nature a [...] ordonné le corps humain selon les normes suivantes : le visage, depuis le menton jusqu'au sommet du front et à la racine des cheveux, vaut le dixième de sa hauteur, de même que la main ouverte, depuis l'articulation du poignet jusqu'à l'extrémité du majeur ; la tête, depuis le menton jusqu'au sommet du crâne, vaut un huitième [...]. Si on prend la mesure du bas des pieds au sommet de la tête et qu'on reporte cette mesure sur les bras étendus, on trouvera que la largeur est égale à la hauteur, comme dans les carrés tracés à l'équerre.

■ Vitruve (I<sup>er</sup> s. avant J.-C.), *De l'architecture*, III, 2-3, trad. P. Gros, © Les Belles Lettres (1990).

● Selon l'auteur romain Vitruve, quelle est la proportion naturelle entre la taille de la tête, depuis le menton jusqu'au sommet du crâne, et celle du corps ?

● Quel sculpteur respecte le plus cette proportion naturelle ?

● En prenant des mesures, vérifiez si le Doryphore de Polyclète respecte les proportions indiquées par Vitruve dans sa dernière phrase.

● À vous de jouer ! En prenant vos mesures, vérifiez si les proportions naturelles évoquées par Vitruve s'appliquent à vous. Seriez-vous plutôt un chef-d'œuvre de Polyclète ou de Lysippe ?

La proportion tête / corps :
Polyclète 1/7 ; Lysippe 1/8

Le bras gauche tient la lance, le droit est ballant. La position est statique.

Le mouvement des bras inscrit le geste dans l'espace et l'instant.

Une jambe libre et une jambe d'appui déterminent un basculement du bassin auquel répond l'inclinaison légèrement inversée des épaules.

● D'après la source de ces documents, à quelle période chacun des deux artistes appartient-il ?

● Quelle principale évolution pouvez-vous noter dans les proportions et le mouvement des deux statues ?

### Doc. 5 — Le Doryphore de Polyclète
(ou porteur de lance)

### L'Apoxyomène de Lysippe — Doc. 6
(ou athlète se nettoyant au strigile)

Copie romaine (I<sup>er</sup> s. avant J.-C.) d'après un original du sculpteur grec Polyclète datant de 440 avant J.-C. env., marbre (Naples, Museo Archeologico Nazionale).

Copie romaine d'une sculpture grecque de Lysippe datant de 320 avant J.-C. (Vatican, Musée Pio-Clementino).

Loge des Caryatides,
côté sud de l'Érechthéion
(421-406 avant J.-C.)
(Acropole d'Athènes).

# Régimes et cités de l'époque classique

**UNITÉ 5** Démocratie ou oligarchie ?

| | | |
|---|---|---|
| LECTURE | Convocation à l'assemblée ! | 72 |
| GRAMMAIRE | Le présent actif des verbes contractes en -ῶ | 74 |
| LECTURE | Deux rois pour Sparte | 76 |
| GRAMMAIRE | Le présent moyen-passif des verbes contractes en -ῶ | |
| | La syntaxe de l'infinitif | 78 |

● **D'HIER À AUJOURD'HUI**
Le « mirage » spartiate 80

**UNITÉ 6** Deux grandes cités

| | | |
|---|---|---|
| LECTURE | Athènes, la ville d'Athéna | 82 |
| GRAMMAIRE | La 3ᵉ déclinaison (1) | |
| | Le participe présent actif | 84 |
| LECTURE | Alexandrie, la ville lumière | 86 |
| GRAMMAIRE | La 3ᵉ déclinaison (2) | |
| | Les adjectifs de la 2ᵉ classe | 88 |

● **D'HIER À AUJOURD'HUI**
Alexandrie et son héritage 90

■ **BILAN** de séquence 92

**COMPRENDRE LE MONDE ANTIQUE**

Architecture et décoration

La maison grecque 94
Le temple grec 96

## Lire l'image

• Où se trouve ce temple dont le portique est orné de statues → p. 83 ?

• Quel rôle architectural ces statues jouent-elles ? Qu'aurait-on pu trouver à leur place ?

## Convocation à l'assemblée !

*Démosthène rappelle aux Athéniens la panique qui a régné à Athènes après la prise d'Élatée par Philippe de Macédoine, en 339 : l'ennemi n'était plus très loin !*

Ἀγγέλλει τις ὡς τοὺς πρυτάνεις ὡς Ἐλάτεια κατείληπται. Καὶ μετὰ ταῦτα ἐκεῖνοι τοὺς στρατηγοὺς μεταπέμπονται καὶ τὸν σαλπικτὴν καλοῦσιν. Τῇ δ' ὑστεραίᾳ, ἅμα
5  τῇ ἡμέρᾳ, οἱ μὲν πρυτάνεις τὴν βουλὴν καλοῦσιν εἰς τὸ βουλευτήριον, ὑμεῖς δ' εἰς τὴν ἐκκλησίαν πορεύεσθε· καὶ πρὶν ἐκείνην χρηματίσαι καὶ προβουλεῦσαι, πᾶς ὁ δῆμος ἄνω κάθηται. Καὶ μετὰ ταῦτα εἰσέρχεται ἡ
10  βουλή, καὶ ἀπαγγέλλουσιν οἱ πρυτάνεις τὰ προσηγγελμέν' ἑαυτοῖς, καὶ ὁ κῆρυξ ἐρωτᾷ· « Τίς ἀγορεύειν βούλεται ; » Πάρεστιν οὐδείς.

■ D'après Démosthène (384-322 avant J.-C.), *Sur la couronne*, 169-170, trad. (légèrement modifiée) G. Mathieu, © Les Belles Lettres (1947).

*On vient annoncer aux prytanes[1] l'occupation d'Élatée. Après cela, ces derniers convoquent les stratèges et appellent le trompette. Le lendemain, dès le jour, les prytanes convoquent le Conseil à la salle des séances, tandis que* _____ ; *et avant que le Conseil ait délibéré et préparé son rapport, tout le peuple est assis sur la hauteur[2]. Puis, le Conseil arrive, les prytanes font connaître les nouvelles qu'on leur a apportées, et le héraut demande : « Qui veut prendre la parole ? » On ne voit s'avancer personne.*

1. Cf. le doc. 1 → p. 73.
2. de la Pnyx (colline où se réunit l'Assemblée).

### Aide à la traduction

ἐκεῖνος, η, ο : *celui-ci*
ὁ στρατηγός, οῦ : *le général en chef, le stratège*
μεταπέμπομαι : *faire venir, convoquer*
ὑμεῖς : *vous* ; εἰς + acc. : *vers*
ἡ ἐκκλησία, ας : *l'Assemblée du peuple*
πορεύομαι : *faire route vers, se rendre à*

Scène de discours public, détail d'une pélikè attique à figures rouges (vers 480), h 39,5 cm (Paris, musée du Louvre).

## Comprendre le texte

❶ Traduisez les passages surlignés en bleu.

❷ Le Conseil et l'Assemblée du peuple sont deux grandes instances de la démocratie athénienne. Retrouvez dans le texte grec (l. 5 et 7) les noms de ces deux institutions, puis mettez-les au nominatif.

❸ Qui sont les membres du Conseil qui prennent en main les opérations ? Retrouvez le mot grec qui les désigne.

❹ Quel mot désigne le peuple ?

## Observer la langue

❶ a) Relevez les deux verbes de la deuxième phrase (l. 2-4). À quelle voix et à quelle personne sont-ils conjugués ?

b) Que pouvez-vous dire de la terminaison du verbe καλοῦσιν ? Quelle terminaison correspondante avez-vous apprise ? Un détail d'accentuation distingue ces deux terminaisons. Lequel ?

❷ a) Relevez le verbe *demande* en grec (l. 11). Soulignez sa terminaison.

b) À quelle personne est-il conjugué ? Quelle terminaison correspondante avez-vous apprise ?

**Les organes du gouvernement**

**L'Assemblée (ἡ ἐκκλησία) :**
6 000 citoyens actifs en moyenne = le peuple souverain. Ils délibèrent, décident, élisent et jugent.

**Le Conseil (ἡ βουλή) : 500 conseillers** tirés au sort pour un an.
Ils préparent les débats, examinent et contrôlent les lois.

**50 membres (les prytanes, οἱ πρυτάνεις)**, commission permanente du Conseil.
Leur président, l'épistatès (ὁ ἐπιστάτης), est tiré au sort chaque jour.

**10 officiers supérieurs (οἱ στρατηγοί)** élus pour un an (rééligibles).
Ils commandent l'armée, gèrent les impôts, dirigent la police.

**9 magistrats (οἱ ἄρχοντες)** tirés au sort pour un an.
Ils instruisent les procès, président les débats.

---

**Doc. 2**  **L'Assemblée du peuple sur la Pnyx**

❶ la tribune (τὸ βῆμα). ❷ l'horloge à eau (ἡ κλεψύδρα).
❸ l'autel de Zeus *Agoraios*.

**Doc. 3**  **Les non-citoyens : métèques et esclaves**

Au bout d'un certain temps de résidence, en général un mois, l'étranger doit se trouver un patron, *prostatès*, qui est son répondant pour les affaires judiciaires. Il se fait alors enregistrer comme métèque, probablement par une inscription sur le registre du dème où il habite, acquitte une taxe, le *métoikion* [...]. Il doit servir dans l'armée, n'a certes pas le droit de siéger dans les assemblées ni d'être élu magistrat mais est astreint à certains impôts [...].

L'esclave, considéré comme un bien parmi d'autres, figure dans les inventaires et les testaments à côté des terres, des meubles et des bijoux. Il ne possède aucun droit, ni politique, ni civil, et est juridiquement privé de toute personnalité. Son maître a tout pouvoir sur lui.

■ Violaine Sebillote Cuchet, *100 fiches d'histoire grecque (VIIIᵉ-IVᵉ siècles av. J.-C.)*, © Bréal (2007).

---

## Prolonger la lecture

❶ **Doc. 1.** D'après cette pyramide, quel est l'organe souverain dans la démocratie athénienne ?

❷ **Doc. 2.** Comment la tribune où l'orateur prend la parole se nomme-t-elle en grec ? Comment son temps de parole est-il décompté ?

❸ **Doc. 3. a)** Le mot « métèque » signifie, selon les traducteurs, *celui qui habite avec* ou *celui qui a changé de résidence* ; qui désigne-t-il à Athènes ? Le mot a-t-il le même sens aujourd'hui ?
**b)** Pourquoi peut-on dire que l'esclave est considéré par les Grecs comme un objet ?

## GRAMMAIRE  Le présent actif des verbes contractes en -ῶ

• On appelle « verbes contractes » les verbes dont le radical se termine par une voyelle qui elle-même se « contracte » avec la désinence.

τιμά-ω > τιμῶ : *j'honore*

| Verbes en -α- | | Verbes en -ε- | | Verbes en -ο- | |
|---|---|---|---|---|---|
| τιμάω-ῶ, *j'honore* | | ποιέω-ῶ, *je fais* | | δηλόω-ῶ, *je montre* | |
| α + ο > ω ; α + ε > α | | ε + ο > ου ; ε + ε > ει | | ο + ο > ου ; ο + ε > ου | |
| 1ʳᵉ sing. | τιμά-ω > τιμῶ[1] | ποιέ-ω > ποιῶ[1] | | δηλό-ω > δηλῶ[1] | |
| 2ᵉ | τιμά-εις > τιμᾷς | ποιέ-εις > ποιεῖς | | δηλό-εις > δηλοῖς | |
| 3ᵉ | τιμά-ει > τιμᾷ | ποιέ-ει > ποιεῖ | | δηλό-ει > δηλοῖ | |
| 1ʳᵉ pl. | τιμά-ομεν > τιμῶμεν | ποιέ-ομεν > ποιοῦμεν | | δηλό-ομεν > δηλοῦμεν | |
| 2ᵉ | τιμά-ετε > τιμᾶτε | ποιέ-ετε > ποιεῖτε | | δηλό-ετε > δηλοῦτε | |
| 3ᵉ | τιμά-ουσι > τιμῶσι(ν) | ποιέ- ουσι > ποιοῦσι(ν) | | δηλό-ουσι > δηλοῦσι(ν) | |
| Infinitif | *τιμά-ε̄ν[2] > τιμᾶν | *ποιέ-ε̄ν[2] > ποιεῖν | | *δηλό-ε̄ν[2] > δηλοῦν | |

1. Lorsque la première voyelle portait l'accent avant contraction, cet accent devient circonflexe sur la forme contracte.

2. Le iota de l'infinitif λύειν est en réalité une façon de noter un ε̄ long + ν. On ne retrouve pas trace de ce iota dans les infinitifs des verbes contractes.

## ÉTYMOLOGIE

### • Les mots du texte et leurs dérivés

ἀγγέλλει (l. 1) : *annoncer* ; ὁ ἄγγελος est *celui qui annonce, le messager.*
▸ Quel mot français dérive de ce mot grec ? Expliquez le lien entre les deux.

### • Autour des verbes contractes

▸ ἀγαπάω-ῶ : *aimer (chérir)* ; que signifie le mot français *agapes* ? Quel lien a-t-il avec le mot grec ? Pour répondre, vous aurez peut-être besoin d'un dictionnaire ou d'Internet…

▸ σκοπέω-ῶ : *examiner* ; en vous souvenant qu'un radical peut présenter une alternance ε/ο, cherchez les mots français (composés ou non) dérivant soit de la forme σκοπ-, soit de la forme σκεπ-.

▸ φιλέω-ῶ : *aimer* ; citez quelques-uns des nombreux mots français où vous retrouvez le radical de ce verbe.

---

## Vocabulaire à retenir

ἀγαπάω-ῶ : *aimer (chérir)*    ἐράω-ῶ : *aimer (d'amour)*

αἰτέω-ῶ : *demander*    κληρόω-ῶ : *désigner par le sort*

ἀπατάω-ῶ : *tromper*    ὁράω-ῶ : *voir*

δικαιόω-ῶ : *juger bon*    σκοπέω-ῶ : *examiner*

δοκέω-ῶ  : *sembler, avoir la réputation de*    στεφανόω-ῶ : *couronner*

δουλόω-ῶ : *asservir*    φιλέω-ῶ : *aimer (d'amitié, de goût)*

Joachim Patinier (vers 1475-1524),
*Paysage avec la barque de Charon sur le Styx*
(détail, vers 1520), huile sur toile, 64 x 103 cm
(Madrid, musée du Prado).

# EXERCICES

## Identifier et manipuler

**1** Conjuguez au choix un verbe de chaque colonne du Vocabulaire à retenir.

**2** Identifiez et traduisez les formes suivantes :

1. δουλοῦσι
2. γελᾶτε
3. σκοποῦμεν
4. φιλεῖς
5. στεφανοῖ

**3** Mettez au pluriel et traduisez.

1. ἀπατῶ
2. δοκεῖς
3. κληροῖ
4. ὁρᾷς
5. αἰτῶ
6. δικαιοῖς
7. ἀγαπᾷ
8. φιλεῖ
9. στεφανῶ

## Traduire

**4** **Thème**
Traduisez en grec.

1. Tu demandes de bons remèdes.
2. Il rit quand (ὅτε) il trompe son (le) maître.
3. Vous couronnez les beaux métiers.
4. Nous semblons être savants.

**5** **Version : la mésaventure d'un avare**
Traduisez le texte suivant, puis relevez les verbes, en signalant s'ils sont contractes ou non.

1. Ἄνθρωπός τις ἔχει πολλὰ χρήματα·
2. Κρύπτει τὸ ἀργύριον ὑπὸ λίθῳ.
3. Ἄλλος τις ἄνθρωπος αὐτὸν ὁρᾷ, καὶ κλέπτει τὸ ἀργύριον.
4. Τότε ὁ πρῶτος ἄνθρωπος περιαλγεῖ.
5. Φίλος τις αὐτῷ ἀπαντᾷ καὶ αὐτὸν κελεύει μὴ φροντίζειν·
« Εἴπερ τὸ ἀργύριον μὴ δαπανᾷς, οὐδὲν διαφέρει εἰ ἔχεις ἢ μή. »

■ D'après Antiphon (480-410 env. avant J.-C.), *Fragment*, 14.

## Parlons grec !

**6** En vous aidant du Vocabulaire à retenir, quel verbe grec emploieriez-vous pour dire que le père *aime* son fils, *aime* sa femme ou *aime* sa tranquillité ?

**7** Avec Aristophane, jouez cette petite scène tirée de sa comédie *Les Grenouilles*.

*Le dieu Dionysos - pas rassuré du tout ! - part pour les enfers avec son esclave Xanthias. Mais il lui faut d'abord franchir le Styx sur la barque de Charon.*

ΔΙΟΝΥΣΟΣ. – Χαῖρ' ὦ Χάρων, χαῖρ' ὦ Χάρων, χαῖρ' ὦ Χάρων.
ΧΑΡΩΝ. – Τίς εἰς ἀναπαύλας ;
ΔΙΟΝΥΣΟΣ. – Ἐγώ.
ΧΑΡΩΝ. – Ταχέως ἔμβαινε.
ΔΙΟΝΥΣΟΣ (*à son esclave*). – Παῖ, δεῦρο.
ΧΑΡΩΝ. – Δοῦλον οὐκ ἄγω.

Dionysos. – *Coucou*[1] *Charon, coucou Charon, coucou Charon !*
Charon. – *Qui (veut aller) vers les lieux de repos ?*
Dionysos. – *Moi !*
Charon. – *Vite, embarque !*
Dionysos (*à son esclave*). – *Petit, (viens) ici !*
Charon. – *Je n'emmène pas d'esclave.*

■ D'après Aristophane (445-385 env. avant J.-C.), *Les Grenouilles*, v. 184-190, trad. D. Jouanna et D. Kaszubowski.

1. Χαῖρε signifie *Salut !* mais on a voulu conserver l'allitération car Dionysos claque des dents !

---

**Vocabulaire pour la version 5**

1. τις → p. 122 équivaut ici à un article indéfini : *un.*

πολλὰ χρήματα : *beaucoup d'argent, de richesses*

2. κρύπτω : *cacher ;* τὸ ἀργύριον, ου : *l'argent*

ὑπό + dat. : *sous ;* ὁ λίθος, ου : *la pierre*

3. αὐτός, ή, ό : *le, la, les* (à partir de l'acc. : pronom de la 3ᵉ pers. → p. 126)

κλέπτω : *voler*

4. τότε : *alors ;* πρῶτος, η, ον : *premier*

περι-αλγέω-ῶ : *être très affligé*

5. ἀπαντάω-ῶ + dat. : *rencontrer*

κελεύω + acc. : *ordonner, conseiller à quelqu'un*

μή : *ne... pas* (négation de l'inf. après un vb d'ordre)

φροντίζω : *se faire du souci*

εἴπερ : *si vraiment, puisque*

δαπανάω-ῶ : *dépenser*

οὐδὲν διαφέρει εἰ : *cela ne fait aucune différence si (= que)*

ἢ μή : *ou non*

## LECTURE — Deux rois pour Sparte

*L'organisation politique de Sparte, avec ses deux rois, est bien différente de la démocratie athénienne. Agésilas a été l'un des deux rois en fonction au début du IVe siècle avant J.-C.*

Ὃ δέ φησιν Ξενόφων, αὐτὸν πάντα τῇ πατρίδι πειθόμενον ἰσχύειν πλεῖστον ὥστε ποιεῖν ὃ βούλοιτο, τοιοῦτόν ἐστι. Τῶν ἐφόρων ἐστὶ τότε καὶ τῶν γερόντων τὸ μέγιστον ἐν τῇ πολιτείᾳ κράτος. Οἱ μὲν ἐνιαυτὸν ἄρχουσι
5 μόνον, οἱ δὲ γέροντες διὰ βίου ταύτῃ τῇ τιμῇ τιμῶνται, ἐπὶ τῷ μὴ πάντα τοῖς βασιλεῦσιν ἐξεῖναι συνταχθέντες, ὡς περὶ Λυκούργου γέγραπται. Διὸ καὶ πατρικήν
10 τινα πρὸς αὐτοὺς ἀπὸ τοῦ παλαιοῦ διατελοῦν εὐθὺς οἱ βασιλεῖς φιλονεικίαν καὶ διαφορὰν περιλαμβάνοντες. Ὁ δὲ Ἀγησίλαος ἐπὶ τὴν ἐναντίαν ὁδὸν ἔρχεται, καὶ τὸ πολεμεῖν καὶ τὸ προσκρούειν αὐτοῖς ἐάσας θεραπεύει.

■ D'après Plutarque (46-120 env. après J.-C.), *Vie d'Agésilas*, 4, 5-7, trad. R. Flacelière et É. Chambry (légèrement modifiée), © Les Belles Lettres (1973).

*Quant à ce que dit Xénophon, qu'en obéissant en tout à sa patrie, Agésilas avait tellement d'autorité qu'il pouvait faire ce qu'il voulait, voici ce qu'il en est.*

*La charge des premiers ne dure qu'une année, mais les sénateurs gardent à vie leur dignité. Ils ont été institués pour que tout ne soit pas permis aux rois, comme je l'ai écrit dans la* Vie de Lycurgue. *Il en est résulté que les rois, de bonne heure, dès l'époque la plus ancienne, n'ont cessé de leur vouer une malveillance et une hostilité héréditaires. Agésilas prend la voie contraire : ayant abandonné l'idée de les combattre et de les heurter, il leur prodigue des égards.*

### Aide à la traduction

ὁ ἐφόρος, ου : *l'éphore (celui qui surveille)*

οἱ γέροντες, γερόντων (3e décl.) : *les anciens, les sénateurs*

τότε : *alors, à l'époque*

τὸ μέγιστον κράτος : *le plus grand pouvoir*

ἐστί + gén. : *appartient à, relève de*

## Comprendre le texte

1. Traduisez le passage surligné en bleu.

2. Qui a été le grand législateur de Sparte, auquel Plutarque fait ici allusion ?

3. D'après le sens des mots ὀλίγοι, αι, α : *peu nombreux*, ἄρχω : *commander*, ὁ δεσπότης, ου : *le maître*, précisez le sens des mots *oligarchie* et *despotisme*.

4. a) Dans quelle catégorie rangez-vous le régime spartiate ?
   b) Pourquoi, malgré l'existence de rois héréditaires, ne peut-on pas considérer ce régime comme une royauté ?

## Observer la langue

1. Observez dans le texte le mot τιμῶνται (l. 7).
   a) D'après sa finale, quelle est la voix de cette forme verbale ? De quelle personne s'agit-il ?
   b) D'après son accentuation, dans quelle catégorie de verbes la rangez-vous ?

2. a) Repérez trois verbes à l'infinitif précédés d'un article. (Attention, le premier est éloigné de son article.)
   b) On dit que ces verbes sont « substantivés ». Comment les deux derniers sont-ils traduits ?

## Doc. 1    Les organes du gouvernement à Sparte

**2 rois héréditaires**
pris dans deux mêmes familles.
Leur pouvoir est religieux et militaire.

**5 « surveillants », les éphores,**
élus pour un an par l'assemblée des citoyens.
Ils contrôlent les rois, l'éducation et maintiennent l'ordre civique.

**Le Sénat : 28 Anciens** de plus de 60 ans (ή γέρουσία), élus à vie.
Ils proposent les lois à l'Assemblée et assurent la justice.

**L'Assemblée (« l'Enclos ») des citoyens :** ή ᾿Απελλά.
Elle élit les éphores et approuve ou rejette les décisions des Anciens,
sans les voter.

## Doc. 2    Les hilotes maltraités

En tout temps, on les traitait rudement et méchamment : on les forçait à boire beaucoup de vin pur et on les introduisait aux repas communs (*syssities*) pour faire voir aux jeunes gens ce que c'était que l'ivresse.

◼ Plutarque (46-120 env. après J.-C.),
*Vie de Lycurgue*, 28, 8, trad. R. Flacelière,
© Les Belles Lettres (1958).

## Doc. 3    Une société très inégalitaire

La population de Sparte (cité-État qui regroupe la Messénie et la Laconie, soit un territoire trois fois plus grand que l'Attique) se partage en trois catégories.

• Les **citoyens** de plein droit, les Ὅμοιοι (les « Égaux »), Doriens d'origine (envahisseurs du Péloponnèse au XIIᵉ s. avant J.-C.), ne forment qu'une minorité.

Fernand Sabbate (1874-1940),
*Un Spartiate montre un esclave ivre à ses fils*, huile sur toile
(Paris, École nationale supérieure des Beaux-arts).

• Les **périèques** (« ceux qui habitent autour »), beaucoup plus nombreux que les citoyens, sont des habitants de la Messénie et de la Laconie non-Doriens d'origine. Ils ont le droit de posséder des terres, servent dans l'armée, comme les Égaux, mais ne sont pas citoyens.

• Les **hilotes** sont eux aussi d'anciens occupants du territoire mais réduits à l'état de serfs, qui exploitent la terre. Beaucoup plus nombreux que leurs maîtres, ils se révoltent parfois de façon violente. Et pour cause : une fois par an, les jeunes Spartiates sont invités à tuer de nuit le plus d'hilotes possible !

## Prolonger la lecture

**1** **Doc. 1.** Retrouvez dans le texte de Plutarque le nom en grec de trois organes du gouvernement spartiate.

**2** Comparez les institutions politiques de Sparte à celles d'Athènes → p. 73.

**3** **Doc. 2.** Quelle place les envahisseurs doriens ont-ils réservée aux populations conquises ?

**4** **Doc. 3.** Les Spartiates imaginent-ils qu'un homme libre puisse exploiter la terre ? Comparez avec le texte de Xénophon → p. 51.

**5** En analysant le portrait de l'hilote et l'attitude des personnes qui l'entourent, montrez de quelle façon le peintre insiste sur le caractère dégradant du statut d'hilote.

## GRAMMAIRE Le présent moyen-passif des verbes contractes en -ῶ

| Verbes en -α | | Verbes en -ε | | Verbes en -ο | |
|---|---|---|---|---|---|
| τιμῶμαι : *j'honore pour moi* ou *je suis honoré* | | ποιοῦμαι : *je fais pour moi* ou *je suis fait* | | δηλοῦμαι : *je montre pour moi* ou *je suis montré* | |
| 1ʳᵉ sing. τιμά-ομαι | > τιμῶμαι | ποιέ-ομαι | > ποιοῦμαι | δηλό-ομαι | > δηλοῦμαι |
| 2ᵉ τιμά-ει | > τιμᾷ | ποιέ-ει | > ποιεῖ (ποιῇ) | δηλό-ει | > δηλοῖ |
| 3ᵉ τιμά-εται | > τιμᾶται | ποιέ-εται | > ποιεῖται | δηλό-εται | > δηλοῦται |
| 1ʳᵉ pl. τιμα-όμεθα | > τιμώμεθα | ποιε-όμεθα | > ποιούμεθα | δηλο-όμεθα | > δηλούμεθα |
| 2ᵉ τιμά-εσθε | > τιμᾶσθε | ποιέ-εσθε | > ποιεῖσθε | δηλό-εσθε | > δηλοῦσθε |
| 3ᵉ τιμά-ονται | > τιμῶνται | ποιέ-ονται | > ποιοῦνται | δηλό-ονται | > δηλοῦνται |
| Inf. τιμά-εσθαι | > τιμᾶσθαι | ποιέ-εσθαι | > ποιεῖσθαι | δηλό-εσθαι | > δηλοῦσθαι |
| Part. τιμα-όμενος | | ποιε-όμενος | | δηλο-όμενος | |
| > τιμώμενος, η, ον | | > ποιούμενος, η, ον | | > δηλούμενος, η, ον | |

## La syntaxe de l'infinitif

### 1) L'infinitif employé comme nom

● L'infinitif peut être **substantivé** (transformé en nom) lorsqu'il est précédé d'un article.
τὸ πολεμεῖν : *le fait de combattre, la guerre*
τὸ προσκρούειν : *le fait de se heurter à, l'antagonisme*

### 2) La proposition infinitive

● Il peut être le verbe d'une **proposition infinitive**.
- Les verbes déclaratifs (comme λέγω, φημί, *dire*) ou d'opinion (comme νομίζω, *penser*) et les verbes d'ordre (comme δεῖ, *il faut*, ou κελεύω, *ordonner*) sont souvent suivis d'une **proposition infinitive**, dont le **verbe** est à l'**infinitif** et le **sujet** à l'**accusatif**.
Λέγω τὴν κόρην εἶναι καλήν. *Je dis que la jeune fille est belle.*
Ξενοφῶν φησὶν αὐτὸν ἰσχύειν πλεῖστον. *Xénophon dit qu'il avait de très grands pouvoirs.*

- La négation de l'infinitif est οὐ(κ) après un verbe déclaratif, μή après un verbe d'ordre.
Λέγω τὴν κόρην οὐκ εἶναι καλήν. *Je dis que la jeune fille n'est pas belle.*

**Attention :**
● Le verbe à l'infinitif peut lui-même avoir un complément à l'accusatif : repérez bien l'accusatif sujet !
● Si le sujet de l'infinitif est le même que celui du verbe principal, on ne l'exprime pas (à la différence du latin) et l'attribut se met aussi au nominatif.
Λέγω εἶναι καλή. *Je dis que je suis belle.*

## Vocabulaire à retenir

αἰτιάομαι-ῶμαι : *accuser*

ἀφικνέομαι-οῦμαι : *arriver*

ἐναντιόομαι-οῦμαι + dat. : *s'opposer à*

ἐπιμελέομαι-οῦμαι + gén. : *s'occuper de*

ἡγέομαι-οῦμαι : *conduire, penser*

μιμέομαι-οῦμαι : *imiter*

μισθόομαι-οῦμαι : *embaucher contre un salaire* (μισθός)

τιμωρέομαι-οῦμαι : *punir*

## Identifier et manipuler

**1** Conjuguez les verbes suivants.

**1.** αἰτιάομαι-ῶμαι     **2.** ἡγέομαι-οῦμαι
**3.** μισθόομαι-οῦμαι

**2** Mettez au pluriel et traduisez.

**1.** αἰτιᾶται     **2.** ἡγοῦμαι     **3.** φιλεῖ

## Traduire

**3** **Thème**
Traduisez en utilisant des infinitifs substantivés.

**1.** (Le fait d') accuser les autres ne plaît pas à (ἀρέσκω + dat.) Agésilas (ὁ Ἀγησίλαος, ου).
**2.** (Le fait de) s'opposer aux lois (ὁ νόμος, ου) est mauvais pour la démocratie (dat. sans préposition).

**4** **Thème**
Traduisez en utilisant des propositions infinitives.

**1.** Le maître (ὁ δεσπότης, ου) dit que les esclaves (ὁ δοῦλος, ου) travaillent bien (εὖ).
**2.** Le maître dit qu'il s'occupe bien des esclaves.
**3.** Nous pensons que les juges (ὁ δικαστής, οῦ) ne sont pas riches (πλούσιος, α, ον).
**4.** La loi ordonne que les dieux soient honorés par les hommes.
**5.** La loi ordonne de ne pas punir les esclaves.

**5** **Version : que devient l'âme après la mort ?**

*Voici ce que nous en dit Socrate.*

Πάλαι λέγουσιν
τὰς τῶν τεθνημένων ἀνθρώπων ψυχὰς
ἐνθένδε ἀφικνεῖσθαι εἰς Ἅιδου
καὶ δεῦρο πάλιν ἀφικνεῖσθαι
καὶ πάλιν γίγνεσθαι.

■ D'après Platon (427-347 avant J.-C.), *Phédon*, 81d.

## Parlons grec !

**6** Voici la suite du texte d'Aristophane → p. 73. Jouez cette petite scène avec vos camarades.

*Dionysos est monté dans la barque de Charon mais Charon exige qu'il rame lui-même (Dionysos est un dieu un peu efféminé et peu habitué à l'effort). Le lac est plein de grenouilles qui se moquent de lui.*

ΟΙ ΒΑΤΡΑΧΟΙ. - Βρεκεκεκεκεξ κοαξ κοαξ.
ΔΙΟΝΥΣΟΣ. - Ἐγὼ ἀλγεῖν ἄρχομαι.
ΟΙ ΒΑΤΡΑΧΟΙ. - Βρεκεκεκεκεξ κοαξ κοαξ.
ΔΙΟΝΥΣΟΣ. - Ὄλοισθε, αὐτῷ κοαξ.
ΟΙ ΒΑΤΡΑΧΟΙ. - Βρεκεκεκεκεξ κοαξ κοαξ.
ΔΙΟΝΥΣΟΣ. - Ἀλλὰ παύσασθε.
ΟΙ ΒΑΤΡΑΧΟΙ. - Βρεκεκεκεκεξ κοαξ κοαξ.

LES GRENOUILLES. – *Brekekekekex koax koax !*
DIONYSOS. – *Moi, je commence à avoir mal.*
LES GRENOUILLES. – *Brekekekekex koax koax !*
DIONYSOS. – *Crevez donc, avec votre koax !*
LES GRENOUILLES. – *Brekekekekex koax koax !*
DIONYSOS. – *Allons, arrêtez !*
LES GRENOUILLES. – *Brekekekekex koax koax !*

■ D'après Aristophane (445-385 env. avant J.-C.), *Les Grenouilles*, v. 220-221, 225-226, 239-240 et 250, trad. D. Jouanna et D. Kaszubowski.

## Étymologie

**7** οἱ γέροντες signifie littéralement *les anciens, les personnes âgées.*
Comment appelle-t-on la branche médicale (pensez à ὁ ἰατρός, οῦ : *le médecin*) consacrée aux personnes âgées ?

**8** ἡγέομαι-οῦμαι (Vocabulaire à retenir) : *conduire*, d'où *commander*. Quel nom savant équivalent de l'anglais *leadership* a-t-il donné en français ?

**9** πολεμεῖν : *combattre, faire la guerre* ; citez un mot (adjectif et nom) dérivant de son radical.

---

**Vocabulaire pour la version**
πάλαι : *depuis longtemps, jadis*
λέγουσιν : *on raconte que*
τεθνημένος, η, ον : *mort* (part. parfait passif)
ἐνθένδε : *depuis ici (le monde des vivants)*
εἰς Ἅιδου : *chez Hadès*
δεῦρο : *ici*
πάλιν : *à nouveau* ; πάλιν γίγνομαι : *renaître*

Illustrations : procession de grenouilles dans un paysage japonais (détails, XVIIᵉ s.), peinture (Paris, Missions étrangères).

# Le « mirage » spartiate

Malgré la fascination qu'elle a inspirée aux Anciens par son système politique et éducatif rigoureux, la cité de Sparte a peu à peu décliné et il n'en reste presque plus aucun vestige aujourd'hui. Pourquoi ?

### Doc. 1   *De la fascination au déclin*

La Sparte du IVᵉ siècle a descendu la pente ; parmi les huit à neuf mille citoyens égaux, elle a laissé s'aggraver de plus en plus les inégalités que créait la fortune, banni de sa grande assemblée comme inférieurs un nombre de plus en plus grand de citoyens ruinés par l'emprunt, et ne mettra plus en ligne à la bataille de Leuctres[1] que deux mille Spartiates. Fermée à tout renouvellement, décimée par la guerre, cette minorité ne fera que décroître, d'autant qu'elle est riche du butin fait sur l'ennemi, de l'argent extorqué aux cités occupées [...] et que, riche et jouisseuse, elle a de moins en moins d'enfants.

■ Léon Robin, introduction à *Platon, La République*,
© Les Belles Lettres (1932).

1. Défaite de Sparte devant les Thébains en 371 après J.-C.

● Quelles sont les causes du déclin de Sparte, d'après ce texte ?

### Doc. 2   *Un témoignage antique*

Supposons, en effet, que Sparte soit dévastée et qu'il subsiste seulement les temples avec les fondations des édifices : après un long espace de temps, sa puissance soulèverait, je crois, par rapport à son renom, des doutes sérieux chez les générations futures ; pourtant, les Lacédémoniens administrent les deux cinquièmes du Péloponnèse et ont l'hégémonie sur l'ensemble, ainsi que sur de nombreux alliés au dehors ; mais, malgré cela, comme ils ont une ville qui n'est pas centralisée, qui n'a pas de temples et d'édifices fastueux, mais qui se compose de bourgades, comme c'était autrefois l'usage en Grèce, leur puissance apparaîtrait inférieure. Tandis que, si le même sort frappait Athènes, on lui prêterait, d'après les apparences extérieures, une puissance double de la sienne.

■ Thucydide (460-399 avant J.-C.), *La Guerre du Péloponnèse*, I, 10, 2, trad. J. de Romilly, © Les Belles Lettres (1953).

Sparte : vue de la ville antique avec l'Agora.

● Pourquoi Thucydide prédit-il à Sparte un futur sans prestige ?

● En quoi la photographie illustre-t-elle cette prédiction ?

## Doc. 3   *La bataille des Thermopyles*

Le roi Léonidas, en 480 avant J.-C., se sacrifia dans la célèbre bataille des Thermopyles en compagnie de trois cents de ses soldats pour assurer la liberté des Grecs face aux Perses. Il reste la figure emblématique de Sparte.

- Comment le peintre a-t-il mis en évidence le personnage de Léonidas ?

- En quoi l'attitude de Léonidas contraste-t-elle avec celle des personnages qui l'entourent ?

Jacques-Louis David (1748-1825), *Léonidas aux Thermopyles* (1814), huile sur toile, 3,95 x 5,31 m (Paris, musée du Louvre).

## Doc. 4   *Un héros moderne*

Statue de Léonidas à Sparte.

## Doc. 5   *Léonidas au cinéma*

- Comparez les différentes représentations de Léonidas sur les doc. 3, 4, 5.

- Laquelle vous paraît la plus intéressante ? Pourquoi ?

*300*, film de Zack Snyder (2006), avec Gerard Butler.

Séance **TICE**   @

Faites une recherche documentaire sur la bataille des Thermopyles en mettant en évidence l'origine du conflit et les forces en présence, le déroulement de la bataille et ses conséquences, ce qu'elle a inspiré dans l'histoire des arts (peinture, littérature, cinéma...).

# 6 Deux grandes cités

## Athènes, la ville d'Athéna

*Le Parthénon, sur le plateau rocheux de l'Acropole athénienne, a été conçu à la demande de Périclès pour abriter la statue d'Athéna, déesse protectrice de la Cité.*

Αὐτὸ δὲ ἔκ τε ἐλέφαντος τὸ ἄγαλμα καὶ
χρυσοῦ πεποίηται. Μέσῳ μὲν οὖν ἐπίκειταί οἱ
τῷ κράνει Σφιγγὸς εἰκών [...], καθ᾽ ἑκάτερον δὲ
τοῦ κράνους γρῦπές εἰσιν ἐπειργασμένοι.
5  [...] Τὸ δὲ ἄγαλμα τῆς Ἀθηνᾶς ὀρθόν ἐστιν
ἐν χιτῶνι ποδήρει καί οἱ κατὰ τὸ στέρνον
ἡ κεφαλὴ Μεδούσης ἐλέφαντός ἐστιν
ἐμπεποιημένη· καὶ Νίκην τε ὅσον τεσσάρων
πηχῶν, ἐν δὲ τῇ χειρὶ δόρυ ἔχει, καὶ οἱ πρὸς
10  τοῖς ποσὶν ἀσπίς τε κεῖται καὶ πλησίον τοῦ
δόρατος δράκων ἐστίν [...] Ἔστι δὲ τῷ βάθρῳ
τοῦ ἀγάλματος ἐπειργασμένη Πανδώρας
γένεσις.

■ Pausanias (IIᵉ s. après J.-C.), *Description de la Grèce, I. l'Attique*, 24, 5-7, trad. D. Joanna et D. Kaszubowski.

*La statue elle-même (de la déesse) est faite d'ivoire et d'or. Sur le milieu de son casque est l'image d'un Sphinx [...], et des griffons sont sculptés sur les deux côtés du casque. [...]*

*—————————————————, avec une tunique qui descend jusqu'aux pieds. Sur sa poitrine est la tête de Méduse réalisée en ivoire. Elle tient (d'une main) une Victoire de quatre coudées environ, et de l'autre une lance. Devant ses pieds est posé un bouclier, —————————————————— [...]. Sur le piédestal de la statue est sculptée la naissance de Pandore[1].*

1. Pandore est la première femme, cadeau des dieux aux hommes... et source de leurs maux → p. 165.

> **Aide à la traduction**
> ὀρθός, ή, όν : *droit*, ici *debout*
> πλησίον + gén. : *près de*
> τὸ δόρυ, δόρατος : *la lance*
> ὁ δράκων, δράκοντος : *le serpent*

## Comprendre le texte

❶ Traduisez les passages surlignés en bleu.

❷ **a)** De quels matériaux est faite (πεποίηται) la statue d'Athéna?
**b)** Retrouvez en grec les mots qui désignent ces matériaux (l. 2 et 7). Avec ces deux mots, retrouvez l'adjectif qui qualifie cette statue réalisée par le sculpteur Phidias (→ aussi p. 40).

❸ Faites la liste des attributs de la déesse, puis identifiez-les sur la statue reconstituée et présentée ci-dessus.

## Observer la langue

❶ Il y a plusieurs mots de la 3ᵉ déclinaison au nominatif dans le premier paragraphe du texte :
ἡ εἰκών : *l'image* (gén. : τῆς εἰκόνος) ;
οἱ γρῦπες : *les griffons* (ὁ γρύψ, gén. : τοῦ γρυπός) ;
τὸ ἄγαλμα : *la statue* (cherchez-en le génitif dans le deuxième paragraphe).
Quelle est la marque du génitif qui permet de reconnaître les noms de cette déclinaison ?

Peter Connolly (né en 1935), reconstitution de la statue d'Athéna
'intérieur du Parthénon, aquarelle de la série *The Ancient City* (1998).

### Doc. 1 L'Acropole

Le plateau rocheux de l'Acropole domine le paysage athénien. On y accède par une entrée monumentale, les Propylées. Sur l'aile gauche des Propylées, on aperçoit un bâtiment appelé « pinacothèque » car il renfermait des tableaux peints. Sur l'aile droite s'avance un bastion qui supporte un petit temple de la victoire dédié à Athéna, temple dit « d'Athéna Niké ». Dès que l'on pénètre sur le plateau de l'Acropole, deux temples majestueux s'offrent à notre regard : à droite, se dresse l'imposant Parthénon qui renferme le trésor de la cité et la statue chryséléphantine d'Athéna réalisée par Phidias ; à gauche, l'Érechthéion qui doit son nom à Érechthée, roi légendaire d'Athènes ; ce temple possède un portique fameux, orné de statues-colonnes, les Caryatides.

### Doc. 2 L'Acropole au temps de Périclès

Maquette de l'Acropole (Athènes, musée de l'Agora).

### Doc. 3 Une ville pleine de contrastes

Distribuées au hasard des impasses et des ruelles, les habitations particulières, dans l'Athènes antique, étaient petites et malcommodes. [...] Cette ville informe où tout va de guingois, où il n'y a ni perspective ni dégagement (comme c'est encore à peu près le cas dans l'Athènes moderne) et où les rues non dallées ont vite fait de se transformer en cloaques, est pourtant celle qui va s'enrichir en quelques décennies des plus beaux joyaux de l'humanité. La liste des monuments construits dans la ville au ve siècle avant J.-C., la plupart à l'initiative de Périclès, est impressionnante.

■ Jacques Bersani, *Histoire d'Athènes des origines à nos jours*, © Tallandier (2011).

### Doc. 4 L'Agora

Le site fut destiné à un usage public dès le début du vi[e] siècle et devint progressivement le cœur de la cité. Sur le côté ouest se dressaient les principaux bâtiments administratifs : le *bouleutèrion* où se réunissait la *Boulè*, la *tholos* où résidaient les prytanes, le *métrôon* où étaient conservées les archives publiques, la *Stoa* royale où étaient affichées les lois en vigueur, le monument des héros éponymes[1] où étaient placardés les avis officiels et les nouveaux projets de loi. La rue principale était la voie des Panathénées, montant vers l'Acropole. [...] L'Agora était aussi un marché où on pouvait acheter les choses les plus diverses [...]. Les citoyens venaient y discuter à l'ombre des *stoas*[2], tendant l'oreille aux propos des philosophes (tel Socrate) ; d'autres venaient offrir des sacrifices sur l'autel des Douze Dieux.

■ Stefania Ratto, *La Grèce antique*, trad. de l'italien T. Tradito, © Hazan (2007), © Mondadori Electa SpA.

---

1. Héros qui donnèrent leur nom aux dix tribus dans lesquelles furent répartis les citoyens d'Athènes.
2. Les portiques.

## Prolonger la lecture

**1** **Doc. 1 et 2. a)** En vous appuyant sur le doc. 1, retrouvez le nom des cinq monuments numérotés du doc. 2. **b)** En observant la maquette, dites en quoi l'Acropole ressemble à une ville fortifiée dans la ville.

**2** **Doc. 3.** Qu'est-ce qui fait d'Athènes une ville pleine de contrastes ?

**3** **Doc. 4.** Relevez et classez les monuments qui font de l'Agora un lieu politique, religieux et économique.

Séance **TICE**

**Faites des recherches sur l'histoire du Parthénon de l'Antiquité à nos jours : sa construction, ses transformations, sa destruction et sa restauration.**

# GRAMMAIRE La 3ᵉ déclinaison (1)

- On reconnaît les noms appartenant à la 3ᵉ déclinaison à leur **génitif en -ος**, qui ajoute une syllabe au radical (τοῦ κόρακ-ος, τοῦ δαίμον-ος).

- **Au masculin et au féminin**, le nominatif peut se présenter sous deux formes :
– soit il ajoute un sigma au radical ; ce sigma peut se combiner avec la dernière consonne (ὁ κόρακ-ς > κόραξ, *le corbeau*), ou faire tomber cette consonne (ἡ ἐλπίδ-ς > ἐλπίς, *l'espoir*) ;
– soit il s'allonge (ὁ δαίμων, δαίμον-ος).

- **Au neutre**, il existe plusieurs modèles ; l'un des plus fréquents est τὸ σῶμα, σώματ-ος.

| ὁ κόραξ, κόρακ-ος : *le corbeau* | | ὁ δαίμων, δαίμον-ος : *la divinité* | | τὸ σῶμα, σώματ-ος : *le corps* | |
|---|---|---|---|---|---|
| Sing. Nom. | ὁ κόραξ | ὁ | δαίμων | τὸ | σῶμα |
| Voc. | κόραξ | | δαῖμον | | σῶμα |
| Acc. | τὸν κόρακ-α | τὸν | δαίμον-α | τὸ | σῶμα |
| Gén. | τοῦ κόρακ-ος | τοῦ | δαίμον-ος | τοῦ | σώματ-ος |
| Dat. | τῷ κόρακ-ι | τῷ | δαίμον-ι | τῷ | σώματ-ι |
| Pl. Nom. | οἱ κόρακ-ες | οἱ | δαίμον-ες | τὰ | σώματ-α |
| Voc. | κόρακ-ες | | δαίμον-ες | | σώματ-α |
| Acc. | τοὺς κόρακ-ας | τοὺς | δαίμον-ας | τὰ | σώματ-α |
| Gén. | τῶν κοράκ-ων | τῶν | δαιμόν-ων | τῶν | σωμάτ-ων |
| Dat. | τοῖς κόραξ-ι(ν) | τοῖς | δαίμο-σι(ν) | τοῖς | σώμα-σι(ν) |

## Le participe présent actif

- Un cas particulier de la 3ᵉ déclinaison est celui des **génitifs en -ντ-ος** : le groupe -ντ- s'ajoute au radical du verbe mais le τ tombe au nominatif, qui s'allonge.

- Cette déclinaison est celle des participes présents actifs au masculin et au neutre (au féminin, λύουσα, ης, ils se déclinent sur le modèle de ἡ θάλαττα, θαλάττης → p. 56).

| λύων, λύοντος : *déliant* | | | | | | |
|---|---|---|---|---|---|---|
| | | Masculin | Neutre | | Masculin | Neutre |
| Sing. | Nom. | λύ-ων | λῦ-ον | Pl. Nom. | λύ-ο-ντ-ες | λύ-ο-ντ-α |
| | Acc. | λύ-ο-ντ-α | λῦ-ον | Acc. | λύ-ο-ντ-ας | λύ-ο-ντ-α |
| | Gén. | λύ-ο-ντ-ος | | Gén. | λυ-ό-ντ-ων | |
| | Dat. | λύ-ο-ντ-ι | | Dat. | λύ-ουσι(ν) | |

- Pour le participe présent des verbes contractes → les tableaux des pages 172-183.

## Vocabulaire à retenir

τὸ ἀδίκημα, ατος : *l'injustice*
ἡ ἐλπίς, ίδος : *l'espoir*
ὁ κόλαξ, ακος : *le flatteur*
ἡ πατρίς, ίδος : *la patrie*

τὸ πνεῦμα, ατος : *le souffle*
τὸ πρᾶγμα, ατος : *la chose faite, l'action*
τὰ πράγματα : *les affaires*
ἡ φρήν, φρενός : *l'esprit, l'intelligence*
ἡ χάρις, ιτος : *la grâce, la faveur* (acc. χάριν)

## Identifier et manipuler

**1** Déclinez trois des mots du Vocabulaire à retenir, au choix.

**2** Dites à quel(s) cas sont les mots suivants, puis recopiez-les en ajoutant les articles.

1. ἐλπίδα
2. πατρίδι
3. φρένας
4. χάριτες
5. πνεύματα
6. πράγμασι

**3** Retrouvez dans la version ci-dessous les deux participes présents actifs λιμώττουσα et γελῶντες. En vous reportant aux tableaux → p. 178 et 180, dites à quel cas ils sont et déclinez-les au même genre et au même nombre.

## Traduire

**4** **Thème**
Traduisez en utilisant le Vocabulaire à retenir.

1. Les âmes (ἡ ψυχή, ῆς) sont ensorcelées (γοητεύω) par les flatteurs.
2. Les injustices sont détruites (διαλύω) par les lois (ὁ νόμος, ου).
3. Les affaires de la patrie sont sauvées (σῴζω) par les hommes de bien (ὁ καλὸς κἀγαθός → p. 57).

**5** **Version : la cigale et les fourmis**
Traduisez en utilisant aussi le lexique.

Ἡ τέττιξ καὶ οἱ μύρμηκες
Χειμῶνος ὥρᾳ τὸν ἑαυτῶν σῖτον ψύχουσιν οἱ μύρμηκες.
Ἡ τέττιξ λιμώττουσα αἰτεῖ αὐτοὺς τροφήν.
Οἱ μύρμηκες λέγουσιν· « Τί οὐκ ἔχεις τροφήν; »
Ἡ τέττιξ ὑποκρίνεται· « Οὐ σχολάζω τῇ τροφῇ, ἀλλ' ᾄδω μουσικῶς θέρους ὥρᾳ. »
Οἱ μύρμηκες γελῶντες λέγουσι·
« Εἰ αὐλεῖς θέρους ὥρᾳ, χειμῶνος (ὥρᾳ) ὄρχου. »

■ D'après Ésope (VIᵉ s. avant J.-C.), *Fable* 33.

## Étymologie

• **Les mots du texte (p. 82) et leurs dérivés**

**6** ὀρθός, ή, όν (l. 5) : *droit* ; citez des mots composés français dérivés de cet adjectif.

**7** τὸ στέρνον, ου (l. 6) : *la poitrine* ; quelle partie du corps ce mot désigne-t-il sous sa forme latine ?

**8** ὁ δράκων, τοῦ δράκοντος (l. 11) : *le serpent* ; quel mot français dérive de ce mot grec ? L'animal ainsi désigné a-t-il la forme d'un serpent ? (Le mot grec peut aussi avoir le sens d'*animal fabuleux*.)

• **À partir du Vocabulaire à retenir**

**9** ἡ χάρις, ιτος : *la grâce, la faveur* ; comment désigne-t-on la qualité de quelqu'un qui s'attire facilement la sympathie du public ?

**10** τὸ πνεῦμα, ατος : *le souffle* ; quelle maladie des poumons est dérivée de ce mot grec ? De quel nom *le pneu* est-il l'abréviation ?

---

**Vocabulaire pour la version 5**

ἡ τέττιξ, ιγος : *la cigale*
ὁ μύρμηξ, ηκος : *la fourmi*
ὁ χειμών, ῶνος : *l'hiver*
ἡ ὥρα, ας : *la saison*
ψύχω : *souffler sur, aérer, rafraîchir*
τὸν ἑαυτῶν σῖτον : *leurs provisions*
λιμώττω : *avoir faim*
αἰτέω-ῶ + 2 acc. : *demander quelque chose à quelqu'un*
ἡ τροφή, ῆς : *la nourriture*

τί : *pourquoi ?*
ὑποκρίνομαι : *répondre*
σχολάζω + dat. : *avoir du loisir pour*
ᾄδω : *chanter*
μουσικῶς : *harmonieusement*
θέρους (gén. de τὸ θέρος) : *l'été*
γελάω-ῶ : *rire*
εἰ : *si, puisque*
αὐλέω-ῶ : *jouer de la flûte*
ὄρχου : *danse !* (impératif de ὀρχέομαι-οῦμαι : *danser*)

---

**L'EXPRESSION** εἰς κόρακας

Εἰς κόρακας : *Aux corbeaux !*
C'est une formule de rejet ou d'imprécation, l'équivalent de notre *Va-t'en au diable !*

La fable de la fourmi et de la cigale, in *Les Subtiles Fables d'Ésope*, Lyon (1499) (Paris, BnF).

# Alexandrie, la ville lumière

Συλλήβδην δ' εἰπεῖν ἡ πόλις μεστή ἐστιν
ἀναθημάτων καὶ ἱερῶν· κάλλιστον δὲ τὸ
γυμνάσιον μείζους ἢ σταδιαίας ἔχον τὰς
στοάς· ἐν μέσῳ [δὲ] τό τε δικαστήριον καὶ
5 τὰ ἄλση. Ἔστι δὲ καὶ Πάνειον, ὕψος τι
χειροποίητον στροβιλοειδὲς ἐμφερὲς ὄχθῳ
πετρώδει διὰ κοχλίου τὴν ἀνάβασιν ἔχον·
ἀπὸ δὲ τῆς κορυφῆς ἔστιν ἀπιδεῖν ὅλην τὴν
πόλιν ὑποκειμένην αὐτῷ πανταχόθεν.
10 Ἀπὸ δὲ τῆς Νεκροπόλεως, ἡ ἐπὶ τὸ μῆκος
πλατεῖα διατείνει παρὰ τὸ γυμνάσιον μέχρι
τῆς πύλης τῆς Κανωβικῆς· εἶθ' ἱππόδρομος
καλούμενός ἐστι καὶ αἱ παρακείμεναι ἄλλαι
μέχρι τῆς διώρυγος τῆς Κανωβικῆς. Διὰ
15 δὲ τοῦ ἱπποδρόμου διελθόντι ἡ Νικόπολις
ἔστιν, ἔχουσα κατοικίαν ἐπὶ θαλάττῃ
πόλεως οὐκ ἐλάττω.

■ Strabon (env. 63 avant J.-C. - 25 après),
*Géographie*, XVII, 1, 10,
trad. D. Jouanna et D. Kaszubowski.

Le dieu Pan (IIIᵉ s. avant J.-C.),
sculpture en marbre
(Tyrnovo, Moldavie).

Pour le dire d'un mot, la ville
                    Le plus beau est le Gymnase
avec ses portiques longs de plus d'un stade. Au
milieu (de la ville), il y a le tribunal et les jardins
sacrés ; il y a aussi le sanctuaire de Pan, hauteur
artificielle en forme de pomme de pin, ressemblant
à une colline de pierre où l'on monte par un
escalier en colimaçon ; du sommet, on peut voir
toute la ville qui s'étend de tous côtés à ses pieds.
Depuis la Nécropole,

                    Ensuite, il y a ce qu'on
appelle l'Hippodrome et le quartier s'étendant
tout autour jusqu'au canal de Canope. Si on
traverse l'Hippodrome, on trouve Nicopolis, qui
s'est bâtie jusqu'à la mer et a presque la taille
d'une ville.

### Aide à la traduction

μεστός, ή, όν + gén. : *rempli de*
τὸ ἀνάθημα, ατος : *l'offrande religieuse, le monument*
ἡ ἐπὶ τὸ μῆκος πλατεῖα : *la grande rue dans sa longueur*
διατείνω : *s'étendre*
παρά + acc. : *le long de*
μέχρι + gén. : *jusqu'à*
ἡ πύλη, ης : *la porte*
Κανωβικός, ή, όν : *de Canope*

## Comprendre le texte

**1** Traduisez les passages surlignés en bleu.

**2** Situez Alexandrie sur la carte (→ pages de garde). À qui la ville doit-elle son nom ?

**3** Quelle est, selon Strabon, la principale caractéristique d'Alexandrie ?

**4** Qui est le dieu Pan ? Pourquoi son sanctuaire est-il remarquable ?

## Observer la langue

**1** Les mots en gras dans le texte appartiennent à la 3ᵉ déclinaison.
**a)** Quel mot trouvez-vous à la fois au nominatif et à l'accusatif (regardez son article), puis au génitif (sans article) ? Ces formes ressemblent-elles à celles que vous avez vues → p. 84 ?
**b)** Où retrouvez-vous ce mot dans un nom propre au nominatif, à la ligne 15 du texte ?

## Doc. 1 — Alexandrie capitale des lettres et des sciences

L'Alexandrie des Ptolémées[1], trois siècles durant, connut dans le domaine de la littérature et de la science un développement extraordinaire : Ératosthène (v. 284-v. 192) calcule la circonférence du globe terrestre avec une erreur minime, Euclide (IIIᵉ siècle av. J.-C.) invente la géométrie, Aristarque (310-230) déclare que nous vivons dans un système héliocentrique, sans parler des découvertes en médecine, avec Hérophile qui étudie le système nerveux et découvre le fonctionnement des artères.

■ Jean-Yves Empereur, *Le Phare d'Alexandrie, la Merveille retrouvée*, © Gallimard (1998).

----

1. Dynastie grecque régnant en Égypte, fondée par Ptolémée, général d'Alexandre.

## Prolonger la lecture

**1** **Doc. 1.** Quels scientifiques antiques sont cités dans ce texte ? À quelle discipline et quelle découverte sont-ils associés ?

**2** **Doc 2.** Quelle est la caractéristique principale d'Alexandrie au temps des Romains ? Que redoutent ceux-ci ?

**3** **Doc. 3.** Relevez les principales constructions énumérées par Strabon → p. 86. Lesquelles retrouvez-vous sur le plan ?

## Doc. 2 — Alexandrie au temps des Romains

Avant tout, Alexandrie est, comme le dit Strabon, une ville d'entrepôt : « le comptoir du monde ».

C'est là qu'on stocke le blé, richesse principale de l'Égypte, qu'on emmagasine dans des silos [...]. À l'intérieur de la ville se trouvent d'innombrables *ergasteria*, [...] c'est-à-dire les fabriques, les ateliers, et en même temps les boutiques, les échoppes (par une malice de la langue grecque, ce terme désigne aussi un mauvais lieu, une association de malfaiteurs !). L'industrie du verre et de la poterie, l'orfèvrerie et la ciselure, la fabrication des tissus, des mosaïques, des parfums et du papier, telles sont les grandes spécialités de la capitale des Lagides[1]. Tout produit qui rentre en Égypte et tout produit qui en sort, passe par Alexandrie, et les douanes sont étroitement contrôlées par un fonctionnaire très puissant qui se nomme *alabarque*. Grâce à ces industries et à ce commerce, Alexandrie est si forte que Rome en a peur : les sénateurs romains sont interdits de séjour en Égypte, car si l'un d'eux arrive à devenir maître du pays il pourrait affamer Rome !

■ André Bernand, « Alexandrie gréco-romaine », *Vie des Arts*, n°43 (1966).

----

1. Autre nom des Ptolémées.

## Doc. 3 — Plan d'Alexandrie

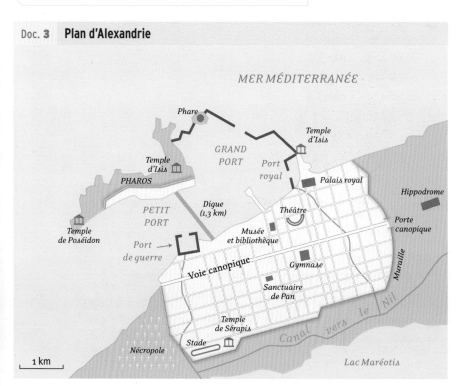

## GRAMMAIRE  La 3ᵉ déclinaison (2)

● Dans le cas des mots féminins en **-ις** (ἡ πόλις) et des neutres en **-ος** (τὸ τεῖχος), le génitif en **-ος** n'est plus visible.
● Un autre thème est proche de la déclinaison de πόλις : c'est celui des nominatifs en **-εύς**, dont le modèle est ὁ βασιλεύς, *le roi*.

| | | ἡ πόλις, πόλεως : *la cité* | | τὸ τεῖχος, τείχους : *le rempart* | | ὁ βασιλεύς, βασιλέως : *le roi* | |
|---|---|---|---|---|---|---|---|
| Sing. | Nom. | ἡ | πόλ-ις | τὸ | τεῖχ-ος | ὁ | βασιλ-εύς |
| | Voc. | | πόλ-ι | | τεῖχ-ος | | βασιλ-εῦ |
| | Acc. | τὴν | πόλ-ιν | τὸ | τεῖχ-ος | τὸν | βασιλ-έα |
| | Gén. | τῆς | πόλ-εως | τοῦ | τείχ-ους | τοῦ | βασιλ-έως |
| | Dat. | τῇ | πόλ-ει | τῷ | τείχ-ει | τῷ | βασιλ-εῖ |
| Pl. | Nom. | αἱ | πόλ-εις | τὰ | τείχ-η | οἱ | βασιλ-εῖς |
| | Voc. | | πόλ-εις | | τείχ-η | | βασιλ-εῖς |
| | Acc. | τὰς | πόλ-εις | τὰ | τείχ-η | τοὺς | βασιλ-έας |
| | Gén. | τῶν | πόλ-εων | τῶν | τειχ-ῶν | τῶν | βασιλ-έων |
| | Dat. | ταῖς | πόλ-εσι(ν) | τοῖς | τείχ-εσι(ν) | τοῖς | βασιλ-εῦσι(ν) |

### Les adjectifs de la 2ᵉ classe

● Ils se déclinent sur la 3ᵉ déclinaison et ont le féminin identique au masculin.
Il y a deux modèles :
- les premiers (modèle **ἀληθής, ής, ές** : *vrai*) se déclinent comme τὸ τεῖχος ;
- les seconds sont les adjectifs en -ων, -ονος (modèle **εὐδαίμων, ων, ον** : *heureux*) qui se déclinent comme ὁ δαίμων → p. 84.

| | ἀληθής, ής, ές : *vrai* | | | |
|---|---|---|---|---|
| | Singulier | | Pluriel | |
| | Masc. et fém. | Neutre | Masc. et fém. | Neutre |
| Nom. | ἀληθ-ής | ἀληθ-ές | ἀληθ-εῖς | ἀληθ-ῆ |
| Voc. | ἀληθ-ής | ἀληθ-ές | ἀληθ-εῖς | ἀληθ-ῆ |
| Acc. | ἀληθ-ῆ | ἀληθ-ές | ἀληθ-εῖς | ἀληθ-ῆ |
| Gén. | ἀληθ-οῦς | | ἀληθ-ῶν | |
| Dat. | ἀληθ-εῖ | | ἀληθ-έσι(ν) | |

### Vocabulaire à retenir

τὸ **βάθος, ους** : *la profondeur*

ἡ **δύναμις, εως** : *la force, la puissance (militaire)*

ὁ **ἱερεύς, έως** : *le prêtre*

ὁ **ἱππεύς, έως** : *le cavalier*

ἡ **κάθαρσις, εως** : *la purification*

ὁ **μάντις, εως** : *le devin*

τὸ **μῆκος, ους** : *la longueur*

τὸ **πέλαγος, ους** : *la (haute) mer, l'océan*

ἡ **ποίησις, εως** : *la création poétique, la poésie*

ἡ **ὕβρις, εως** : *l'orgueil excessif, l'acte violent*

τὸ **ὕψος, ους** : *la hauteur*

ἡ **φύσις, εως** : *la nature*

## Identifier et manipuler

**1** Déclinez les mots ἡ φύσις, ἡ δύναμις, τὸ ὕψος et τὸ μῆκος en prenant garde aux modifications éventuelles de l'accent.

**2** Dites à quel(s) cas sont les mots suivants, puis recopiez-les en ajoutant les articles.

1. καθάρσεσι
2. ἱππεῖς
3. ἱερέας
4. ὕβρει
5. βάθη
6. πελάγους

**3** Retrouvez dans le texte de Strabon → p. 86 deux formes du participe présent du verbe ἔχω, *avoir* et déclinez-les.

**4** Repérez à la ligne 6 du texte de Strabon → p. 86 deux adjectifs au neutre singulier appartenant à la déclinaison de ἀληθής. Déclinez-les.

## Traduire

**5** **Version : l'histoire de l'Atlantide**

*Un prêtre égyptien raconte à l'Athénien Solon l'invasion venue jadis de l'île Atlantide et la disparition de cette dernière.*

**1.** Λέγουσι
τὴν πόλιν ὑμῶν παύσασθαί ποτε δύναμιν
ὕβρει πορευομένην ἐπὶ τὴν Εὐρώπην καὶ τὴν Ἀσίαν
ἐκ τοῦ Ἀτλαντικοῦ πελάγους.
**2.** Ἐν γὰρ τῇ Ἀτλαντίδι νήσῳ ἦν τότε θαυμασία
δύναμις βασιλέων [...].
**3.** Ὑστέρῳ δὲ χρόνῳ, σεισμοὶ ἐξαίσιοι καὶ
κατακλυσμοὶ γίγνονται,
καὶ ἡ Ἀτλαντὶς νῆσος ἐν τῇ θαλάττῃ
ἀφανίζεται.

■ D'après Platon (427-347 avant J.-C.), *Timée*, 24 e.

## Étymologie

• **Le vocabulaire de la ville**

**6** τὸ γυμνάσιον, ου ; ὁ ἱππόδρομος, ου ; ἡ βιβλιοθήκη, ης : indiquez trois mots français directement calqués sur ces trois mots grecs, en expliquant leur orthographe.

**7** ἡ στοά, ᾶς : *le portique*. Le stoïcisme est une école philosophique. Où les adeptes de cette école se réunissaient-ils ?

• **À partir du Vocabulaire à retenir**

**8** Quels mots français viennent de ἡ ποίησις, ἡ φύσις, ἡ δύναμις ?

Le professeur Aronnax et le capitaine Nemo devant les vestiges de l'Atlantide, illustration pour *Vingt mille lieues sous les mers* de Jules Verne, © Hetzel (1870).

### Vocabulaire pour la version

**1.** ὑμῶν : *votre* (litt. *de vous*)
παύσασθαι : *arrêta* (inf. à traduire par un passé) de παύομαι : *arrêter*
ποτε : *jadis*
πορεύομαι ἐπί + acc. : *marcher contre*
ἐκ + gén. : *(en venant) de*

**2.** Ἀτλαντίς, ίδος (adj.) : *Atlantide*
ἡ νῆσος, ου : *l'île*
ἦν : *était* (= *il y avait*)
τότε : *alors, jadis*
θαυμάσιος, α, ον : *extraordinaire, merveilleux*

**3.** Ὑστέρῳ δὲ χρόνῳ : *plus tard*
ὁ σεισμός, οῦ : *le séisme, le tremblement de terre*
ἐξαίσιος, α, ον : *extraordinaire*
ὁ κατακλυσμός, οῦ : *le cataclysme, l'inondation*
ἀφανίζομαι : *disparaître*

# Alexandrie et son héritage

Alexandrie devint une nouvelle Athènes et resta pendant près d'un millénaire la capitale commerciale, intellectuelle et culturelle de l'Antiquité.

## Doc. 1 — Le Phare : la merveille d'Alexandrie

Le phare d'Alexandrie, dans l'Antiquité même, était considéré comme l'une des sept merveilles du monde. Situé sur l'île de Pharos, en face d'Alexandrie, il comportait trois étages (le premier, carré ; le deuxième, octogonal, et le dernier, cylindrique) et s'élevait à 135 m. Il avait complètement disparu depuis le XIVe siècle, à la suite de tremblements de terre, mais, en 1994, dans le cadre de fouilles archéologiques sous-marines menées sous la direction du Français Jean-Yves Empereur, une équipe franco-égyptienne réussit à remonter d'importants fragments et des statues, et à reconstituer (virtuellement) l'architecture du phare.

L'archéologue explique l'importance du symbole qu'elle représenta à sa construction : *La tour allait être considérée comme le phare des phares et donner son nom à tous les phares du monde : le toponyme de l'île de Pharos est devenu* Pharus *en latin, puis a été adopté comme un nom commun dans toutes les langues latines* (Jean-Yves Empereur, *Le Phare d'Alexandrie, la Merveille retrouvée*, Gallimard, 1998).

Phare d'Alexandrie, aquarelle de Jean-Claude Golvin (Arles, Musée départemental Arles antique).

● **Pourquoi, selon vous, le phare d'Alexandrie a-t-il été considéré comme l'une des sept merveilles du monde ?**

## Doc. 2 — La reconstruction de la grande bibliothèque

La bibliothèque fut créée après la mort d'Alexandre par le roi Ptolémée, vers 290 avant J.-C., et rassembla le plus grand nombre de papyrus qu'ait connus le monde antique. Elle brûla dans des circonstances mal définies, une première fois lors de l'entrée de Jules César dans la ville (en 48 avant J.-C.) et à nouveau plus tard. Son prestige était tel que l'Unesco décida de la rebâtir sur son ancien site. Elle a ouvert au public en 2012.

Vue aérienne de la bibliothèque d'Alexandrie.

De nombreux cinéastes ont choisi Alexandrie pour cadre de leur péplum.
En voici deux exemples.

**Doc. 3**    *Le port d'Alexandrie au cinéma*

*Cléopâtre*, film de Joseph L. Mankiewicz (1963),
avec Elizabeth Taylor, Richard Burton et Rex Harrison.

*Agora*, film de Alejandro Amenábar (2009),
avec Rachel Weisz et Michael Lonsdale.

● Sur quel monument emblématique de la ville les deux réalisateurs insistent-ils ?

● Comment l'un et l'autre le mettent-ils en valeur ?

**Doc. 4**    *La bibliothèque au cœur d'un film*

La bibliothèque d'Alexandrie est le cadre du film d'Alejandro Amenábar, *Agora*, dont l'intrigue est : *IVe siècle après J.-C. L'Égypte est sous domination romaine. À Alexandrie, la révolte des chrétiens gronde. Réfugiée dans la grande bibliothèque, menacée par la colère des insurgés, la brillante philosophe-astronome Hypatie tente de préserver les connaissances accumulées depuis des siècles, avec l'aide de ses disciples.*

*Agora*, film de Alejandro Amenábar (2009),
avec Rachel Weisz et Michael Lonsdale.

● La forme de la bibliothèque dans le film évoque le disque du soleil, et l'ouverture du toit, un œil. Quel peut-être le rapport entre ces symboles et le rôle de la bibliothèque ?

● Comparez la forme de la bibliothèque dans le film à celle de la bibliothèque moderne (doc. 2).

**Séance TICE** @

**Sans prétendre résoudre cette énigme (les savants cherchent toujours !), faites une recherche pour savoir qui a brûlé la bibliothèque.**

# Bilan 3

**Mots clés**

Voici des mots importants en lien avec la séquence.
Pour les graver dans votre mémoire, retrouvez-les dans les exercices.

ὁ πολίτης, ου: *le citoyen (de* πόλις, εως: *la cité)*

ὁ δοῦλος, ου: *l'esclave*

οἱ Ὅμοιοι : *les Semblables, les Égaux*

ὁ μέτοικος, ου: *le métèque*

ὁ δῆμος, ου : *le peuple*

ἄρχων, οντος : *celui qui dirige, le chef, le magistrat*

ἡ ὀλιγαρχία, ας : *l'oligarchie*

ἡ δημοκρατία, ας: *la démocratie*

ἡ ἐκκλησία, ας: *l'Assemblée*

ἡ βουλή, ῆς: *le Conseil*

ἡ οἰκία, ας: *la maison*

ἡ ἀγορά, ας: *la place publique*

## Grammaire — Je décline, tu conjugues, nous traduisons

**1** Traduisez ces verbes puis mettez-les à la 3e personne du singulier et du pluriel de l'indicatif présent.

1. ἄρχω
2. ὁράω-ῶ
3. κρατέω-ῶ
4. κληρόω-ῶ
5. βούλομαι
6. αἰτιάομαι-ῶμαι
7. ἡγέομαι-οῦμαι
8. μισθόομαι-οῦμαι

**2** Traduisez ces mots de la 3e déclinaison. À quel cas sont-ils ?

1. πόλιν
2. σώματι
3. ἐλπίδος
4. τείχεσι
5. ἄρχοντα
6. βασιλεῖς

**3** À quelle règle ou à quelle construction grammaticale ces exemples renvoient-ils ? Expliquez.

1. Μανθάνομεν **τὸ πείθεσθαι** τοῖς νόμοις. *Nous apprenons **à obéir** aux lois.*
2. **Οἱ ἐναντιούμενοι** τοῖς νόμοις κακοί εἰσιν. ***Ceux qui s'opposent** aux lois sont mauvais.*
3. Λέγουσι **τὰς ψυχὰς** πάλιν **γίγνεσθαι**. *On raconte **que les âmes renaissent**.*

## Étymologie — ἄρχω : *commander* et κρατέω-ῶ : *exercer le pouvoir*

**4** En utilisant l'élément *-archie* du verbe ἄρχω ou *-cratie* du verbe κρατέω-ῶ, retrouvez les mots qui désignent les différents régimes composés avec les mots suivants.

1. μόνος, η, ον : *seul*
2. ὀλίγοι, αι, οι : *peu nombreux*
3. ὁ δῆμος, ου : *le peuple*
4. ὁ πλοῦτος, ου : *la richesse*

## Civilisation — Citoyens ou non-citoyens ?

**5** Associez chacun de ces groupes sociaux au statut qu'ils ont dans la cité athénienne et aux lieux qu'ils peuvent fréquenter.

| Groupes sociaux | Statuts | Lieux |
|---|---|---|
| • οἱ δοῦλοι <br> • οἱ μέτοικοι <br> • οἱ πολῖται | • citoyens libres d'Athènes qui peuvent prendre part au pouvoir <br> • esclaves (qui n'ont aucun droit civique) <br> • étrangers installés à Athènes (qui sont libres mais ne peuvent prendre part au pouvoir) | • ἡ ἀγορά <br> • ἡ βουλή <br> • ἡ ἐκκλησία <br> • ἡ οἰκία |

**Qui suis-je ?**

**6** Trouvez qui, quel événement, quel lieu se cache derrière chacun des portraits suivants. Chaque bonne réponse apporte un point.

1. À Athènes, je suis chargé de réunir le Conseil. Lorsque je suis en fonction, je prends mon repas en communauté dans la Rotonde (la *Tholos*) et je reçois de l'État une indemnité en argent.
2. À Athènes, je suis un officier supérieur élu pour un an. Je commande l'armée, gère les impôts et dirige la police. Périclès a occupé ma charge pendant quinze ans.
3. À Sparte, nous sommes appelés « les Égaux » ou « les Semblables ». Doriens d'origine, nous constituons une minorité de citoyens libres de plein droit.
4. À Sparte, je suis un ancien occupant du territoire ; réduit à l'état d'esclave, j'exploite la terre. Méprisé et parfois tué par les hommes libres, il m'arrive de me révolter de façon violente.
5. Je suis une bataille célèbre où s'est illustré Léonidas accompagné de trois cents de ses compagnons.
6. Créée après la mort d'Alexandre par le roi Ptolémée, vers 290 avant J.-C., j'ai brûlé dans des circonstances mal définies.

**Palmarès**

**5 à 6 points :** Apollon vous couronne de lauriers, continuez à apprendre le grec sans complexe !
**3 à 4 points :** soyez plus concentré(e) en classe et relisez bien les textes de la séquence.
**2 points ou moins :** si vous ne voulez pas que l'on fasse de vous un hilote, il va falloir être plus attentif(ve) !

## Histoire des arts  **Athènes au temps de Périclès**

**7** a) Quel est le personnage représenté au centre du tableau ? Que fait-il ?
b) Quel lieu est représenté au fond à gauche ?
c) Dans quel lieu précis d'Athènes la scène se déroule-t-elle ?
d) En quoi la présence d'une femme au premier plan est-elle étonnante ?
e) En quoi ce tableau symbolise-t-il l'Athènes du Vᵉ siècle avant J.-C. ?

Philipp von Foltz (1805-1877), *L'Époque de Périclès* (1852), impression coloriée d'après le tableau original.

# La maison grecque

**Les demeures anciennes les plus connues sont les palais des rois minoens (2000-1450 avant J.-C.) et mycéniens (1600-1200 avant J.-C.). Que reste-t-il de leur plan dans celui de la maison classique et de la maison hellénistique ?**

## Doc. 1 *Dans le palais d'Ulysse*

Le *mégaron* constitue la partie principale du palais mycénien.

● **Quelles sont les différentes parties du mégaron mycénien ?**

● **Laquelle est représentée dans la vignette ci-dessous ?**

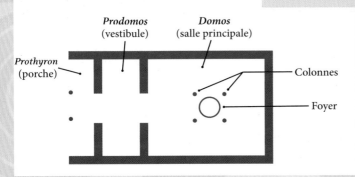

Plan d'un *mégaron* mycénien.

Extrait des *Voyages d'Alix* de Jacques Martin, © Casterman.

## Doc. 2 *La maison du temps de Périclès*

À la période classique, les Grecs habitent des maisons simples dont le plan évoluera à la période hellénistique avec l'adjonction d'un jardin intérieur entouré de colonnes, le péristyle.

● **Quelle différence principale observez-vous entre l'organisation de la maison du vᵉ siècle avant J.-C. (doc. 2) et celle de la maison hellénistique (doc. 3) ?**

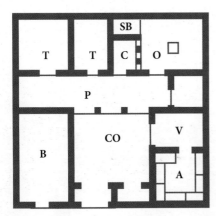

Plan du rez-de-chaussée d'une maison d'époque classique, d'après *L'Architecture grecque*, M.-C. Hellman (1998).

**Légende** : CO : cour intérieure ; P : portique ; O : salle commune (*oikos*) ; C : cuisine ; SB : salle de bains ; V : vestibule ;  A : appartement des hommes (*Andron*) ; T : chambres ; B :  boutique. Le gynécée (appartement des femmes) est à l'étage.

## Doc. 3 *La maison du temps d'Alexandre*

REZ-DE-CHAUSSÉE

Reconstitution d'une villa antique, la villa Kerylos à Beaulieu-sur-mer (1997).

**Les murs des palais minoens et mycéniens, tout comme ceux des époques classique et hellénistique, sont décorés de fresques. Les mosaïques qui recouvrent les sols à partir du VIᵉ siècle viennent compléter le décor.**

## Doc. 4  *L'art de la fresque*

Les créateurs de fresques peignaient à la détrempe[1] sur un enduit de plâtre de chaux très fin et bien lissé. La peinture déposée dessus pénétrait de façon plus ou moins profonde dans cet enduit qui, en séchant, durcissait. Cela a permis à de nombreuses fresques d'affronter les outrages du temps et notamment de l'humidité. [...] Il y avait en outre certaines conventions à respecter. Ainsi, comme en Égypte, les femmes avaient la peau peinte en clair tandis que celle des hommes était rouge. Autres caractéristiques : les yeux des personnages peints de face dans un visage dessiné de profil, la composition en bandes horizontales, la superposition des personnages représentés dans les processions...

■ Nicole Fernandez, *La Crète du roi Minos, une brillante civilisation de la protohistoire égéenne*, © L'Harmattan (2008).

1. Peinture où les couleurs sont broyées à l'eau, puis délayées.

Dame de la cour (XIIIᵉ s. avant J.-C.), fresque du palais de Mycènes.

● **Quelle technique de peinture est utilisée pour la fresque ? Quel est l'avantage de cette technique ?**

● **Quelles caractéristiques retrouve-t-on dans cette fresque de Mycènes ?**

## Doc. 5  *L'art de la mosaïque*

*D'abord très sommaire (faite de galets), la mosaïque se perfectionne à l'époque hellénistique grâce aux tesselles (petits cubes colorés de pierre, de marbre, de terre cuite ou de pâte de verre).*

La mosaïque de la chasse au cerf décore les trois salles de banquet de la maison dite de l'Enlèvement d'Hélène à Pella[1]. [...] La scène de chasse est savamment composée en profondeur. À l'avant, un chien attaque de biais un cerf, présenté de profil au deuxième plan ; au fond, deux chasseurs de part et d'autre de l'animal s'apprêtent à le frapper ; leurs corps figurés de trois quarts déterminent deux plans obliques qui se coupent au centre de la scène. La violence des mouvements qui fait voler chlamydes[2] et pétase[3] permet de remplir tout le cadre de façon équilibrée. [...] Le modèle des corps est rendu par de subtils dégradés de gris, tandis que des lignes de galets noirs marquent les détails des visages. Dans sa partie supérieure, le tableau porte la signature de Gnôsis, le plus ancien mosaïste connu.

■ A. Schnapp, *Histoire de l'Art, Préhistoire et Antiquité*, © Flammarion (1997).

1. Capitale de la Macédoine antique sous le règne de Philippe II et de son fils Alexandre le Grand.
2. Manteau court attaché sur l'épaule.
3. Chapeau à large bord.

La chasse aux cerfs (IVᵉ s. avant J.-C.), mosaïque du palais royal de Pella, Macédoine.

● **Combien de plans y a-t-il dans cette mosaïque ? Quel effet ces différents plans créent-ils ?**

● **Comment l'artiste souligne-t-il le mouvement et la violence de la scène ?**

# Le temple grec

Dans les époques les plus anciennes, les cultes sont célébrés autour de simples autels. Peu à peu, des édifices semblables aux maisons apparaissent pour abriter les statues dédiées aux divinités. C'est au cours du VII<sup>e</sup> siècle avant J.-C. que les temples prennent des dimensions monumentales.

## Doc. 1 *Le temple, phare de la cité*

Plus encore que l'abri de la ou des statues des divinités (car le mot *naos* est de la même famille que *naiô*, « habiter »), le temple est le principal monument de la cité, par sa taille comme par les matériaux employés, qui doivent témoigner de l'innovation technique. Son aspect extérieur est donc bien plus important que l'intérieur. Par sa situation en vue, de préférence surélevée, il devient une sorte de phare ou d'enseigne, et [...] il doit en outre représenter la cité et marquer son territoire.

■ Marie-Christine Hellmann, *L'Architecture grecque* (1998), coll. « Références art », © Le Livre de poche.

## Doc. 2 *Le plan du temple grec*

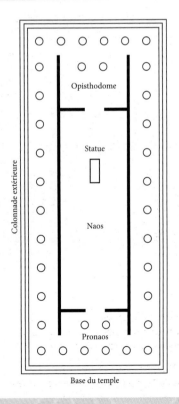

Temple de Poséidon à Paestum, Campanie.

● **Quelles ressemblances trouvez-vous entre ce plan et celui du *mégaron* mycénien → p. 94 ?**

Séance **TICE** @

**Recherchez sur Internet un plan du Parthénon.**

• Quelle pièce a été ajoutée entre le Naos et l'Opisthodome dans ce temple ?
• Quelle était la fonction de cette pièce ajoutée ?

**Les trois ordres architecturaux**

Les Grecs ont défini trois ordres fondamentaux dans le domaine de l'architecture, qui ont par la suite beaucoup inspiré les Romains.

*Ordre ionique*

Frise continue sculptée

Architrave

Chapiteau à volutes

Fût avec cannelures

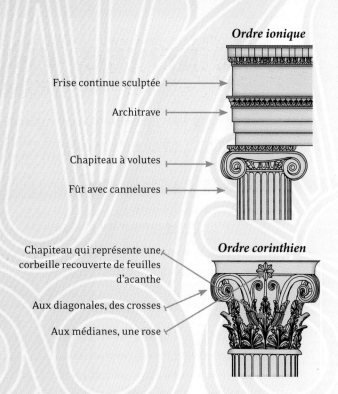

*Ordre dorique*

Frise constituée de panneaux étroits (triglyphes et métopes)

Architrave

Chapiteau sans ornement

Fût avec cannelures

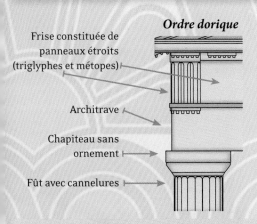

*Ordre corinthien*

Chapiteau qui représente une corbeille recouverte de feuilles d'acanthe

Aux diagonales, des crosses

Aux médianes, une rose

● **Quelles différences remarquez-vous entre l'ordre dorique et l'ordre ionique ? (Observez particulièrement les frises et les chapiteaux.)**

---

Doc. 4 **La jeune fille et les feuilles d'acanthe**

*La forme du chapiteau corinthien, qui connut à travers les siècles un grand succès, serait née, selon l'architecte romain Vitruve, à Corinthe, au nord du Péloponnèse.*

Une jeune fille, citoyenne de Corinthe, déjà nubile[1], mourut des suites d'une maladie. Quand elle fut ensevelie, sa nourrice rassembla et disposa dans une corbeille les menus objets qui faisaient sa joie de son vivant, les porta jusqu'à son tombeau sur lequel elle les déposa, et les recouvrit d'une tuile pour assurer plus longtemps leur conservation à l'air libre. Il se trouva que cette corbeille avait été placée sur une racine d'acanthe. Avec le temps, la racine sur laquelle pesait la corbeille et qui se trouvait sous le milieu de celle-ci, déploya, le printemps venu, des feuilles et des tiges ; ces dernières, se développant le long des flancs de la corbeille, se recourbèrent vers l'extérieur sous les angles de la tuile qu'elles ne pouvaient soulever, et furent contraintes de s'enrouler en volutes à leur extrémité.

C'est alors que Callimaque[2] [...] passant devant le tombeau, remarqua la corbeille et la délicatesse des jeunes pousses qui l'entouraient ; charmé par cette forme d'un genre nouveau il réalisa sur son modèle des colonnes à Corinthe et [...] il régla les proportions de l'ordre corinthien.

■ Vitruve (Ier s. avant J.-C.), *De l'Architecture*, IV, 9-10, trad. P. Gros, © Les Belles Lettres (1992).

1. Qui est en âge de se marier.
2. Sculpteur grec du Ve s. avant J.-C., disciple de Phidias.

Feuilles d'acanthe.

● **Quel élément rapproche le décor du chapiteau corinthien de celui du chapiteau ionique ?**

● **Dans cette anecdote, quel rôle la corbeille joue-t-elle dans la forme du futur chapiteau ?**

# Vie privée, vie publique

**UNITÉ 7**    Les étapes de la vie du citoyen

| | | |
|---|---|---|
| LECTURE | L'éducation à Sparte | 100 |
| GRAMMAIRE | L'imparfait | 102 |
| LECTURE | Les noces de Daphnis et Chloé | 104 |
| GRAMMAIRE | L'aoriste | |
| | Le comparatif et le superlatif | 106 |

● D'HIER À AUJOURD'HUI

Cérémonies, stèles et vases funéraires    108

**UNITÉ 8**    La vie quotidienne

| | | |
|---|---|---|
| LECTURE | Le banquet d'Agathon | 110 |
| GRAMMAIRE | Le participe aoriste | |
| | Le discours indirect | 112 |
| LECTURE | Le sport au quotidien | 114 |
| GRAMMAIRE | Le futur | |
| | La proposition infinitive : temps et négation | 116 |

● D'HIER À AUJOURD'HUI

Les jeux Olympiques    118

**UNITÉ 9**    La paix et la guerre

| | | |
|---|---|---|
| LECTURE | La cité en fête | 120 |
| GRAMMAIRE | Les pronoms-adjectifs | 122 |
| LECTURE | La cité en guerre | 124 |
| GRAMMAIRE | Les pronoms personnels | |
| | Les adjectifs possessifs | 126 |

● D'HIER À AUJOURD'HUI

La frise des Panathénées    128

■ BILAN de séquence    130

**COMPRENDRE LE MONDE ANTIQUE**

| | |
|---|---|
| Le théâtre grec | 132 |
| Les grandes cérémonies : Éleusis | 134 |

Scène de lutte, bas-relief
d'une base de kouros funéraire
(vers 510 avant J.-C., détail),
provenant du site du Céramique, marbre
(Athènes, Musée archéologique national).

## Lire l'image

• Quel est le sport pratiqué par les deux jeunes gens
de droite ?

• Comment interprétez-vous le geste du personnage
de gauche ?

## LECTURE · L'éducation à Sparte

*Le législateur Lycurgue avait prévu pour les enfants de Sparte une éducation particulièrement rude. Enlevés à leur famille dès l'âge de sept ans, ils étaient regroupés en équipes.*

Γράμματα μὲν οὖν ἕνεκα τῆς χρείας
ἐμάνθανον· ἡ δ' ἄλλη πᾶσα παιδεία πρὸς
τὸ ἄρχεσθαι καλῶς ἐγίνετο καὶ καρτερεῖν
πονοῦντα καὶ νικᾶν μαχόμενον. Διὸ καὶ τῆς
5 ἡλικίας προερχομένης ἐπέτεινον αὐτῶν τὴν
ἄσκησιν, ἐν χρῷ τε κείροντες καὶ βαδίζειν
ἀνυποδήτους παίζειν τε γυμνοὺς ὡς τὰ πολλὰ
συνεθίζοντες. Γενόμενοι δὲ δωδεκαετεῖς ἄνευ
χιτῶνος ἤδη διετέλουν, ἓν ἱμάτιον εἰς τὸν
10 ἐνιαυτὸν λαμβάνοντες, αὐχμηροὶ τὰ σώματα
καὶ λουτρῶν καὶ ἀλειμμάτων ἄπειροι.

■ Plutarque (46-120 env. après J.-C.),
*Vie de Lycurgue*, 16, 6-10,
d'après la trad. R. Flacelière
et É. Chambry,
© Les Belles Lettres
(1958).

Merry Joseph Blondel
(1781-1853), *Lycurgue* (1828),
huile sur toile (Amiens, musée
de Picardie).

*Les enfants n'apprenaient les lettres[1] que dans les strictes limites du besoin ; tout le reste de leur éducation consistait à apprendre à bien obéir, à supporter patiemment la fatigue et à vaincre au combat. C'est pourquoi, lorsqu'ils avançaient en âge, on rendait plus dur leur entraînement : on leur rasait la tête et on les habituait à marcher sans chaussures et à jouer nus la plupart du temps. Arrivés à leur douzième année, ils passaient leur vie dès lors sans tunique*

*Ils étaient sales*

1. L'écriture, mais aussi une certaine culture littéraire et historique.

> **Aide à la traduction**
> ἕν (nom. : εἷς, μία, ἕν) : *un seul*
> τὸ ἱμάτιον, ου : *le manteau*
> εἰς τὸν ἐνιαυτόν : *pour l'année*
> τὸ λουτρόν, οῦ : *le bain*
> τὸ ἄλειμμα, ατος : *l'onction d'huile, l'onguent*
> ἄπειρος, ος, ον + gén. : *ignorant de, privé de*

## Comprendre le texte

❶ Traduisez les passages surlignés en bleu.

❷ Décrivez l'aspect physique des enfants spartiates soumis à cette éducation.

❸ Comment jugez-vous leur formation intellectuelle ?

❹ Quelles qualités morales Lycurgue cherche-t-il à développer chez les enfants ? D'après les lignes 2-8, en vue de quelle activité, devenus adultes, les entraîne-t-il ainsi ?

## Observer la langue

❶ ἐμάνθανον (*ils apprenaient*) est l'imparfait du verbe μανθάνω. Après avoir isolé le radical de ce verbe, dites quels sont les éléments ajoutés pour former l'imparfait.

❷ ἐπέτεινον (*ils tendaient = ils rendaient plus dur*) est l'imparfait du verbe ἐπι-τείνω. Que remarquez-vous concernant le préfixe de ce verbe ?

Dès que l'enfant (ὁ παῖς, παιδός) commence à comprendre le langage, la nourrice (ἡ τροφός, οῦ), la mère (ἡ μήτηρ, μητρός), le pédagogue (ὁ παιδαγωγός, οῦ), le père (ὁ πατήρ, πατρός) lui-même font effort sans relâche pour le rendre aussi parfait que possible. [...]

Ensuite, quand on l'envoie à l'école, on recommande bien plus au maître (ὁ διδάσκαλος, ου) la bonne tenue de l'enfant que ses progrès dans la connaissance des lettres (τὰ γράμματα, ων) ou de la cithare ; le maître, de son côté, y donne tous ses soins, et quand les enfants, sachant leurs lettres, sont en état de comprendre les paroles écrites, comme tout à l'heure le langage parlé, il fait lire à la classe, rangée sur les bancs, les vers des grands poètes, et lui fait apprendre par cœur ces œuvres remplies de bons conseils. [...]

Les citharistes, à leur tour, prennent le même soin d'inspirer la sagesse à l'enfant et de le détourner du mal. [...]

Plus tard encore, on envoie l'enfant chez le maître de gymnastique (ὁ παιδοτρίβης, ου), afin que son intelligence une fois formée ait à son service un corps également sain, et qu'il ne soit pas forcé par sa défaillance physique à reculer devant les devoirs de la guerre. [...]

Quand ils sont libérés de l'école, la cité à son tour les force à apprendre les lois et à y conformer leur vie.

■ Platon (427-347 avant J.-C.), *Protagoras*, 325d-326c, trad. A. Croiset et L. Bodin, © Les Belles Lettres (1923).

---

Scène d'école, détail d'une kylix attique à figures rouges de Douris (480 env.), provenant de Cerveteri (Berlin, Antikensammlung).

## Prolonger la lecture

**1** **Doc. 1. a)** Quelles sont les étapes de l'éducation d'un jeune Athénien ?
**b)** Que cherche-t-on, selon Platon, à lui enseigner en priorité ?
**c)** Comparez l'éducation spartiate et l'éducation athénienne.

**2** **Doc. 2.** Quels enseignements et quel professeur reconnaissez-vous sur la coupe de Douris ? (Le personnage assis à droite est le *pédagogue*, l'esclave qui conduit l'enfant à l'école.)

**3** **Doc. 3. a)** Comparez l'éducation selon Platon (doc. 1) et selon le Raisonnement juste, en faisant la part de l'exagération comique.
**b)** Qu'enseigne exactement le Raisonnement injuste ? En quoi s'oppose-t-il au Raisonnement juste ?

---

*Le poète comique Aristophane met en scène deux « éducateurs », le Raisonnement juste et le Raisonnement injuste : l'un est partisan de la tradition, l'autre en raille les contraintes.*

Le Raisonnement juste. - Je dirai donc en quoi consistait l'ancienne éducation, lorsque je florissais en professant la justice et que la tempérance était en honneur. D'abord, il ne fallait pas qu'on entendît un enfant souffler le moindre mot ; ensuite, on voyait marcher dans la rue, en bon ordre, pour se rendre chez le maître de musique, tous ceux d'un même quartier, sans manteau et en rangs serrés, neigeât-il dru comme farine. [...]Si l'un d'eux faisait le bouffon, [...] il était roué de coups pour vouloir abolir les Muses. [...Avec moi], tu apprendras à détester l'Agora [...], à te lever devant les vieillards, [...] à ne point répliquer à ton père. [...]

Le Raisonnement injuste. - Tout le premier, j'eus l'idée de contredire les lois et la justice. [...] Si tu es avec moi, jouis de la nature, saute, ris, ne tiens rien pour honteux.

■ Aristophane (445-385 env. avant J.-C.), *Les Nuées*, v. 961-1078, trad. H. van Daele, © Les Belles Lettres (1934).

Séance TICE    @

**Aristophane vise ici les sophistes (ὁ σοφιστής :** *le maître de philosophie ou d'éloquence***) sans les nommer. Cherchez qui étaient ces « professeurs de sagesse » et citez quelques noms célèbres.**

# GRAMMAIRE L'imparfait

## 1) Formation

**Augment** (ἐ-) + radical + voyelle thématique (ε/o) + désinence.

| Imparfait actif<br>ἔλυον : *je déliais* | Imparfait moyen ou passif<br>ἐλυόμην : *je déliais pour moi* ou *j'étais délié* | | Imparfait de εἰμί<br>ἦν : *j'étais* |
|---|---|---|---|
| 1re sing. | ἔ-λυ-ο-ν | ἐ-λυ-ό-μην | ἦ ou ἦν |
| 2e | ἔ-λυ-ε-ς | *ἐ-λύ-ε-σο > ἐ-λύ-ου[1] | ἦσθα |
| 3e | ἔ-λυ-ε-(ν) | ἐ-λύ-ε-το | ἦν |
| 1re pl. | ἐ-λύ-ο-μεν | ἐ-λυ-ό-μεθα | ἦμεν |
| 2e | ἐ-λύ-ε-τε | ἐ-λύ-ε-σθε | ἦτε |
| 3e | ἔ-λυ-ο-ν | ἐ-λύ-ο-ντο | ἦσαν |

1. Chute du sigma.

● Pour l'imparfait des verbes contractes → p. 180-182.

## 2) Règles de l'augment

● **Quand le verbe est précédé d'un préfixe**, l'augment se place entre les deux.
συν-τρέχω : *courir ensemble, se rassembler* > συν-έ-τρεχον

**Remarque :** le préfixe peut être modifié par l'augment.
- S'il se termine par une voyelle, celle-ci s'élide devant l'augment : ἀπο-βάλλω > ἀπ-έβαλλον.
Sauf pour περί et πρό : περι-βάλλω > περι-έβαλλον ; προ-βάλλω > προύβαλλον.
- S'il se termine par une consonne , celle-ci peut changer : ἐκ-βάλλω > ἐξ-έβαλλον ;
ἐμ-βάλλω > ἐν-έβαλλον ; συμ-βάλλω > συν-έβαλλον.

● **Quand le verbe commence par une voyelle ou une diphtongue :**

| Augment devant voyelle | | Augment devant diphtongue | |
|---|---|---|---|
| ε + α ou ε > η | ἄγω > ἦγον | ε + αι > η | αἰσχύνω > ἤσχυνον |
| ε + ο > ω | ὁρίζω > ὥριζον | ε + ει > η | εἰκάζω > ἤκαζον |
| ε + υ > υ | ὑγιάζω > ὑγίαζον | ε + οι > ῳ | οἰκίζω > ᾤκιζον |
| ε + ι > ι | ἰσχύω > ἴσχυον | ε + αυ > ηυ | αὔξω > ηὖξον |
| | | ε + ευ > ηυ | εὑρίσκω > ηὕρισκον |
| | | ε + ου > ου | οὐτάζω > οὔταζον |

## Vocabulaire à retenir

τὰ γράμματα, ων : *les lettres*

ὁ διδάσκαλος, ου : *le maître*

καλῶς : *bien*

μανθάνω : *apprendre*

μάχομαι : *combattre*

ἡ μήτηρ, μητρός : *la mère*

νικάω-ῶ : *vaincre*

ὁ παῖς, παιδός : *l'enfant*

ὁ πατήρ, πατρός : *le père*

πονέω-ῶ : *peiner, se donner du mal*

## Identifier et manipuler

**1** Formez l'imparfait (1re personne du singulier) des verbes suivants, puis conjuguez-les oralement.

**1.** παιδεύω : *éduquer* (actif et moyen-passif)
**2.** βούλομαι : *vouloir* (au moyen seulement)
**3.** ἄπ-ειμι : *être absent* (à l'actif seulement)
**4.** ἐπι-τρέπω : *transmettre* (au moyen-passif)
**5.** δια-φαίνω : *laisser entrevoir* (à l'actif)
**6.** συμ-φέρω : *réunir* (au moyen-passif)

**2** Retrouvez le présent des verbes suivants, puis traduisez-les grâce au lexique.

**1.** ἐλάμβανε    **3.** ἠμύνοντο    **5.** εἰσηγόμην
**2.** ἐγίγνου    **4.** ἐπέγραφον    **6.** ὠνομάζετε

### LES ADVERBES EN -ως

Ils sont formés à partir de l'adjectif, en remplaçant la finale **-ος** (adjectifs de première classe) ou la finale **-ης** (adjectifs de deuxième classe) par **-ως** :

καλός : *beau* > καλῶς : *bien, de belle façon*
ἀληθής : *vrai* > ἀληθῶς : *véritablement*

**3** Formez les adverbes correspondant aux adjectifs suivants. (L'accent de l'adverbe dépend de celui de l'adjectif.)

**1.** δίκαιος, α, ον : *juste*    **3.** εὐτυχής, ής, ές : *heureux*
**2.** ψυχρός, ά, όν : *froid*    **4.** ἄλλος, η, ο : *autre*

## Traduire

**4** **Thème**
Utilisez le Vocabulaire à retenir et l'exercice 1.

**1.** Les enfants étaient éduqués non seulement (οὐ μόνον) par leur (le) père et leur (la) mère, mais aussi (ἀλλὰ καί) par le pédagogue.
**2.** Le maître transmettait de belle façon la connaissance des lettres (les lettres) aux enfants.

**5** **Version : l'euphorie du printemps**
Traduisez ce texte, après avoir souligné les verbes à l'imparfait.

Ἦρος ἦν ἀρχὴ
καὶ ἤκμαζεν τὰ ἄνθη·
βόμβος ἦν ἤδη μελιττῶν·
οἱ νέοι τὰ ἄνθη ἔλεγον
καὶ ταῖς Νύμφαις ἔφερον.

■ D'après Longus (IIe s. après J.-C.), *Daphnis et Chloé.*

**Vocabulaire pour la version 5**

τὸ ἔαρ (ou ἦρ), ἔαρος (ou ἦρος) : *le printemps*
ἡ ἀρχή, ῆς : *le début*
ἀκμάζω : *s'épanouir*
τὸ ἄνθος, ους : *la fleur*
ὁ βόμβος, ου : *le bourdonnement*
ἤδη : *déjà*
ἡ μέλιττα, μελίττης : *l'abeille*
νέος, α, ον : *jeune* ; οἱ νέοι : *les jeunes gens*
λέγω : *cueillir* (sans doute différent de λέγω : *dire*)
φέρω : *apporter*

## Étymologie

• Les mots du texte (p. 100) et leurs dérivés

**6** τὰ γράμματα (l. 1) signifie *les lettres* avec un double sens, comme en français (les signes écrits et la culture littéraire). Citez des mots français qui en sont issus.

**7** Relevez à la ligne 2 le mot grec qui signifie *éducation*. Ce mot est de la même famille que le mot παῖς qui signifie *enfant*. Dans quels mots français ce mot entre-t-il en composition (en vous souvenant que le son αι grec a donné **-é-** en français) ?

• D'après le Vocabulaire à retenir : la racine *μαθ

**8** Le verbe μα(ν)θ-άνω, *apprendre*, est formé sur la racine *μαθ, avec un « infixe nasal » (ν) et un suffixe -άνω. Cette racine a donné un mot français que vous connaissez bien ; lequel ?

Sandro Botticelli (1444-1510), *Le Printemps* (1478, détail), huile sur toile, 2,03 x 3,14 m (Florence, galerie des Offices).

# Les noces de Daphnis et Chloé

*Daphnis et Chloé, deux enfants abandonnés, ont été recueillis et élevés par des bergers dans l'île de Lesbos. De multiples aventures contrarient leur amour. À la fin du roman, les deux amoureux retrouvent leurs véritables parents ; la noce peut enfin avoir lieu.*

Ἐνδυθεῖσα γὰρ ἡ Χλόη καὶ ἀναπλεξαμένη
τὴν κόμην καὶ ἀπολούσασα τὸ πρόσωπον
εὐμορφοτέρα τοσοῦτον ἐφάνη πᾶσιν, ὥστε καὶ
Δάφνις αὐτὴν μόλις **ἐγνώρισεν**. [...] Πάλιν
5 οὖν ταῖς ἑξῆς ἡμέραις ἐθύετο ἱερεῖα καὶ
κρατῆρες ἵσταντο καὶ ἀνετίθει καὶ Χλόη τὰ
ἑαυτῆς, τὴν σύριγγα, τὴν πήραν, τὸ δέρμα,
τοὺς γαυλούς· ἐκέρασε δὲ καὶ τὴν πηγὴν οἴνῳ
τὴν ἐν τῷ ἄντρῳ, ὅτι καὶ ἐτράφη παρ' αὐτῇ
10 καὶ ἐλούσατο πολλάκις ἐν αὐτῇ· **ἐστεφάνωσε**
καὶ τὸν τάφον τῆς οἰός [...]. Νυκτὸς δὲ
γενομένης πάντες αὐτοὺς **παρέπεμψαν**
εἰς τὸν θάλαμον, οἱ μὲν συρίττοντες, οἱ δὲ
αὐλοῦντες, οἱ δὲ δᾷδας μεγάλας ἀνίσχοντες.
15 Καὶ ἐπεὶ πλήσιον ἦσαν τῶν θυρῶν, ᾖδον
σκληρᾷ καὶ ἀπηνεῖ τῇ φωνῇ [...] ὑμέναιον
ᾄδοντες.

■ D'après Longus (IIᵉ ou IIIᵉ s. après J.-C.),
*Daphnis et Chloé*,
IV, 32 et 40, trad. J.-R. Vieillefond
(légèrement modifiée),
© Les Belles Lettres (1987).

*Quand Chloé fut habillée, qu'elle eut coiffé sa chevelure et lavé son visage, elle parut à tous tellement embellie, que Daphnis lui-même la* reconnut *avec peine. [...] De nouveau, pendant les jours suivants, on fit des sacrifices d'animaux, on dressa des cratères, et Chloé fit l'offrande de ce qu'elle possédait : sa syrinx, sa besace, sa peau de bique, ses écuelles. Elle fit également une libation de vin dans la source de la grotte, parce que c'est là qu'elle avait été nourrie[1] et s'était souvent baignée. Elle* déposa *aussi* une couronne *sur la tombe de la brebis [...]. Dès la nuit venue, tous les* escortèrent *jusqu'à la chambre nuptiale, les uns en jouant de la syrinx, les autres en jouant de l'aulos[2], les autres en brandissant de grandes torches.*

1. Par une brebis.
2. Instrument à anche (comme la clarinette) et non une flûte dont il avait l'aspect.

## Aide à la traduction

ἐπεί : *quand*
πλήσιον + gén. : *près de*
ἡ θύρα, ας : *la porte*
σκληρός, ά, όν : *rude*
ᾄδω : *chanter*
ἀπηνής, ής, ές : *grossier*
ὁ ὑμέναιος, ου : *le chant nuptial*

Jean-Baptiste Carpeaux
(1827-1875), *Daphnis et Chloé*,
sculpture en plâtre, h 70 cm
(Valenciennes, musée des
Beaux-Arts).

## Comprendre le texte

❶ Traduisez le passage surligné en bleu.

❷ Relevez et détaillez les différents rites observés lors du mariage (préparation de la mariée, sacrifices, cortège...).

❸ *Chloé fit l'offrande de ce qu'elle possédait.* Quelle est la signification de cette offrande, selon vous ?

❹ Qu'est-ce qui donne une atmosphère de fête aux dernières lignes du texte ?

## Observer la langue

Observez les formes **ἐγνώρισε(ν)** (l. 4, du verbe γνωρίζω, *connaître*) et **ἐστεφάνωσε** (l. 10, du verbe στεφανόω-ῶ, *couronner*).

❶ À quel temps ces verbes sont-ils traduits ? (Ce temps correspond à l'aoriste en grec.)

❷ Quel élément retrouvez-vous, comme à l'imparfait, au début du verbe ? Quel est son nom ?

❸ Quelle est la terminaison commune de ces verbes ? Quelle consonne dans cette terminaison sert donc de suffixe à ce temps pour ces verbes ?

## Doc. 1 — Des funérailles grandioses

*Patrocle, l'ami d'Achille, a été tué au combat par Hector. Achille lui fait des funérailles somptueuses.*

Ils firent un bûcher de cent pieds, en long et en large, et au sommet du bûcher placèrent le mort, tristement. Beaucoup de forts moutons, de bœufs, jambes tordues, cornes torses, devant le bûcher, ils les écorchèrent et les préparèrent. De tous prenant la graisse, le magnanime Achille en couvrit le mort de la tête aux pieds ; autour, il entassa les victimes, écorchées. Il mit aussi sur le bûcher des amphores de miel et d'huile, en les inclinant vers la couche. Quatre chevaux à la fière encolure, violemment, il les jeta dans le bûcher, en gémissant profondément. Le prince avait neuf chiens à sa table : il en jeta dans le bûcher deux, égorgés, avec douze nobles fils de Troyens magnanimes, massacrés par le bronze ; car il concevait des actes cruels. Enfin il lança sur le bûcher l'ardeur du feu, qui vaut celle du fer, pour qu'elle le dévorât.

■ Homère (VIIIᵉ s. avant J.-C), *Iliade*, XXIII, 163-177, trad. E. Lasserre, © Garnier (1955).

## Doc. 2 — Les funérailles de Patrocle

Jacques-Louis David (1748-1825), *Les Funérailles de Patrocle* (1778), huile sur toile, 0,94 x 2,18 m (Dublin, National Gallery of Ireland).

## Doc. 3 — Des funérailles au rabais

*Le frère de Lysias, Polémarque, arrêté et exécuté par les Trente Tyrans simplement parce qu'il était un riche métèque → p. 61, a pu être enterré selon les rites grâce à ses amis.*

Une fois mort, ils l'emportèrent hors de la prison ; mais au lieu de laisser le convoi partir d'une des trois maisons qui nous appartenaient, ils louèrent un hangar pour y exposer le corps. Nous avions beaucoup de manteaux, mais quand on en demanda, ils n'en donnèrent pas un seul pour les funérailles ; ce furent nos amis qui fournirent, l'un un manteau, l'autre un coussin, chacun enfin ce qu'il pouvait avoir, pour l'ensevelir.

■ Lysias (458-380 env. avant J.-C.), *Contre Ératosthène*, XII, 18, trad. L. Gernet et M. Bizos, © Les Belles Lettres (1924).

## **Prolonger** la lecture

**1** **Doc. 1.** Pourquoi, selon vous, Achille place-t-il sur le bûcher les cadavres de quatre chevaux, deux chiens et douze Troyens ?

**2** **Doc. 2. a)** Quels personnages (morts ou vivants) pouvez-vous identifier sur le tableau de David ?
**b)** Quels autres éléments de l'hommage rendu au mort chez Homère pouvez-vous identifier là ?

**3** **Doc. 3. a)** Retrouvez dans le texte les deux étapes des funérailles à l'époque classique.
**b)** Quelle importante différence, dans le traitement final du cadavre, remarquez-vous entre les funérailles de Patrocle et celles de Polémarque ?

Séance **TICE** @

**Un autre moment riche en rites et en cérémonies est celui de la naissance et de la première année du nouveau-né. Faites des recherches documentaires sur cette période de vie.**

# GRAMMAIRE L'aoriste

L'aoriste est un temps propre au grec, équivalent de notre passé simple.

## 1) Formation de l'aoriste actif

● Pour les aoristes **sigmatiques** (les plus fréquents) :
augment ἐ- + radical + suffixe -σ- + désinence.
● Pour les aoristes **thématiques** (dits « aoristes 2 »), plus anciens et plus rares :
augment ἐ- + radical + désinence en -ον, -ες, -ε, -ομεν, -ετε, -ον.

| Aoristes sigmatiques des thèmes en voyelles ἔλυσα : je déliai | Aoristes sigmatiques des thèmes en consonnes | Aoristes 2 thématiques (modèle : λείπω : laisser) ἔλιπον : je laissai |
|---|---|---|
| 1ʳᵉ sing. ἔ-λυ-σα<br>2ᵉ ἔ-λυ-σα-ς<br>3ᵉ ἔ-λυ-σε(ν)<br>1ʳᵉ pl. ἐ-λύ-σα-μεν<br>2ᵉ ἐ-λύ-σα-τε<br>3ᵉ ἔ-λυ-σα-ν<br>——————<br>Infinitif λῦσαι | ● Gutturales (ou vélaires) :<br>γ, κ, χ + σ = ξ<br>τήκ-ω > ἔτηξα<br>● Labiales :<br>β, π, φ + σ = ψ<br>τρίβ-ω > ἔτριψα<br>● Dentales :<br>δ, τ, θ, ζ + σ = σ<br>πείθ-ω > ἔπεισα | ἔ-λιπ-ον<br>ἔ-λιπ-ες<br>ἔ-λιπ-ε(ν)<br>ἐ-λίπ-ο-μεν<br>ἐ-λίπ-ε-τε<br>ἔ-λιπ-ο-ν<br><br>Infinitif λιπεῖν |

● Pour l'aoriste des verbes contractes → p. 180-182.
● Pour la conjugaison du moyen et du passif → p. 178-182.

## 2) Valeur et emploi

● À l'infinitif et au participe, l'aoriste peut avoir une valeur d'**aspect** :
il s'emploie quand l'action est ponctuelle et brève (alors que le présent, aux mêmes modes, indique une action générale, durable ou répétée).
χρὴ γενναίως **πράττειν** : *il faut agir noblement* (inf. présent pour une action à valeur générale)
χρὴ **πρᾶξαι** νῦν : *il faut agir maintenant* (inf. aoriste pour une action isolée)
● L'aoriste peut aussi marquer l'**antériorité**.
Χλόη **ἀπολούσασα** τὸ πρόσωπον ἐφάνη πᾶσιν : *Chloé, après s'être lavé le visage, parut à tous...*

## Le comparatif et le superlatif des adjectifs

● **Comparatif des adjectifs de la 1ʳᵉ classe** : radical de l'adjectif + suffixe **-τερος, α, ον**.
δίκαιος : *juste* > δικαιό-τερος : *plus juste*
● **Superlatif des adjectifs de la 1ʳᵉ classe** : radical de l'adjectif + suffixe **-τατος, η, ον**.
δικαιό-τατος : *très juste* ou *le plus juste*
● Le comparatif et le superlatif ont des compléments au génitif.
Οἱ Ἕλληνες δικαιότεροί εἰσι τῶν Ῥωμαίων. *Les Grecs sont plus justes que les Romains.*
Οἱ Ἕλληνες δικαιότατοί εἰσι τῶν ἀνθρώπων. *Les Grecs sont les plus justes des hommes.*
**Remarque.** On peut dire également : Οἱ Ἕλληνες δικαιότεροί εἰσιν ἢ οἱ Ῥωμαῖοι.

### Vocabulaire à retenir

| | | |
|---|---|---|
| ἀγαπάω-ῶ : *aimer* | δειπνέω-ῶ : *dîner* | πέμπω : *envoyer* |
| ἀκούω + gén. : *entendre* | δουλόω-ῶ : *asservir* | τολμάω-ῶ : *oser* |
| ἀπο-γράφω : *inscrire sur un registre* | παύω : *calmer, faire cesser* | |

## Identifier et manipuler

**1** Formez l'aoriste actif des verbes du Vocabulaire à retenir ; donnez leur infinitif et leur participe.

**2** a) Apprenez ces aoristes 2 thématiques très fréquents.
b) Donnez leur infinitif et leur participe.

λαμβάνω, *prendre* ; aor. 2 : ἔ-λαβ-ον
φεύγω, *fuir*, aor. 2 : ἔ-φυγ-ον
λέγω, *dire* ; aor. 2 : εἶπον (inf. εἰπεῖν)
βάλλω, *jeter, frapper* ; aor. 2 : ἔ-βαλ-ον
ὁράω-ῶ, *voir* ; aor. 2 : εἶδον (inf. ἰδεῖν)

**3** Relevez dans le texte de Longus → p. 104 (l. 1 et 2) trois participes et trouvez, en vous aidant du lexique, les verbes dont ils sont issus.

### 🔍 ALLONGEMENT DU RADICAL

Quand on forme le comparatif et le superlatif des adjectifs, le radical s'allonge en -ω s'il est précédé d'une syllabe brève.
φανερός : *visible* > φανερώ-τερος, φανερώ-τατος

**4** Formez les comparatifs et les superlatifs des adjectifs suivants.

1. δεινός, ή, όν : *terrible*
2. σοφός, ή, όν : *sage*
3. φαῦλος, η, ον : *vil, bas*
4. χαλεπός, ή, όν : *difficile*
5. ἀνδρεῖος, α, ον : *courageux*
6. δυνατός, ή, όν : *puissant* (a bref)

## Traduire

### 5 Version
Traduisez ces phrases en français.

1. Οἱ θεοὶ δυνατώτεροί εἰσι τῶν ἀνθρώπων.
2. Οἱ Λακεδαιμόνιοι ἀνδρειότατοί εἰσι τῶν Ἑλλήνων.

### 6 Thème
Traduisez ces phrases en grec.

1. Chloé est plus sage qu'Hélène (ἡ Ἑλένη, ης).
2. Chloé est la plus sage des jeunes filles (ἡ παρθένος, ου).

Sandro Botticelli (1444-1510), *Le Printemps* (1478, détail), huile sur toile, 2,03 x 3,14 m (Florence, galerie des Offices).

### 7 Version : accident et sauvetage de Daphnis

*Daphnis, poursuivant un bélier, est tombé avec lui dans une fosse creusée pour attraper un loup.*
Ἡ δὲ Χλόη, θεασαμένη τὸ συμβάν,
ἔδραμε πρὸς τὸ χάσμα,
καὶ ἐκάλεσε βουκόλον τινὰ εἰς ἐπικουρίαν.
Καὶ λυσαμένη τὴν ταινίαν
ἔδωκε τῷ βουκόλῳ
ὃς Δάφνιν σὺν ταύτῃ εἷλξε.

■ D'après Longus (IIᵉ ou IIIᵉ s. après J.-C.), *Daphnis et Chloé.*

**Vocabulaire pour la version 7**

θεάομαι-ῶμαι : *regarder, voir*
τὸ συμβάν : *ce qui était arrivé* (part. aor. neutre de
συμ-βαίνω : *arriver, se produire*)
τρέχω (aor. ἔ-δραμον formé sur une autre racine) : *courir*
πρός + acc. : *vers*
τὸ χάσμα, ατος : *la fosse*
καλέω-ῶ (aor. ἐ-κάλεσα) : *appeler*
ὁ βουκόλος, ου : *le bouvier*
τις, τις, τι (gén. τινος) : *quelque, un* → p. 122
ἡ ἐπικουρία, ας : *le secours*
ἡ ταινία, ας : *la bande (qui sert de soutien-gorge)*
δίδωμι (aor. ἔδωκα) : *donner*
ὅς, ἥ, ὅ : *qui*
σὺν ταύτῃ : *grâce à elle*
ἕλκω (aor. εἷλξα) : *tirer*

## Étymologie

• **Les mots du texte (p. 104) et leurs dérivés**

**8** Une épi-taphe est une inscription sur (ἐπί) une tombe ; l'épi-derme est la couche superficielle de la peau. Retrouvez dans les lignes 7 à 11 du texte de Longus les deux mots grecs qui ont servi à la formation de ces mots.

**9** Sachant que le mot οἶνος, *le vin* (l. 8), vient d'une racine *ϝοιν, retrouvez les mots de la même famille désignant le vin en latin, en anglais et en allemand.

**10** εὐμορφοτέρα (l. 3) vient de l'adjectif εὔ-μορφος, littéralement *de belle forme* (de l'adverbe εὔ, *bien*, et ἡ μορφή, ῆς, *la forme, l'aspect extérieur*). Citez des mots français dérivés de ἡ μορφή.

# Cérémonies, stèles et vases funéraires

**La mort est un passage qui donne lieu à des pratiques rituelles. Les vases et les stèles qui ont été retrouvés lors de fouilles archéologiques en témoignent.**

**Doc. 1** *La* prothésis : *l'exposition du mort*

Amphore funéraire géométrique (760-750 avant J.-C. env., détail), céramique, h 1,55 m (Athènes, Musée archéologique national).

Après la toilette, le corps du défunt est exposé (*prothésis*) sur un lit d'apparat aux parents et amis pour la cérémonie de lamentation. Puis il est transporté (*ekphora*) sur le bûcher ou à la nécropole.

● **Par quel geste les parents et amis manifestent-ils leur tristesse ?**

● **Pouvez-vous identifier avec certitude les hommes et les femmes (d'après les visages et les vêtements) ?**

**Doc. 2** *Les* choai : *les libations*

Le rituel funéraire prévoit des offrandes et des libations (actions rituelles qui consistent à répandre un liquide) sur la tombe du mort, afin de favoriser son passage vers l'au-delà. Ces offrandes sont répétées à l'occasion de l'anniversaire du décès.

● **Quels objets sont déposés sur la tombe de ce mort ? Quel est, selon vous, le rôle de chacun d'eux ?**

 Séance **TICE**

**Recherchez d'autres représentations de stèles funéraires grecques antiques.**
• Classez-les par thème.
• Faites-en une description rapide : personnages, activités et objets représentés, gestes, attitudes...
• Quel message chacune de ces stèles essaie-t-elle de transmettre, selon vous ?

Dépôt d'offrandes sur une tombe, détail d'un lécythe à fond blanc (450 avant J.-C.) (Berlin, Antikensammlung).

La stèle que l'on érige sur la tombe du mort vise à perpétuer sa mémoire et son nom ; elle transmet aussi de lui une image idéalisée et rappelle ses vertus.

### Doc. 3  *Hégéso, l'adieu à la vie*

Cette stèle funéraire représente une femme assise, la défunte, et son esclave qui lui présente son coffre à bijoux. Au-dessus de la représentation est gravé le nom de la défunte : « Hégéso, fille de Proxénos ».

● Observez le vêtement, la coiffure d'Hégéso et son geste. De quoi la défunte est-elle nostalgique ?

● Que devine-t-on de son statut social ?

Stèle funéraire d'Hégéso (410-400 avant J.-C.), attribuée à Callimaque, bas-relief en marbre penthélique, 1,56 x 0,97 m (Athènes, Musée archéologique national).

### Doc. 4  *L'adieu au mort*

Cette stèle moderne reprend le thème de la *dexiosis* (serrement de la main droite), symbole antique de l'adieu au défunt.

Tombe d'Anastasia I Sarantinou (1942), bas-relief en marbre (Athènes, cimetière Alpha).

● D'après la date de cette tombe, de quel événement historique la personne enterrée a-t-elle sans doute été victime ?

● Décrivez les différents personnages représentés. Lequel d'entre eux représente le défunt ? Quels indices vous permettent de le comprendre ?

### Doc. 5  *L'adieu aux frères Goncourt*

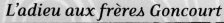

Tombe des frères Goncourt (1896) (Paris, cimetière du Père-Lachaise).

● Quel point commun cette dalle présente-t-elle avec les stèles 3 et 4 ?

● En quoi l'image des deux morts diffère-t-elle des précédentes ?

● Quel sentiment l'auteur de cette tombe a-t-il voulu traduire dans cette double image ?

# 8 La vie quotidienne

## Le banquet d'Agathon

*Le poète tragique Agathon donne un banquet pour fêter sa victoire dans un concours de tragédies. Socrate invite Aristodème à l'y accompagner, mais s'attarde en route ; Aristodème raconte.*

Ἐπειδὴ ἐγενόμην ἐπὶ τῇ οἰκίᾳ τῇ Ἀγάθωνος, [...] εὐθὺς παῖς τις ἔνδοθεν ἀπαντήσας ἤγαγεν οὗ κατέκειντο οἱ ἄλλοι καὶ μ' ἀπένιψε. [...]

*Mais où est passé Socrate ? demande Agathon.*

5  – Ἥξει αὐτίκα, ἔφην, ὡς ἐγὼ οἶμαι. Μὴ οὖν κινεῖτε, ἀλλ' ἐᾶτε.
– Ἀλλ' οὕτω χρὴ ποιεῖν, εἰ σοὶ δοκεῖ, ἔφη ὁ Ἀγάθων. Ἀλλ' ἡμᾶς, ὦ παῖδες, τοὺς ἄλλους ἑστιᾶτε. [...]

*Socrate arrive finalement au milieu du repas, le δεῖπνον.*

10  Μετὰ ταῦτα, κατακλινέντος τοῦ Σωκράτους καὶ δειπνήσαντος καὶ τῶν ἄλλων, σπονδάς τ' ἐποιήσαντο, καὶ ᾄσαντες τὸν θεόν, καὶ ἄλλα τὰ νομιζόμενα, ἐτράποντο πρὸς τὸ πότον. [...] Πάντες συνεχώρησαν μὴ διὰ μέθης
15  ποιήσασθαι τὴν ἐν τῷ παρόντι συνουσίαν, ἀλλ' οὕτω πίνειν πρὸς ἡδονήν.

■ D'après Platon (427-347 av. J.-C.), *Le Banquet*, 174e-176e, trad. D. Jouanna et D. Kaszubowski.

*Quand j'arrivai à la maison d'Agathon, [...] aussitôt un esclave sortant à ma rencontre me conduisit là où les autres étaient installés sur des lits et me lava (les mains et les pieds). [...]*
*– Il viendra bientôt, dis-je, à mon avis. Ne le dérangez donc pas, laissez-le.*
*– Eh bien, ▨▨▨▨▨▨, si cela te semble bon, dit Agathon. Mais nous autres, mes petits, régalez-nous ! [...]*
*Ensuite, après que Socrate se fut installé sur un lit et eut pris son repas, ainsi que les autres, ils firent les libations, et, après avoir célébré le dieu par un chant et fait les autres cérémonies d'usage, ▨▨▨▨▨▨▨▨▨▨. [...]*
*Tous convinrent de ne pas passer la réunion actuelle à s'enivrer, mais de boire juste pour le plaisir.*

### Aide à la traduction
οὕτω(ς) : *ainsi*
χρή : *il faut*
τρέπομαι (aor. ἐτραπόμην) : *se tourner*
τὸ πότον, ου : *l'action de boire, la boisson*

## Comprendre le texte

❶ Traduisez les passages surlignés en bleu.

❷ Comment accueille-t-on les convives lors d'un banquet ? Dans quelle position se trouvent-ils pendant le repas ?

❸ Quels sont les deux moments successifs du banquet ? Retrouvez dans le texte le terme qui caractérise chacun d'eux.

❹ Lequel de ces deux moments compte le plus ? Qu'est-ce qui en souligne l'importance ?

## Observer la langue

❶ En vous reportant à la page 84 (le participe présent actif) et en repérant une syllabe caractéristique, essayez d'analyser les formes ἀπαντήσας (de ἀπαντάω-ῶ, *rencontrer*), δειπνήσαντος (de δειπνέω-ῶ, *dîner*) et ᾄσαντες (de ᾄδω, *chanter*).

❷ À quel cas sont les mots du groupe κατακλινέντος τοῦ Σωκράτους καὶ δειπνήσαντος ? Comment ce groupe est-il traduit ?

## Doc. 1 Le banquet en Grèce

Un des plaisirs les plus appréciés des Grecs est le banquet (*symposion*). [...] Arrivé chez l'hôte, on se déchausse et un esclave vous lave les pieds. Le service est assuré par de jeunes esclaves et des courtisanes. On mange allongé sur un lit avec un coussin, et, devant soi, une petite table sur laquelle on dépose les plats et la boisson. Dans un premier temps, on mange de façon simple et on boit. [... Puis] le roi du banquet est tiré au sort. Il a pour rôle de fixer les proportions du mélange de vin et d'eau et d'indiquer le nombre de coupes que doivent boire les convives. Pour pouvoir continuer à boire, on grignote des desserts, des fruits frais ou secs, des gâteaux. On boit à la santé de chaque convive tour à tour. Celui qui désobéit [aux ordres du roi] est puni ; il doit danser tout nu ou faire trois fois le tour de la salle avec une danseuse dans les bras... Les femmes, sauf les courtisanes, sont exclues des banquets.

■ Anne-Marie Buttin, *La Grèce classique*,
© Les Belles Lettres (2000).

## Doc. 3 Un banquet riche en divertissements

*Voici les divertissements offerts aux convives par leur hôte, le riche Callias.*

Une fois les tables enlevées, quand on eut fait la libation et chanté le péan[1], voici qu'entre pour le divertissement un certain Syracusain escorté d'une bonne joueuse de flûte, d'une danseuse, experte en acrobaties, et d'un jeune garçon très joli qui excellait au jeu de la cithare et à la danse. [...] Pour le plaisir des convives, la flûtiste joua de son instrument, le jeune garçon de la cithare, et on leur trouva à tous deux beaucoup d'agrément. [...]

Sur ce, l'autre jeune fille se mit à jouer de la flûte pour accompagner la danseuse, cependant que quelqu'un, à côté d'elle, lui tendait les cerceaux ; il y en avait douze. Elle les prenait, et tout en dansant les lançait en l'air et les faisait tournoyer. [...]

Un cercle fut ensuite apporté dont le pourtour intérieur était entièrement garni d'épées dressées. La danseuse faisait la culbute en avant entre ces épées, puis la refaisait en arrière en les franchissant à nouveau.

■ Xénophon (424-358 av. J.-C.), *Le Banquet*, II, 1-2, 8 et 11, trad. F. Ollier, © Les Belles Lettres (1961).

1. Chant en l'honneur d'une divinité.

## Doc. 2 Le jeu du cottabe

Scène de banquet, amphore à col attique à figures rouges (détail, vers 515-510 avant J.-C.) (Paris, musée du Louvre).

Très pratiqué lors des banquets, le jeu du cottabe consiste à lancer, par une rotation du poignet, les dernières gouttes de la coupe dans un bassin posé par terre ou sur une table, l'index glissé dans l'anse de la coupe. En même temps, on dédie ce geste à une personne aimée. Si on atteint sa cible, c'est un bon signe pour le succès de ses amours !

## Prolonger la lecture

❶ **Doc. 1.** Précisez les points communs du texte avec celui de Platon. Qu'apprend-on de nouveau ici ?

❷ **Doc. 2.** Quel sens donnez-vous à l'inscription ΛΕΑΓΡΟΣ ΚΑΛΟΣ, en haut de l'image ?

❸ **Doc. 3. a)** À quel genre de spectacle les divertissements offerts par Callias vous font-ils penser ?
**b)** Pensez-vous que tous les banquets se déroulaient ainsi ?

**À vous de jouer ! Essayez (avec prudence !) de jouer au cottabe avec un récipient adapté...**

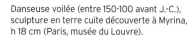

Danseuse voilée (entre 150-100 avant J.-C.), sculpture en terre cuite découverte à Myrina, h 18 cm (Paris, musée du Louvre).

## GRAMMAIRE Le participe aoriste

| | Actif singulier | | Actif pluriel | |
|---|---|---|---|---|
| | Masculin | Neutre | Masculin | Neutre |
| Nom. | λύ-σας | λῦ-σαν | λύ-σαντες | λύ-σαντα |
| Acc. | λύ-σαντα | λῦ-σαν | λύ-σαντας | λύ-σαντα |
| Gén. | λύ-σαντος | | λυ-σάντων | |
| Dat. | λύ-σαντι | | λύ-σασι(ν) | |

- Les participes féminin actif λύσασα, λυσάσης et féminin passif λυθεῖσα, λυθείσης se déclinent sur le modèle de ἡ θάλαττα, θαλάττης → p. 172.
- Le **participe moyen**, λυσά-μενος, η, ον se décline comme λυό-μενος → p. 179.
- Le **participe passif** est λυθείς, λυθεῖσα, λυθέν ; voir la déclinaison → p. 179.

**Remarque :** les aoristes thématiques comme ἔλιπον → p. 106 forment leur participe sur le modèle du participe présent : λιπών, λιπόντος (attention à l'accent !).

### Les emplois du participe

- Le participe peut se rattacher à un **nom** ; il est alors au même genre et au même cas.
**παῖς** τις ἔνδοθεν **ἀπαντήσας** ἤγαγεν... (Platon → p. 106, l. 2)
*un esclave sortant à ma rencontre, me conduisit…*
- Le participe peut appartenir à une **proposition incise** entièrement au génitif (participe + sujet au génitif) : on parle de « **génitif absolu** ». Cette proposition a le sens d'une subordonnée circonstancielle et peut prendre diverses valeurs (temps, cause, concession, etc.). Attention : le sujet du participe n'a pas de fonction dans le reste de la phrase.
τοῦ Σωκράτους **δειπνήσαντος** (Platon → p. 106, l. 10-11)
*Socrate ayant dîné... (= Après que Socrate eut dîné...)*
- Le participe peut être le verbe d'une **proposition complément d'un verbe de perception**, à l'accusatif (après ὁράω-ῶ, *voir*) ou au génitif (après ἀκούω, *entendre*).
Ὁρῶ τοὺς ἀθλητὰς τρέχοντας. *Je vois les athlètes courir.*
Ἀκούω τῶν ὀρνίθων ψιθυριζόντων. *J'entends les oiseaux gazouiller.*

### Le discours indirect

- En grec, le discours indirect peut s'exprimer par une proposition infinitive → p. 78 et 116.
Ἔλεγεν τὸν Σωκράτην σοφὸν εἶναι. *Il disait que Socrate était sage.*
- Il peut aussi s'exprimer par ὅτι + proposition complétive. On conserve alors le temps du discours direct (alors qu'en français, il faut accorder le temps à celui du récit).
Ἔλεγεν ὅτι ὁ Σωκράτης σοφός **ἐστιν** (et non ἦν).

## Vocabulaire à retenir

τὸ ἄριστον, ου : *le repas de midi, le déjeuner*

τὸ δεῖπνον, ου : *le repas du soir, le dîner*

ἐσθίω (aor. ἔφαγον) : *manger*

ἡ ἑστία, ας : *le foyer*

ἑστιάω-ῶ : *recevoir à son foyer, régaler*

πίνω (aor. ἔπιον) : *boire*

ἡ πόσις, εως : *l'action de boire*

τὸ πότον, ου : *l'action de boire, la boisson*

τὰ σιτία, ων : *les vivres*

ὁ σῖτος, ου : *le blé, la nourriture*

τὸ συμπόσιον, ου : *le banquet*

# EXERCICES

## Identifier et manipuler

**1** En vous reportant aux tableaux de conjugaison → p. 180-182 :
a) formez le participe aoriste de τιμάω-ῶ à l'actif, au moyen et au passif ;
b) formez le participe aoriste actif de ποιέω-ῶ et déclinez-le au masculin ;
c) formez le participe aoriste actif de δηλόω-ῶ et déclinez-le au féminin.

**2** En vous reportant au tableau de conjugaison → p. 178 et au vocabulaire de l'exercice 2 → p. 107, formez le participe aoriste de λαμβάνω (aoriste thématique) et déclinez-le par écrit. (Attention à la place de l'accent !)

**3** Remplacez dans la phrase suivante la subordonnée par un génitif absolu.

Ὅτε κραυγὴ πολλὴ ἀκούεται, ὁ Ξενοφῶν ἀναβαίνει ἐφ' ἵππον καὶ παραβοηθεῖ.
*Quand une grande clameur se fait entendre, Xénophon monte sur un cheval et arrive à la rescousse.*
(Cette clameur est celle des Grecs apercevant enfin la mer après leur longue remontée vers la mer Noire.)

## Traduire

### ASPECT OU TEMPS ?

Le participe aoriste demande toujours une réflexion ; faut-il lui donner un **sens temporel d'antériorité** (ἀπαντήσας, *étant sorti à ma rencontre*) ou un **sens aspectuel**, c'est-à-dire marquant la brièveté de l'action (*sortant à ma rencontre*) ?

**4** Version
a) Traduisez le texte suivant (aidez-vous aussi du lexique).

*Théramène essaie de convaincre les Athéniens d'accepter les conditions de paix des Lacédémoniens.*
Ὁ Θηραμένης εἶπεν ὅτι χρὴ πείθεσθαι τοῖς Λακεδαιμονίοις·
ἀντειπόντων δέ τινων αὐτῷ, πολλῶν δὲ συνεπαινεσάντων,
τῇ ἐκκλησίᾳ ἔδοξε δέχεσθαι τὴν εἰρήνην.
■ D'après Xénophon, *Helléniques*, II, 2, 22.

b) Quelle valeur (temps ou aspect) donnez-vous aux deux participes aoristes ἀντειπόντων et συνεπαινεσάντων ? Marquent-ils un moment passé par rapport au verbe principal (ἔδοξε) ou un événement simultané et très bref ?

### Vocabulaire pour la version 4

ἀντιλέγω (aor. ἀντεῖπον) : *s'opposer, contredire*
τινες, τινων : *quelques-uns, certains*
συν-επαινέω-ῶ (aor. συνεπήνεσα) : *approuver*
τῇ ἐκκλησίᾳ ἔδοξε : *il parut bon à l'assemblée, l'assemblée décida*
δέχομαι : *accepter*
ἡ εἰρήνη, ης : *la paix*

## Étymologie

• À partir du **Vocabulaire à retenir**

**5** Le verbe πίνω, *boire*, vient d'une racine *πι/πο.
a) Retrouvez dans le **Vocabulaire à retenir** les mots appartenant à cette racine.
b) Expliquez le sens littéral du mot συμπόσιον en étudiant sa composition.
c) Connaissez-vous le verbe latin de même racine qui signifie *boire* ? Quel est l'adjectif français qui en dérive, qualifiant une eau qu'on peut boire ?

**6** Le radical de l'aoriste ἔφαγον (de ἐσθίω, *manger*) entre en composition de nombreux mots français. Trouvez-en le plus possible.

**7** Sachant que παρά signifie *à côté de, le long de* et σιτία, ων, *les vivres*, qu'est-ce qu'un *parasite* ?

### L'EXPRESSION Θάλαττα, θάλαττα

Ce cri de joie (→ exercice 3) est resté célèbre pour marquer le soulagement après une période d'angoisse.

Bernard Granville-Baker (1800-1900), « La mer, la mer », lithographie illustrant l'*Histoire des nations* de Hutchinson (1915) (collection privée).

# Le sport au quotidien

### Texte A

*Diogène le philosophe aurait été l'esclave d'un certain Xéniade et l'éducateur de ses enfants.*
*En éducateur avisé, il complète l'étude des lettres par la pratique de nombreux sports.*

Εὔβουλος δέ **φησιν** [...] αὐτὸν οὕτως ἄγειν
τοὺς παῖδας τοῦ Ξενιάδου, μετὰ τὰ λοιπὰ
μαθήματα ἱππεύειν, τοξεύειν, σφενδονᾶν,
ἀκοντίζειν· ἔπειτ᾽ ἐν τῇ παλαίστρᾳ οὐκ
5 **ἐπέτρεπε** τῷ παιδοτρίβῃ ἀθλητικῶς ἄγειν,
ἀλλ᾽ αὐτὸ μόνον ἐρυθήματος χάριν καὶ
εὐεξίας.

■ Diogène Laërce (IIIᵉ s. après J.-C.), *Vies des philosophes illustres*, VI, 30, trad. D. Jouanna et D. Kaszubowski.

*Euboule[1] dit qu'il entraînait de cette façon les enfants de Xéniade : après les autres enseignements, [il les entraînait] à monter à cheval, à tirer à l'arc, à se servir d'une fronde, à lancer le javelot ; ensuite, à la palestre, il recommandait au pédotribe de les entraîner non pas comme des athlètes, mais juste pour avoir de belles couleurs et une bonne constitution.*

1. Euboule a aussi écrit une *Vie de Diogène*.

### Texte B

*Alcibiade, homme politique flamboyant, éduqué par Périclès et disciple préféré de Socrate,*
*allait lui aussi à la palestre...*

Ἀλκιβιάδης ἔτι παῖς ὢν ἐλήφθη λαβὴν ἐν
παλαίστρᾳ· καὶ μὴ **δυνάμενος** διαφυγεῖν
ἔδακε τὴν χεῖρα τοῦ καταπαλαίοντος·
εἰπόντος δ᾽ ἐκείνου «δάκνεις ὡς αἱ γυναῖκες»,
5 «οὐ μὲν οὖν, εἶπεν, ἀλλ᾽ ὡς λέοντες».

■ D'après Plutarque (46-120 env. après J.-C.), *Vie d'Alcibiade*, 2, 2-3, trad. D. Jouanna et D. Kaszubowski.

*Alcibiade, alors qu'il était encore enfant, fut saisi d'une prise à la palestre ; et ne pouvant se dégager il mordit la main de celui qui le renversait ;*

**Aide à la traduction**
ἐκεῖνος, η, ο : *celui-ci, ce dernier*
δάκνω (aor. ἔδακον) : *mordre*
ὡς : *comme*
ἡ γυνή, γυναικός : *la femme*
ὁ λέων, λέοντος : *le lion*

Scène de lutte
(vers 430 avant J.-C.),
céramique à figures rouges.

## Comprendre le texte

❶ Traduisez le passage surligné en bleu.

❷ D'après ces deux textes, qui s'entraîne à la palestre ? Selon l'étymologie du mot (ἡ πάλη, *la lutte*), quel sport y est principalement pratiqué ?

❸ D'après le premier texte, quels sports pratique-t-on en dehors de la palestre ? Quel est l'objectif de ces exercices ?

## Observer la langue

❶ Relevez les trois infinitifs en bleu dans les textes et indiquez leur temps (διαφυγεῖν vient de διαφεύγω, *s'échapper*).

❷ Relevez les verbes dont ils dépendent (en gras) ; quel est leur sens ? Dans quelle catégorie rangeriez-vous chacun :
**a)** verbes déclaratifs ou d'opinion (*dire, penser*) ;
**b)** verbes d'ordre ou de volonté (*vouloir, ordonner, recommander*) ;
**c)** verbes d'effort (*essayer, pouvoir*) ?

## Doc. 1    La palestre, le gymnase, le stade

Le gymnase comprend des pistes de course et se trouve à côté de la palestre qu'il englobe souvent. La palestre est une cour carrée (ἡ πάλη) dans laquelle se déroulent les entraînements. Elle est bordée d'un portique qui donne accès à différentes salles : un vestiaire (τὸ ἀποδυτήριον, ου) ; un dépôt de sable (τὸ κονιστήριον) ou salle de massages dans laquelle les athlètes se frictionnent avec de l'huile et s'aspergent de sable fin avant l'entraînement et, après, enlèvent avec un strigile[1] (→ p. 69) la couche de poussière qui les couvre ; une salle pourvue de bancs (ἡ ἐξέδρα), destinée à des réunions et des conférences.

Le gymnase se divise en deux longues pistes : une piste à l'air libre (ἡ παραδρομίς) pour la course et le lancer du javelot, qui a normalement la longueur du stade, et une piste couverte (ὁ ξυστός) à l'abri d'un long portique, souvent utilisée comme école par les philosophes.

C'est sur le stade que se déroulent les épreuves officielles. Le mot *stade* (τὸ στάδιον) désigne en premier lieu la distance[2] qui sépare la marque de départ (ἡ ἄφεσις) et la marque d'arrivée (τὸ τέρμα). La piste rectangulaire, entretenue avec soin pour permettre aux athlètes de courir pieds nus, est entourée de talus qui accueillent les spectateurs.

---

1. Racloir en métal.
2. Six cents pieds d'Héraclès, soit 192,27 mètres à Olympie (mais sa longueur variait selon les cités).

## Doc. 2    Un sport de haute voltige !

Aurige avec un quadrige, céramique à figures noires (vers 410-400 avant J.-C.), provenant de Taucheira en Libye (Londres, British Museum).

Dans l'hippodrome, les courses de chars font la joie du public : lancés à pleine vitesse, les auriges s'efforcent au mieux de négocier les virages. L'aurige prend les risques... et le propriétaire remporte la victoire.

## Doc. 3    Hippothalès invite Socrate à la palestre

« Viens par ici, s'écria-t-il, droit chez nous, consens à te détourner ; la chose en vaut la peine. – Où, dis-je, et qui entends-tu par nous ? – Là, répondit-il, en me montrant juste en face du mur une enceinte avec une porte ouverte. Nous y passons notre temps, ajouta-t-il, avec beaucoup de jolis garçons. – Quelle est cette enceinte et à quoi vous occupez-vous ? C'est une palestre, répondit-il, nouvellement bâtie ; nous passons la plus grande partie du temps à des entretiens, auxquels nous aimerions t'associer. »

■ Platon (427-347 av. J.-C.), *Lysis*, 1, trad. É. Chambry, © Garnier (1919).

Coureurs, céramique à figures noires (480 avant J.-C.) (Northampton Museum).

## Prolonger la lecture

**1** **Doc. 1.** Quelle différence importante voyez-vous entre le stade, d'une part, et le gymnase et la palestre, d'autre part ?

**2** **Doc. 1 et 3.** Le gymnase et la palestre sont-ils consacrés uniquement aux exercices du corps ?

**3** **Doc. 2. a)** Comment appelle-t-on le char tiré par quatre chevaux ?
**b)** Comment nomme-t-on le conducteur ? Est-ce à lui que sont destinés les honneurs de la victoire ?

---

**Séance TICE**   @

**Retrouvez un plan ou une reconstitution du sanctuaire d'Olympie. Identifiez les édifices en les classant selon leur fonction (installations sportives, édifices religieux, bâtiments officiels...).**

## GRAMMAIRE Le futur

● Le futur est caractérisé par un suffixe -σο- (σ + voyelle thématique) qui s'ajoute au radical du verbe.

| Futur actif λύ-σω : *je délierai* | | Futur moyen λύ-σομαι : *je délierai pour moi* |
|---|---|---|
| 1ʳᵉ sing. | λύ-σω | λύ-σομαι |
| 2ᵉ | λύ-σεις | λύ-σει (ou λύ-σῃ) |
| 3ᵉ | λύ-σει | λύ-σεται |
| 1ʳᵉ pl. | λύ-σομεν | λυ-σόμεθα |
| 2ᵉ | λύ-σετε | λύ-σεσθε |
| 3ᵉ | λύ-σουσι(ν) | λύ-σονται |
| Infinitif | λύ-σειν | λύ-σεσθαι |
| Part. | λύ-σων, λύ-σουσα, λῦ-σον | λυ-σόμενος, η, ον |

● Devant le sigma, le radical du verbe se comporte comme à l'aoriste → p. 106.

ἄγ-ω : ἄξω ; τρίβ-ω : τρίψω ; πείθ-ω : πείσω

● Pour les verbes contractes → p. 180-182.

● Pour le **futur passif** → p. 178.

## La proposition infinitive : temps et négation

● Lorsque la proposition infinitive dépend d'un verbe signifiant *dire* (λέγω, φημί) ou *penser* (νομίζω, οἶμαι), la négation de l'infinitif est οὐ(κ) et l'infinitif a toujours une **valeur temporelle**.

**Λέγω** τὸν Σωκράτην **δειπνήσειν** (inf. futur). *Je dis que Socrate dînera.*
**Λέγω** τὸν Σωκράτην **οὐ δειπνεῖν** (inf. présent). *Je dis que Socrate ne dîne pas.*
**Λέγω** τὸν Σωκράτην **οὐ δειπνῆσαι** (inf. aoriste). *Je dis que Socrate n'a pas dîné.*

● Lorsque la proposition infinitive dépend d'un autre verbe, la **négation** de l'infinitif est **μή**.
Il s'agit essentiellement :
- des verbes de **volonté** (βούλομαι, *vouloir* ; χρή, δεῖ : *il faut* ; συγχωρέω-ῶ : *convenir de*) ;
- des verbes d'**effort** (πειράομαι-ῶμαι : *essayer* ; δύναμαι : *pouvoir*) ;
- des verbes d'**ordre** (κελεύω : *ordonner, inviter à*) ;
- des **expressions impersonnelles** (χρή : *il faut* ; δίκαιόν ἐστι : *il est juste*, etc.).

**Remarque :** l'infinitif, dans ce cas, n'a jamais une valeur temporelle, mais toujours une **valeur d'aspect** : on trouve presque toujours un infinitif aoriste, à traduire par un présent.
L'infinitif présent est employé quand on insiste sur l'idée de durée, de répétition ou d'effort.
Βούλομαι διαφυγεῖν (inf. aoriste). *Je veux m'échapper.*

## Vocabulaire à retenir

ὁ **ἀθλητής, οῦ** : *l'athlète*
τὸ **γυμνάσιον, ου** : *le gymnase*
**γυμνός, ή, όν** : *nu, légèrement vêtu*
ὁ **δρόμος, ου** : *la course, la piste de course*

τὸ **παγκράτιον, ου** : *le pancrace*
ἡ **παλαίστρα, ας** : *la palestre*
**παλαίω** : *lutter*
ἡ **πάλη, ης** : *la lutte*
τὸ **πένταθλον, ου** : *le pentathlon*
**περιπατέω-ῶ** : *se promener*

ὁ **περίπατος, ου** : *la promenade, le lieu de promenade*
ἡ **πυγμή, ῆς** : *la boxe*
τὸ **στάδιον, ου** : *le stade, la course à pied d'un stade*
**τρέχω** (aor. ἔδραμον) : *courir*

## Identifier et manipuler

**1** **Identifiez les temps et voix de ces infinitifs.**

**1.** λύσειν, λύειν, λῦσαι, λυθῆναι, λυθήσεσθαι, λύσασθαι, λύεσθαι, λύσεσθαι

**2.** λείπειν, λιπεῖν, λείπεσθαι, λίπεσθαι

**3.** τιμῆσαι, τιμήσειν, τιμᾶν, τιμᾶσθαι, τιμήσεσθαι, τιμήσασθαι

**2** **Donnez le futur actif et moyen des verbes suivants.**

**1.** παύω : *calmer, faire cesser*
**2.** τολμάω-ῶ : *oser*
**3.** δουλόω-ῶ : *asservir*
**4.** πέμπω : *envoyer*
**5.** ἱδρύω : *fonder, installer*
**6.** ἀγαπάω-ῶ : *aimer*
**7.** δειπνέω-ῶ : *dîner*
**8.** γράφω : *écrire*

## Traduire

**3** **Version**

**a)** Traduisez en utilisant le lexique.

*L'orateur Lysias plaide contre l'un des Trente Tyrans, responsables de son arrestation et de la mort de son frère* → p. 61 et 105.

**1.** Πειράσομαι ὑμᾶς δι' ἐλαχιστῶν διδάξαι.
**2.** Ἐγὼ δὲ Πείσωνα ἠρώτων εἰ βούλεταί[1] με σῶσαι χρήματα λαβών,
καὶ εἶπον δώσειν τάλαντον ἀργυρίου.
**3.** Ὤμοσε, λαβὼν τὸ τάλαντον, με σώσειν.

■ D'après Lysias (458-380 av. J.-C.), *Contre Ératosthène*, ch. 1, 8 et 9.

**b)** Soulignez tous les infinitifs. Indiquez leur temps et le verbe dont ils dépendent ; expliquez l'emploi du temps.
**c)** Relevez le participe λαβών dans les deux dernières phrases ; par quelle subordonnée pourriez-vous le traduire ?

1. Pour le temps employé dans le discours indirect → p. 112.

### Vocabulaire pour la version

**1.** πειράομαι-ῶμαι : *essayer*
ὑμᾶς (acc. de ὑμεῖς) : *vous*
δι' ἐλαχιστῶν : *le plus brièvement possible*
διδάσκω (aor. ἐδίδαξα) : *enseigner, renseigner*
**2.** ἐρωτάω-ῶ + acc. : *demander à*
ὁ Πείσων, ωνος : *Pison*
σῴζω (futur σώσω, aor. ἔσωσα) : *sauver*
λαμβάνω (aor. ἔλαβον) : *prendre, recevoir*
δώσω (futur de δίδωμι) : *donner*
τάλαντον ἀργυρίου : *un talent d'argent*
**3.** ὤμοσα (aor. de ὄμνυμι) : *jurer*

**4** **Thème**
Traduisez en grec.

**1.** Je dis que les athlètes se promèneront dans le gymnase.
**2.** Il disait que les athlètes ne s'étaient pas promenés.
**3.** J'ordonne (j'invite à) que les athlètes ne se promènent pas.

## Étymologie

• À partir du **Vocabulaire à retenir**

**5** Retrouvez la composition des mots **πένταθλον**, *pentathlon* et **παγκράτιον**, *pancrace* (un sport proche à la fois de la lutte et de la boxe où tous les coups étaient permis, sauf mordre et mettre les doigts dans les yeux et dans le nez de l'adversaire !).

**6** a) Le radical de δρόμος, *la course* et de ἔδραμον (aor. de τρέχω, *courir*) se retrouve dans plusieurs mots français. Citez-en quelques-uns.
b) Qu'est-ce qu'un palindrome ?

**7** Les disciples d'Aristote s'appelaient les « péripatéticiens » ; expliquez ce nom à partir du verbe περιπατέω-ῶ.

**8** a) Γυμνός, ή, όν signifie *nu*. Ce mot a donné *gymnastique* en français. Pourquoi, selon vous ?
b) Pourquoi, selon vous, les Grecs ont-ils appelé les sages indiens des « gymnosophistes » ?

Aristote enseignant, miniature d'un manuscrit turc d'Al-Mubashir (XIIIᵉ s.), encre, crayon et gouache sur papier (Istanbul, palais de Topkapi).

# Les jeux Olympiques

## Doc. 1  *Le sanctuaire d'Olympie*

Intérieur du temple de Zeus à Olympie, gravure coloriée du XIXᵉ s. (collection privée).

Selon la tradition, les jeux Olympiques furent fondés en 776 avant J.-C. Chaque année, c'était un moment solennel : les hérauts parcouraient les villes grecques pour en annoncer la date ; toutes les hostilités s'interrompaient pendant les jeux et le sanctuaire de Zeus à Olympie recevait de nombreuses offrandes.

Une foule d'offrandes sont venues de la Grèce entière orner le sanctuaire ; il y avait notamment parmi elles le Zeus en or martelé dédié par le tyran de Corinthe, Kypsélos ; mais la plus considérable de toutes a été la statue de Zeus, due au talent de l'Athénien Phidias[1], fils de Charmide ; elle est en ivoire et d'une taille si colossale que, malgré les dimensions considérables du temple, l'artiste paraît n'avoir pas respecté les justes proportions ; il a représenté le dieu assis, touchant presque le sommet du toit, il donne ainsi l'impression que, s'il se dressait de toute sa taille, il soulèverait le toit de l'édifice.

■ Strabon (58 avant J.-C. env.-21 après J.-C.), *Géographie*, VIII, 30, 3, trad. R. Baladié, © Les Belles Lettres (1978).

1. Elle était considérée comme l'une des sept merveilles du monde.

● **En quelle année les jeux Olympiques antiques furent-ils fondés ?**

● **En quoi était-ce un moment solennel ?**

● **Quelles sont, d'après le texte de Strabon, les particularités de la statue de Zeus réalisée par Phidias ?**

## Doc. 2  *L'organisation des jeux Olympiques*

Les épreuves olympiques étaient exclusivement athlétiques : course de char, course à pied, boxe, lutte, etc. Mais il existait des centaines d'autres concours à travers le reste du monde grec, dont trois (à Delphes, à Némée et sur l'isthme de Corinthe) étaient presque aussi prestigieux qu'Olympie et attiraient des concurrents venus de toutes les cités grecques ; ces autres concours comportaient souvent des épreuves « musicales » : chant et musique, théâtre ; la consécration d'un musicien était d'avoir été proclamé vainqueur à un des grands concours internationaux ; à chaque épreuve, il y avait (sauf match nul) un vainqueur et un seul ; on était premier ou rien.

■ Paul Veyne, « Pourquoi Olympie », *Enquête*, Varia, 1993, site : http://enquete.revues.org/document168.html.

● **Olympie était-il le seul lieu de concours sportifs antiques ?**

● **Les jeux antiques comportaient-ils seulement des épreuves athlétiques ?**

● **D'après ces vignettes de bande dessinée, qui étaient exclus des jeux Olympiques antiques ?**

## Doc. 3  *Des jeux discriminatoires*

Vignettes extraites d'*Astérix aux Jeux Olympiques* : http://www.asterix.com © 2013 Les éditions Albert René / Goscinny-Uderzo.

## Doc. 4 · *La renaissance des jeux Olympiques*

Athènes, 1896 : départ de la finale du 100 m, lithographie en couleur d'après une photographie (collection privée).

Après 1 500 ans d'interruption, le Français Pierre de Coubertin réinstitue les jeux Olympiques en 1896 dans le stade olympique d'Athènes. C'est lors de ces jeux que fut organisée la première course du marathon. Plus tard, aux jeux de Berlin de 1936, on introduisit l'idée d'allumer la flamme dans le sanctuaire d'Olympie et de l'amener jusqu'à la ville organisatrice.

● D'après les dates indiquées ci-dessus, à quel moment avait-on cessé de célébrer les jeux Olympiques ?

● Dans quelle ville les premiers jeux modernes se sont-ils déroulés?

● Identifiez le futur vainqueur (l'Américain Thomas Burke) : il est le seul à partir en posant les deux mains à terre.

## Doc. 5 · *L'olympisme moderne*

Jean Baptiste Alaize, aux jeux Paralympiques de Londres, en 2012.

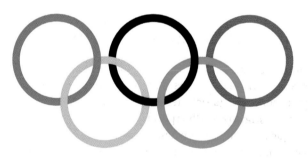

Les cinq anneaux entrelacés expriment l'activité du Mouvement olympique et représentent l'union des cinq continents et la rencontre des athlètes du monde entier aux jeux Olympiques.

● Quelles innovations ces deux images des jeux Olympiques modernes évoquent-elles ?

Séance **TICE** @

Faites des recherches sur le déroulement des jeux Olympiques antiques. Réalisez, par exemple, un dossier qui présentera le calendrier journalier des différentes épreuves et cérémonies. Vous pourrez essayer d'illustrer chacune des épreuves par une image dont vous prendrez soin d'indiquer la source.

# La paix et la guerre

## La cité en fête

*Le jeune Abrocomès est très beau mais ne croit pas à l'amour. À l'occasion de la fête d'Artémis, à Éphèse, il va rencontrer Anthia, une jeune fille dont la beauté égale la sienne...*

Ἔδει δὲ πομπεύειν **πάσας** τὰς ἐπιχωρίους παρθένους κεκοσμημένας πολυτελῶς καὶ τοὺς ἐφήβους, ὅσοι τὴν αὐτὴν ἡλικίαν εἶχον τῷ Ἀβροκόμῃ. [...] Πολὺ δὲ πλῆθος ἐπὶ τὴν θέαν,

5 πολὺ μὲν ἐγχώριον, πολὺ δὲ ξενικόν· καὶ γὰρ ἔθος ἦν **ἐκείνῃ** τῇ πανηγύρει καὶ νυμφίους ταῖς παρθένοις εὑρίσκεσθαι καὶ γυναῖκας τοῖς ἐφήβοις. Παρῇσαν δὲ κατὰ στίχον οἱ πομπεύοντες· πρῶτα μὲν τὰ ἱερὰ καὶ δᾷδες

10 καὶ κανᾶ καὶ θυμιάματα· ἐπὶ **τούτοις** ἵπποι καὶ κύνες καὶ σκεύη κυνηγετικὰ [...]. Ἦρχε δὲ τῆς τῶν παρθένων τάξεως Ἀνθία.

■ Xénophon d'Éphèse (fin du IIe s. après J.-C.), *Les Éphésiaques*, I, 2, trad. D. Jouanna et D. Kaszubowski.

*ainsi que tous les jeunes gens qui avaient l'âge d'Abrocomès. [...] Une foule nombreuse assistait au spectacle, nombreux étaient ceux qui venaient du pays, mais nombreux aussi étaient ceux qui venaient de l'étranger. En effet, la coutume voulait que, à l'occasion de cette fête solennelle, on trouve des fiancés aux jeunes filles et des épouses aux jeunes gens. Les participants à la procession avançaient en rangs : d'abord les objets sacrés, les torches, les corbeilles, les encensoirs ; derrière eux, les chevaux, les chiens et tout ce qui sert à la chasse [...]. En tête des rangs des jeunes filles venait Anthia.*

## Comprendre le texte

**1** Traduisez le passage surligné en bleu.

**2** Relevez tous les éléments qui donnent de l'importance à cette procession.

**3** En plus de la célébration de la divinité, quel est l'objectif de la cérémonie, d'après les lignes 5-8 ?

---

**Aide à la traduction**

πομπεύω : *participer à la procession*

πᾶς, παντός ; πᾶσα, πάσης ; πᾶν, παντός : *tout, chaque* (plur. : *tous*)

ἐπιχώριος, ος, ον : *du pays*

ἡ παρθένος, ου : *la jeune fille*

κεκοσμημένος, η, ον (part. parfait passif de κοσμέω-ῶ) : *parer, orner*

πολυτελῶς : *somptueusement*

---

## Observer la langue

Observez les pronoms-adjectifs en bleu dans le texte.

**1** **πάσας** (l. 1) est une forme de pronom-adjectif indéfini : précisez son genre et son cas en vous appuyant sur l'article qui le suit.

**2** **ἐκείνη** (l. 6) et **τούτοις** (l. 10) sont des pronoms-adjectifs démonstratifs : précisez leur genre et leur cas.

Choros de jeunes filles, métope avec bas-relief (510-500 avant J.-C.), sculpture en grès provenant du sanctuaire d'Héra à Paestum, 85 x 71,6 cm (Paestum, Musée archéologique national).

QUARTIER DU CÉRAMIQUE

Voie sacrée

Mur d'Athènes

Portes du Dipylon

Voie des Panathénées

Temple d'Héphaïstos

AGORA

Aréopage

ACROPOLE

Colline des Nymphes

PNYX

Parthénon

Théâtre de Dionysos

Colline des Muses

Longs Murs

NORD

Direction de la procession des Panathénées

250 m

La procession partait des portes du Dipylon, traversait le Céramique, l'Agora, arrivait à l'Acropole par les Propylées, longeait le Parthénon pour arriver sur le côté est du temple devant le grand autel d'Athéna. Ce trajet lui permettait de traverser les points les plus importants de la cité, lieu de la vie politique (Agora) ou cimetière (Céramique). La *pompè*[1] rassemblait des citoyens : des hommes jeunes sous les traits d'hoplites et de cavaliers, des hommes âgés, et des filles de citoyens [...], des métèques, leurs fils portant des plateaux d'offrandes et leurs filles portant des jarres d'eau, et peut-être des habitants non libres de la cité. Il y avait également des étrangers : les Grecs des cités alliées, et du bétail conduit pour le sacrifice.

■ Louise Bruit Zaidman et Pauline Schmitt Pantel, *La Religion grecque*, © Armand Colin (1991).

1. Procession.

---

Parmi les festivités du premier jour, la plus importante était le *proagon*, introduction du concours théâtral. Le lendemain, un immense cortège en tête duquel marchaient l'archonte éponyme, les premiers magistrats, les prêtres, suivis par mille jeunes cavaliers, les canéphores, jeunes filles portant des offrandes dans des corbeilles, les choreutes, les taureaux destinés au sacrifice, se rendaient en procession (*pompè*) au temple de Dionysos pour y chercher la statue du dieu. La journée se passait en sacrifices et en banquets, et le cortège, la nuit venue, ramenait à la lueur des flambeaux la statue dans le théâtre. Le jour suivant était consacré au concours de dithyrambe et les trois derniers jours aux représentations dramatiques.

■ Guy Rachet, *La Tragédie grecque*, © Payot (1973).

## Prolonger la lecture

**1** **Doc. 1 et 2.** Quelles ressemblances et quelles différences voyez-vous entre les deux processions ? Comparez les divinités honorées, les participants, les offrandes et l'objectif de chaque procession.

**2** **Doc. 3.** Quels sont, d'après ce texte, les moments successifs de la fête ? Montrez que la fête de Dicéopolis reproduit, à son échelle, ce qui se passe lors des Grandes Dionysies.

---

*Aristophane met en scène un paysan athénien, Dicéopolis, qui, las de la guerre avec Sparte... a conclu une paix séparée avec l'ennemi ! Il fête joyeusement en famille la paix revenue dans son petit enclos.*

Ô Dionysos, ô maître, puisse t'être agréable cette procession que je conduis et le sacrifice que je t'offre avec toute ma maison ; accorde-moi de célébrer heureusement les Dionysies des champs, débarrassé du service militaire, et que la trêve me porte bonheur, celle que j'ai conclue pour trente ans. Allons, ma fille, fais en sorte de porter la corbeille, comme tu es, gentiment, les yeux baissés. [...] (Chanté :) *Phalès, compagnon de Bacchos, joyeux convive, [...] au bout de cinq ans je puis enfin te saluer, de retour à mon village, la joie au cœur, après avoir conclu une trêve pour moi seul, délivré des tracas, des combats et des Lamachos*[1].

■ Aristophane (env. 445-385 avant J.-C.), *Les Acharniens*, v. 247-270, trad. H. Van Daele, © Les Belles Lettres (1934).

---

1. Lamachos est un général qui défend le point de vue des militaires, adversaire de Dicéopolis.

Séance TICE   @

**Le calendrier grec était rythmé par les fêtes. Faites des recherches sur l'une de votre choix : Thesmophories, Apatouries, Lénéennes, Anthestéries, Plyntéries...**

## GRAMMAIRE Les pronoms-adjectifs démonstratifs

- **ὅδε**, *celui-ci, ce*, comme *hic* en latin, désigne un objet ou une personne rapprochée, qu'on peut montrer. Ce démonstratif, facile à décliner → p. 175, est composé de l'article suivi de la particule δε.
ὅδε ἄνθρωπος : *cet homme-ci.*

- **οὗτος**, *celui-ci, ce*, comme *iste*, est le démonstratif le plus employé, souvent avec une nuance péjorative (*cet individu*).

- **ἐκεῖνος**, *celui-là, ce*, comme *ille*, désigne un objet ou une personne éloignée, dans le temps ou dans l'espace, souvent avec une nuance élogieuse (*ce grand homme*) (modèles : 1re et 2e déclinaisons) → p. 176.

| | Singulier | | | Pluriel | | |
|---|---|---|---|---|---|---|
| | **Masculin** | **Féminin** | **Neutre** | **Masculin** | **Féminin** | **Neutre** |
| Nom. | **οὗτ-ος** | **αὕτ-η** | **τοῦτ-ο** | **οὗτ-οι** | **αὗτ-αι** | **ταῦτ-α** |
| Acc. | **τοῦτ-ον** | **ταύτ-ην** | **τοῦτ-ο** | **τούτ-ους** | **ταύτ-ας** | **ταῦτ-α** |
| Gén. | **τούτ-ου** | **ταύτ-ης** | **τούτ-ου** | **τούτ-ων** | **τούτ-ων** | **τούτ-ων** |
| Dat. | **τούτ-ῳ** | **ταύτ-ῃ** | **τούτ-ῳ** | **τούτ-οις** | **ταύτ-αις** | **τούτ-οις** |

- Les pronoms-adjectifs démonstratifs peuvent être employés seuls ou accompagnés d'un nom. Ils se placent alors avant l'article ou après le nom.
On peut ainsi trouver : ἐκεῖνοι οἱ ἄνδρες ou οἱ ἄνδρες ἐκεῖνοι, *ces grands hommes.*

### D'autres pronoms-adjectifs importants

- **πᾶς, πᾶσα, πᾶν** : *tout, chaque* → p. 176 s'emploie comme les démonstratifs.
πάντες οἱ ἄνθρωποι ou οἱ ἄνθρωποι πάντες : *tous les hommes*
Employé sans article, il signifie *chaque* : πᾶς ἄνθρωπος, *chaque homme.*

- **τις, τινος** (masc. et fém.), **τι** (neutre), pronom-adjectif indéfini, signifie *un, quelque, quelqu'un.*
τις est un « enclitique » : n'ayant pas d'accent, il se place toujours après le nom, qui est employé sans article : δοῦλός τις, *un esclave.*

- Si τις porte un accent (**τίς**), c'est un pronom-adjectif **interrogatif**.
τίς δοῦλος : *quel esclave ?*

### Vocabulaire à retenir

ἡ ἑορτή, ῆς : *la fête*

ὀρχέομαι-οῦμαι : *danser*

ἡ παρθένος, ου : *la jeune fille*

πᾶς, πᾶσα, πᾶν : *tout, chaque*

ἡ πομπή, ῆς : *la procession*

ὁ στέφανος, ου : *la couronne*

ὁ χορός, οῦ : *le chœur (de danse), le chant du chœur*

ἡ ᾠδή, ῆς : *le chant*

# EXERCICES

## Identifier et manipuler

**1** À quels cas, genre et nombre sont ces pronoms-adjectifs ? (Il y a plusieurs possibilités pour certains !)

1. ταύτας
2. τούτου
3. τούτων
4. πάσας
5. πᾶσι

6. πάντα
7. τινες
8. τινα
9. τισι
10. τάδε

**2** Accordez les adjectifs (démonstratifs ou indéfinis), puis associez chaque groupe nominal à sa traduction.

1. (ἐκεῖνος) ἡ ᾠδή
2. (οὗτος) ἡ ἑορτή
3. (πᾶς) αἱ παρθένοι
4. χοροί (τις)
5. (ὅδε) οἱ στέφανοι

a. *toutes les jeunes filles*
b. *quelques chœurs*
c. *ce beau chant*
d. *ces couronnes-ci*
e. *cette vulgaire fête*

## Traduire

**3** Version

Traduisez les phrases suivantes en français.

1. Πᾶς ἄνθρωπος τοὺς θεοὺς θεραπεύει.
2. Ὅδε ὁ δεσπότης εἶδε δοῦλόν τινα κλέπτοντα οἶνον.
3. Οὗτοι οὐ φιλοῦσιν ἐκεῖνον τὸν ἄνθρωπον.
4. Οὐ δεῖ λέγειν τὴν ἀλήθειαν πᾶσι τοῖς ἀνθρώποις οὔτε (*ni*) ἐν παντὶ πράγματι.

**4** Thème

Traduisez les phrases suivantes en grec.

1. Que dit cet homme ? (*Utilisez le pronom interrogatif* τίς *au neutre.*)
2. Tous écoutent cet homme.
3. C'est (ceci est) un beau discours.

Jacques Louis David (1748-1825), *La Mort de Socrate* (1787), huile sur toile, 1,29 x 1,96 m (New York, Metropolitan Museum of Art).

**5** Version : la métamorphose de Rhodopis
a) Traduisez le texte, puis relevez les démonstratifs et les indéfinis.
b) Que signifie le nom de Rhodopis (τὸ ῥόδον, ου : *la rose* et racine *οπ : la vue, l'apparence*) ?

*Rhodopis est une belle jeune fille qui accompagne souvent Artémis à la chasse ; mais elle déteste les hommes et refuse l'amour. Aphrodite s'indigne de ce mépris et charge son fils Éros de la venger.*

1. Οὗτος δ' ἄγει τὴν παρθένον, ὅτε κυνηγετεῖ, εἰς ἄντρον τι,
2. καὶ ἄγει εἰς τόδε τὸ ἄντρον καλόν τινα νεανίσκον· τὸ ἐκείνου ὄνομα ἦν Εὐθύνισκος.
3. Ἐνταῦθα δ' ὁ Ἔρως ἐντείνει τὸ τόξον ἐπὶ τούτους,
4. καὶ ἡ Ῥοδῶπις ἐπιλανθάνεται τῆς τῶν ἀνδρῶν ἔχθρας.
5. Ἡ μὲν Ἀφροδίτη γελᾷ, ἡ δ' Ἄρτεμις ἀγανακτεῖ,
6. καὶ ἐκείνη εἰς ὕδωρ λύει τὴν κόρην.

■ D'après Isocrate, *Sur l'échange*.

---

**Vocabulaire pour la version**

1. ὅτε : *quand*
κυνηγετέω-ῶ : *chasser*
τὸ ἄντρον, ου : *la grotte*
2. ὁ νεανίσκος, ου : *le jeune homme*
τὸ ὄνομα, ατος : *le nom*
3. ἐνταῦθα : *là*
ἐντείνω : *tendre* (ἐπί + acc. : *contre*)
τὸ τόξον, ου : *l'arc*

4. ἐπιλανθάνομαι + gén. : *oublier*
ἡ ἔχθρα, ας : *la haine*
ὁ ἀνήρ, ἀνδρός : *l'homme* → déclinaison p. 173
5. γελάω-ῶ : *rire*
ἀγανακτέω-ῶ : *s'irriter*
6. εἰς ὕδωρ λύει : *transforme en eau*
ἡ κόρη, ης : *la jeune fille*

## Étymologie

• **Les mots du texte (p. 120) et leurs dérivés**

**6** Cherchez des mots français hérités du mot πομπή et donnez leur sens. Expliquez le sens de l'expression *en grande pompe*.

**7** Le mot τὰ κανᾶ (l. 10) désigne les corbeilles. Des jeunes filles, lors des processions sacrées, étaient qualifiées de *canéphores* (κανηφόροι). Que signifie ce mot où vous retrouvez le radical du verbe φέρω, *porter* ?

**8** Dans quel domaine la *chorégraphie*, mot hérité du grec χορός, s'est-elle spécialisée ? Précisez le sens du mot, en songeant au verbe grec qui compose la deuxième partie de ce mot.

# La cité en guerre

*Les Thébains (alliés de Sparte) ont envahi sans préavis, en pleine nuit, la ville de Platées (alliée d'Athènes). Ils croient leur occupation acceptée mais les Platéens, au petit matin, passent à l'attaque et les envahisseurs se retrouvent bientôt dans une situation difficile.*

Οἱ δὲ Πλαταιῆς [...] αὐτὸ τὸ περίορθρον ἐχώρουν ἐκ τῶν οἰκιῶν ἐπ' **αὐτούς**. [...] Οἱ δ' ὡς ἔγνωσαν ἠπατημένοι, ξυνεστρέφοντό τε ἐν σφίσιν **αὐτοῖς** καὶ τὰς προσβολὰς ᾗ
5 προσπίπτοιεν ἀπεωθοῦντο. Καὶ δὶς μὲν ἢ τρὶς ἀπεκρούσαντο, ἔπειτα πολλῷ θορύβῳ **αὐτῶν** τε προσβαλλόντων καὶ τῶν γυναικῶν καὶ τῶν οἰκετῶν ἅμα ἀπὸ τῶν οἰκιῶν κραυγῇ τε καὶ ὀλολυγῇ χρωμένων λίθοις τε καὶ κεράμῳ
10 βαλλόντων, καὶ ὑετοῦ ἅμα διὰ νυκτὸς πολλοῦ ἐπιγενομένου, ἐφοβήθησαν καὶ τραπόμενοι ἔφευγον διὰ τῆς πόλεως, ἄπειροι μὲν ὄντες οἱ πλείους ἐν σκότῳ καὶ πηλῷ τῶν διόδων ᾗ χρὴ σωθῆναι (καὶ γὰρ τελευτῶντος τοῦ μηνὸς
15 τὰ γιγνόμενα ἦν), ἐμπείρους δ' ἔχοντες τοὺς διώκοντας τοῦ μὴ ἐκφεύγειν, ὥστε διεφθείροντο οἱ πολλοί.

■ Thucydide (460-399 avant J.-C.), *La Guerre du Péloponnèse*, II, IV, 1-2, trad. J. de Romilly, © Les Belles Lettres (1962).

*Les Platéens [...], juste avant l'aube, sortirent des maisons et marchèrent contre l'ennemi. [...] Les autres[1], comprenant qu'on les avait joués, se regroupaient en formation serrée pour repousser les attaques là où elles s'abattaient sur eux.* 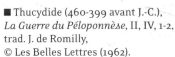 *, comme bientôt, dans un tumulte terrible, l'ennemi les attaquait, soutenu par les femmes et les esclaves, qui, depuis les maisons, poussaient des cris et des hurlements, tout en leur jetant des pierres et des tuiles, et qu'avec cela il s'était mis à tomber une forte pluie pendant toute la nuit, _____, manquant eux-mêmes, en général, dans l'obscurité et la boue, de toute expérience des chemins pour trouver leur salut (l'affaire se plaçait à la fin du mois) et poursuivis par des gens qui n'en manquaient pas pour les empêcher d'échapper, si bien qu'ils périrent pour la plupart.*

1. Les Thébains.

### Aide à la traduction

δίς : *deux fois*

τρίς : *trois fois*

ἀποκρούομαι : *repousser (un assaillant)*

φοβέομαι-οῦμαι : *avoir peur, craindre*

τρέπομαι (aor. ἐτραπόμην) : *se tourner, faire demi-tour*

διά + gén. : *à travers*

Combat d'hoplites, détail de l'Olpe Chigi, cruche polychrome en argile (640-630 avant J.-C.), h 0,26 m (Rome, Musée étrusque de la villa Julia).

## Comprendre le texte

❶ Traduisez les passages surlignés en bleu.

❷ Précisez la position des divers participants à la bataille.

❸ Quels sont les éléments qui contribuent à la panique des Thébains ?

## Observer la langue

❶ Relevez tous les emplois du mot αὐτός dans le texte.

❷ αὐτός pouvant avoir plusieurs sens, notez s'il est employé seul ou s'il accompagne un nom ; dans ce cas, notez s'il est enclavé ou non entre l'article et le nom.

## Doc. 1 — La guerre au temps d'Homère

*Les Grecs et les Troyens s'affrontent devant Troie.*

Ainsi, sur la rive sonore, la houle de la mer, en vagues pressées, bondit au branle de Zéphyr [...]. Tels les bataillons danaens, en vagues pressées, sans trêve, s'ébranlent vers le combat. Chacun des chefs encourage sa troupe, et celle-ci marche en silence. On ne croirait jamais qu'ils aient derrière eux une aussi grande armée, avec une voix dans chaque poitrine. Ils vont muets, dociles à des chefs redoutés. Sur tous étincellent les armes scintillantes qu'ils ont revêtues pour entrer en ligne. Les Troyens au contraire ressemblent aux brebis que l'on voit, innombrables, dans l'enclos d'un homme opulent, quand on trait leur lait blanc et que sans répit elles bêlent à l'appel de leurs agneaux. Pareille est la clameur qui monte de la vaste armée des Troyens.

■ Homère (VIIIe s. avant J.-C.), *Iliade*, IV, v. 422-436, trad. P. Mazon, © Les Belles Lettres (1937).

## Doc. 2 — La guerre à l'époque classique

L'hoplite (ὁ ὁπλίτης) est le soldat armé d'armes défensives lourdes (τὰ ὅπλα). L'armée hoplitique est soudée et forme une phalange : un grand nombre de soldats combattent de manière solidaire ; les soldats marchent en rangs serrés et se protègent mutuellement de leur bouclier.

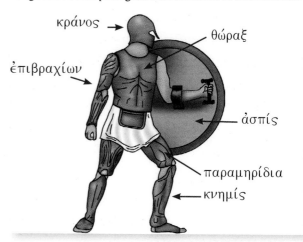

κράνος → · θώραξ · ἐπιβραχίων → · ἀσπίς · παραμηρίδια · κνημίς

## Doc. 3 — La guerre à l'époque hellénistique

Démétrios Poliorcète (« l'assiégeur de villes ») était fils d'Antigone le borgne, l'un des héritiers d'Alexandre devenu roi de Macédoine. Il se rendit célèbre par les machines de guerre qu'il utilisait lors du siège des villes. Voici une *hélépole* ou tour d'assaut.

## Prolonger la lecture

**1** **Doc. 1. a)** Quelles différences voyez-vous entre les deux armées ?
**b)** En pensant au genre littéraire dans lequel s'inscrit l'*Iliade* d'Homère, comment qualifieriez-vous ce genre de bataille ? Relevez des éléments qui caractérisent ce genre.

**2** **Doc. 2.** Associez à chaque mot grec la traduction correspondante : *bouclier, casque, cuissarde, cuirasse, protège-bras, jambières.*

**3** **Doc. 3.** D'après cette reconstitution, quels sont les trois moyens utilisés pour l'attaque et la prise de la ville par dessus, à travers ou sous les remparts ?

Séance **TICE** @

**Faites des recherches sur la trière grecque et sur son utilisation dans les batailles navales. Vous pouvez prendre l'exemple de la bataille de Salamine (480 avant J.-C.).**

## GRAMMAIRE Les pronoms personnels des 1<sup>res</sup> et 2<sup>es</sup> personnes

• **Les pronoms personnels**, en grec, renvoient à une personne autre que le sujet de la phrase.

*Il me voit :* ἐκεῖνός **με** ὁρᾷ.

• Employés au **nominatif**, ils servent à insister.

*Moi, je vois :* **ἐγώ** ὁρῶ.

| | 1<sup>re</sup> personne | | 2<sup>e</sup> personne | |
|---|---|---|---|---|
| | **Singulier** (*je*) | **Pluriel** (*nous*) | **Singulier** (*tu*) | **Pluriel** (*vous*) |
| Nom. | ἐγώ | ἡμεῖς | σύ | ὑμεῖς |
| Voc. | — | — | σύ | ὑμεῖς |
| Acc. | ἐμέ ou με | ἡμᾶς | σέ ou σε | ὑμᾶς |
| Gén. | ἐμοῦ ou μου | ἡμῶν | σοῦ ou σου | ὑμῶν |
| Dat. | ἐμοί ou μοι | ἡμῖν | σοί ou σοι | ὑμῖν |

### Les pronoms personnels de la 3<sup>e</sup> personne

• **Le nominatif n'existe pas** : on utilise un démonstratif.

*Il me voit :* **ἐκεῖνός** με ὁρᾷ.

• À partir de l'accusatif, c'est le pronom personnel de la 3<sup>e</sup> personne dit « de rappel ».

**Αὐτὸν** ὁρῶ. *Je le vois.*

| | Pronom non-réfléchi | |
|---|---|---|
| | **Singulier** (*il*) | **Pluriel** (*ils*) |
| Acc. | αὐτόν, ήν, ό | αὐτούς, άς, ά |
| Gén. | αὐτοῦ, ῆς, οῦ | αὐτῶν |
| Dat. | αὐτῷ, ῇ, ῷ | αὐτοῖς, αἶς, οἶς |

### Les adjectifs possessifs

• Pour les **1<sup>res</sup> et 2<sup>es</sup> personnes du singulier et du pluriel**, il existe un adjectif possessif, enclavé entre l'article et le nom.

ἐμός, ή, όν (*mon*) ; ἡμέτερος, α, ον (*notre*)
σός, σή, σόν (*ton*) ; ὑμέτερος, α, ον (*votre*)

Ὁρᾷς τὴν ἐμὴν οἰκίαν. *Tu vois ma maison.*

• Pour les **3<sup>es</sup> personnes**, il n'existe pas d'adjectif ; on utilise le génitif du pronom personnel « non enclavé ».

Ὁρῶ τὴν λύραν **αὐτοῦ**. *Je vois sa lyre* (*la lyre de lui*).

---

## Vocabulaire à retenir

| | |
|---|---|
| **ἀποθνήσκω** : *mourir* | **ἡ μάχη, ης** : *le combat* |
| **διαφθείρω** : *détruire* | **μάχομαι** : *combattre* |
| **διώκω** : *poursuivre* | **πολεμέω-ῶ** : *faire la guerre* |
| **ἐκφεύγω** : *s'échapper* | **ὁ πόλεμος, ου** : *la guerre* |
| **κτείνω, ἀποκτείνω** : *tuer* | **τὸ τεῖχος, ους** : *le rempart* |

## Identifier et manipuler

**①** À quelle personne et à quel cas sont les pronoms suivants ?

1. αὐτοῦ
2. μοι
3. αὐτῶν
4. ἡμᾶς
5. ἐμέ
6. ὑμῖν
7. σου
8. ἡμεῖς

**②** Choisissez le bon pronom pour chaque phrase : **αὐτούς ; ἡμῖν ; σε ; ὑμᾶς**.

1. ......... ἀποκτείνει : *il les tue*
2. ......... μάχεται : *il vous combat*
3. ......... ὁρῶ : *je te vois*
4. ......... λέγει : *il nous dit*

## Traduire

### 🔍 LE PRONOM RÉFLÉCHI

- Les **pronoms réfléchis** renvoient au sujet de la phrase ; ils n'existent donc pas au nominatif.
*Je **me** vois* : ἐμαυτὸν ὁρῶ.

1ʳᵉ personne : sing. **ἐμαυτόν, ήν** ;
      plur. **ἡμᾶς αὐτούς, άς**
2ᵉ personne : sing. **σεαυτόν, ήν** ;
      plur. **ὑμᾶς αὐτούς, άς**
3ᵉ personne : sing. **ἑαυτόν, ήν** (ou **αὐτόν, ήν**) ;
      plur. **ἑαυτούς, άς** (ou **αὐτούς, άς**)

- **Enclavé entre l'article et le nom**, il exprime la possession.
Ὁρᾷ τὴν **ἑαυτοῦ** λύραν : *il voit **sa** lyre (**la sienne propre**)*.

**③** Traduisez. Vous montrerez que le grec est parfois plus précis que le français !

1. Οἱ Πλαταιῆς διαφθείρουσι τὸ τεῖχος αὐτῶν.
2. Οἱ Θηβαῖοι διαφθείρουσι τὸ ἑαυτῶν τεῖχος. 🔍
3. Οἱ Πλαταιῆς αὐτοὺς ἀποκτείνουσιν.
4. Ἐγὼ θαυμάζω τὴν μάχην σου.
5. Ἐκεῖνος θαυμάζει τὴν ἑαυτοῦ μάχην. 🔍

**④ Thème**
Traduisez, à propos de l'image ci-contre.

1. Tu le vois (ὁράω-ῶ).
3. Moi, j'admire (θαυμάζω) sa lyre.
2. Il a (ἔχω) sa lyre (ἡ λύρα, ας). 🔍
4. Il ne nous parle pas mais il chante (ᾄδω).

---

### L'EXPRESSION γνῶθι σεαυτόν

Cette inscription, « Connais-toi toi-même », gravée à l'entrée du temple de Delphes, rappelait à chacun de prendre la mesure de ses limites humaines et d'utiliser ses propres capacités pour répondre à ses interrogations. Socrate en fit sa devise.

**⑤ Version : il ne fait pas bon être riche aujourd'hui !**
Traduisez le texte suivant.

Ὅτε ἐγὼ παῖς ἦν, τὸ πλουτεῖν ἐνομίζετο ἀσφαλὲς καὶ σεμνόν·
νῦν δέ, πολὺ δεινότερόν[1] ἐστι τὸ δοκεῖν εὐπορεῖν ἢ τὸ φανερῶς ἀδικεῖν.

■ D'après Isocrate, *Sur l'échange*.

1. Sur le comparatif → p. 106.

---

**Vocabulaire pour la version**

πλουτέω-ῶ : *être riche*
ἀσφαλής, ής, ές : *sûr*
σεμνός, ή, όν : *respectable, sacré*
νῦν : *maintenant*
πολύ : *beaucoup*

δεινός, ή, όν : *terrible, effrayant*
εὐπορέω-ῶ : *vivre dans l'aisance*
ἀδικέω-ῶ : *être coupable*
φανερῶς : *visiblement*

## Étymologie

**⑥** Quels mots ὁ λίθος, ου, *la pierre* (l. 9 → p. 124) et ὁ κέραμος, ου, *la terre de potiers, le vase, la tuile* (l. 9) ont-ils donnés en français ? Attention à l'orthographe des mots dérivés de λίθος.

**⑦** Quel mot français est dérivé de ὁ πόλεμος, *la guerre* ? Donnez son sens.

**⑧** Sachant que ἡ μάχη, ης signifie *le combat*, expliquez la composition et le sens du mot *tauromachie*.

Jeune homme au banquet jouant de la lyre, coupe à figures rouges (vers 500 avant J.-C.) (Paris, musée du Louvre).

# La frise des Panathénées

Réalisée par le sculpteur Phidias, la frise ionique en marbre des Panathénées est l'un des éléments les plus célèbres du décor sculpté du Parthénon : par la qualité de son exécution, par le sujet traité mais aussi par son histoire mouvementée.

## Doc. 1 — *Situation et plan de la frise*

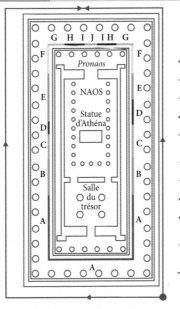

N ◀

- ▬ A - Cavaliers
- ▬ B - Chars
- ▬ C - Magistrats
- ▬ D - Musiciens
- ▬ E - Porteurs d'offrandes
- ▬ F - Sacrificateurs
- ▬ G - Jeunes filles
- ▬ H - Magistrats
- ▬ I - Héros, dieux et déesses
- ▬ J - Remise du péplos

→ Sens de la procession

⬤ **Dans quelle partie du temple la frise est-elle précisément située ?**

⬤ **En relisant le doc. 1 de la page 121, rappelez en quoi consiste la procession.**

⬤ **Dans quel sens la procession fait-elle mouvement et vers quelle scène représentée ?**

## Doc. 2 — *Des figures sculptées*

Procession des Panathénées, détail de la frise ouest du Parthénon sur l'Acropole (vers 447-432 avant J.-C.), marbre (Athènes, musée de l'Acropole).

⬤ **D'après le schéma du document 1, quelles sont les scènes représentées ici ?**

⬤ **Comment Phidias a-t-il donné vie aux figures sculptées ?**

Procession des Panathénées, détail de la frise ouest du Parthénon sur l'Acropole (vers 447-432 avant J.-C.), marbre (Londres, British Museum).

## Doc. 3  Lord Elgin et les marbres du Parthénon

Le diplomate britannique lord Elgin déroba en 1801 des fragments des marbres sculptés du Parthénon et les vendit en 1816 au British Museum.

● À quelle époque les marbres du Parthénon ont-ils été dérobés par Elgin et où sont-ils exposés ?

● D'après ce dessin, quels différents éléments architecturaux sculptés du Parthénon Elgin a-t-il dérobés ?

Présentation des « Marbres d'Elgin », dessin de James Stephanoff (1919) (Londres, British Museum).

## Doc. 4  La Grèce demande justice

« Vous devez comprendre ce que représentent pour nous les marbres du Parthénon. Ils sont notre fierté. Ils sont nos sacrifices. Ils sont notre symbole d'excellence le plus noble. Ils sont notre contribution à la philosophie démocratique. [...] Nous sommes prêts à dire que nous déclarons l'entreprise d'Elgin tout entière sans rapport avec le présent. Nous disons au gouvernement britannique : Vous avez conservé ces sculptures pendant presque deux siècles. Vous en avez pris soin autant que vous le pouviez, ce dont nous vous remercions. Mais maintenant, au nom de la justice et de la morale, s'il vous plaît, rendez-les nous. J'espère sincèrement qu'un tel geste de la part de la Grande Bretagne honorera votre nom pour toujours. »

■ Discours de Mélina Mercouri, ministre grecque de la Culture, à l'Oxford Union, 1986. Trad. disponible sur le site : http:/francoib.chez-alice.fr/marbres/oxfrd_fr.htm.

● D'après ce document, qui est Mélina Mercouri ?

● Sur quels arguments s'appuie-t-elle pour demander la restitution des marbres du Parthénon ?

● Quel rôle positif de la Grande-Bretagne pour les marbres M. Mercouri reconnaît-elle ?

## Doc. 5  Un nouveau musée pour les « marbres manquants »

Dans l'espoir d'accueillir les marbres réclamés par la Grèce, il fallait aménager un espace digne de ces joyaux. En juin 2009, le nouveau musée de l'Acropole ouvre à Athènes : bâti au pied de l'Acropole, il expose les fragments des marbres possédés par la Grèce à côté des copies des « marbres manquants ».

● D'après cette photo, comment distingue-t-on les originaux des copies des fragments de la frise ?

Frise des Panathénées, photographie (Athènes, musée de l'Acropole).

Voici des mots importants en lien avec la séquence.
Pour les graver dans votre mémoire, retrouvez-les dans les exercices.

ὁ πατήρ : *le père*

ἡ μήτηρ : *la mère*

ἡ παιδεία : *l'éducation*

ὁ παιδαγωγός : *le pédagogue*

ὁ διδάσκαλος : *le maître*

ὁ σοφιστής : *le maître de philosophie ou d'éloquence*

τὸ συμπόσιον : *le banquet*

ἡ μουσική : *la musique*

τὸ γυμνάσιον : *le gymnase*

τὸ θέατρον : *le théâtre*

καλὸς κἀγαθός : *« beau et bon »*

---

**Grammaire** · ## Je décline, tu conjugues, nous traduisons

**1** À quel(s) cas les pronoms suivants sont-ils ?

**1.** αὐτό

**2.** τις

**3.** ἐμέ

**4.** σοί

**5.** ἡμῖν

**6.** ὑμεῖς

**2** À quels temps, voix et modes les verbes suivants sont-ils ?

**1.** ἐλάμβανε ; ἔλαβον ; ἐποιησάμην ; ποιεῖται ; ἐλύθη ; ἐλύσαμεν

**2.** πρᾶξαι ; πράττειν ; λυθῆναι ; λύσειν ; λύεσθαι ; εἶναι

**3.** φεύγων ; φυγών ; ἀκουσόμενος ; ἀκουσάμενος ; γράψας ; γραφθείς

**3** À quelle construction grammaticale ces exemples renvoient-ils ? Expliquez.

**1.** Κατακλινέντος τοῦ Σωκράτους, σπονδὰς ἐποιήσαντο.

*Après que Socrate se fut installé sur un lit, ils firent les libations.*

**2.** Ὁρῶ τοὺς ἀθλητὰς τρέχοντας.

*Je vois les athlètes courir.*

**4** Associez les groupes de mots grecs à leur traduction.

οὗτοι οἱ διδάσκαλοι •

ἐκεῖνοι οἱ διδάσκαλοι •

οἵδε οἱ διδάσκαλοι •

ἀκούει τῆς ἑαυτοῦ (*ou* αὐτοῦ) μουσικῆς •

ἀκούει τῆς μουσικῆς αὐτοῦ •

• *ces maîtres-ci*

• *ces maîtres-là*

• *ces grands maîtres*

• *Il entend sa musique (celle d'un autre).*

• *Il entend sa musique (la sienne propre).*

---

**Étymologie** · ## Le sport et le théâtre

**5** Complétez les phrases suivantes à l'aide des mots clés en grec.

**1.** Le mot .......... vient de l'adjectif γυμνός parce que l'athlète s'y entraînait *nu*.

**2.** Le mot .......... vient du verbe θεάομαι-ῶμαι parce qu'il désigne le lieu où l'on *regarde* une pièce.

**6** Complétez le texte suivant à l'aide des mots clés en grec.

Après que l'enfant (ὁ παῖς) est né, la mère (....................) le confie à une nourrice (ἡ τροφός). Dès qu'il commence à comprendre le langage, le père (....................) l'envoie en compagnie de son pédagogue (....................) à l'école. On recommande bien au maître (....................) de lui faire apprendre les vers des grands poètes, remplis de bons conseils. Le cithariste, à son tour, fait en sorte que la musique (....................) lui inspire le sens du rythme, la tempérance et la sagesse. Plus tard encore, on envoie l'enfant chez le maître de gymnastique (ὁ παιδοτρίβης), afin que son intelligence, une fois formée, ait à son service un corps également sain et qu'il soit aussi bien « beau » que « bon » (....................). Enfin, il fréquentera un bon maître de philosophie et d'éloquence (....................) afin de devenir un citoyen éloquent et sage.

## Civilisation     τὸ συμπόσιον, *le banquet*

Joueur de cottabe et serviteur avec une hydrie, peintures murales de la paroi interne de la tombe du plongeur (vers 470 avant J.-C.) (Paestum, Musée archéologique national).

**7** Rappelez le sens des mots suivants, puis complétez le texte avec leur traduction afin de décrire les deux images.
ἡ κλίνη, ης
ὁ κότταβος, ου
ὁ κρατήρ, ῆρος
ἡ κύλιξ, ικος
ὁ οἶνος, ου
τὸ ὕδωρ, ατος

**Sur le document 1 :** à gauche, deux personnages allongés sur un(e) .................... tiennent une .................... à la main. L'un d'eux joue au .................... ; l'autre, retourné, se désintéresse un instant du jeu.
**Sur le document 2**, un éphèbe nu vient de puiser la boisson dans un .................... : il s'agit de .................... dilué avec de l'.................... et aromatisé avec du miel ou des épices.

## Histoire des arts     Une stèle funéraire

**8** **a)** Quelle technique de sculpture est utilisée ici (bas-relief, haut-relief ou ronde-bosse) ?
**b)** Où la scène représentée se passe-t-elle ?
**c)** Quel moment de la vie du jeune citoyen est représenté ?
**d)** En quoi peut-on dire que le défunt rappelle par cette évocation l'idéal du **καλὸς κἀγαθός** ?

Jeune homme tenant un strigile, stèle d'Euphoros (vers 420 avant J.-C.), sculpture (Athènes, musée du Céramique).

# Le théâtre grec

À Athènes, les plus anciennes représentations théâtrales eurent lieu sur des édifices en bois construits sur l'Agora. Puis un théâtre fut aménagé près du sanctuaire de Dionysos au pied de l'Acropole. Au IVe siècle, les gradins de bois laissèrent place à des gradins de pierre.

**Doc. 1** *Le théâtre d'Épidaure*

Le théâtre d'Épidaure, dans le Péloponnèse, est de nos jours le théâtre d'époque grecque le mieux conservé.

● Associez à chaque mot grec du document 1 sa traduction : entrée latérale, gradin, orchestre, baraque.

ἡ πάροδος

ἡ σκηνή

ἡ ὀρχήστρα

τὸ θέατρον

Théâtre d'Épidaure (IVe s. avant J.-C.), Péloponnèse.

**Doc. 2** *La scène*

Au bord de l'*orchestra*, espace où évolue le chœur (du verbe ὀρχέομαι-οῦμαι, *danser*), s'élève une baraque qui, à l'époque classique, était simplement en bois : la *skènè* (ἡ σκηνή, *la tente*). Elle sert de coulisses et de vestiaire pour les acteurs. Pour le public, elle présente une façade percée d'une porte centrale et elle est censée représenter un palais royal (tragédies) ou une simple maison (comédies).

Sur le toit de la *skènè* apparaissent parfois des dieux (d'où son nom de *théologéion*, l'endroit où parlaient les dieux).

Devant la *skènè* s'étend une estrade en bois peu élevée et peu profonde sur laquelle évoluent les acteurs ; c'est le *logéion* (littéralement *l'espace où l'on parle*), appelé quelquefois de son nom romain : *proskénion*.

● Associez à chaque numéro le nom de la partie représentée, en gras dans le texte.

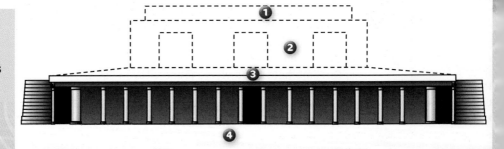

## Doc. 3 · Tragédies et comédies

Les pièces grecques se répartissent en deux grands genres : la tragédie et la comédie. Les deux genres proposent des parties chantées le plus souvent par un chœur et accompagnées de l'*aulos* (sorte de flûte, souvent double, proche de la clarinette ou du hautbois), et des parties récitées. Les acteurs, uniquement des hommes, ne sont jamais plus de trois dans la tragédie mais peuvent être plus nombreux dans la comédie. Les costumes et les masques permettent de distinguer les genres et les personnages.

Vase de Promonos (fin du IVe s. avant J.-C.), céramique (Naples, Musée archéologique national).

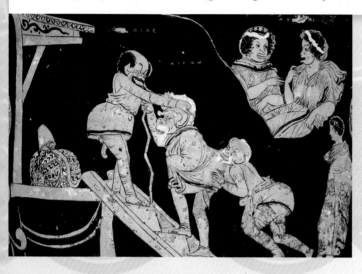

Cratère apulien à figures rouges (vers 380-370 avant J.-C.) (Londres, British Museum).

● **Distinguez dans ces deux représentations sur vase la scène de tragédie et la scène de comédie.**

● **Qu'est-ce qui, dans les costumes, les masques et les situations, vous a permis de distinguer les genres ?**

● **Sur quelle partie de la scène (→ doc. 2) le Silène (satyre ivre) monte-t-il ?**

## Doc. 4 · Une représentation théâtrale moderne à Delphes

Les *Suppliantes* au festival de Delphes de 1930, photographie d'Elli Sougioultzoglou-Seraidari (1899-1998) (Athènes, musée Benaki).

● **Retrouvez sur cette photo différentes parties du théâtre évoquées dans le document 1.**

● **Quels personnages évoluent sur la partie circulaire ?**

 Séance TICE   @

Recherchez sur Internet une ou plusieurs photographies représentant le théâtre romain d'Orange. Essayez de relever, en le comparant au théâtre d'Épidaure (→ doc. 1), les principales différences entre l'architecture du théâtre grec et celle du théâtre romain, notamment concernant l'*orchestra*, la scène et la structure sur laquelle a été construit le théâtre.

# Les grandes cérémonies : Éleusis

**Les Mystères d'Éleusis portent bien leur nom : bien que des milliers de fidèles y aient été initiés, aucun n'en a révélé les secrets. On pense toutefois que les initiés espéraient accéder ainsi à une vie heureuse après la mort.**

Doc. 1 *La fondation des Mystères par Déméter*

*L'Hymne à Déméter raconte la recherche désespérée de Déméter après l'enlèvement par le dieu Hadès de sa fille Koré (qui deviendra Perséphone). Sa quête l'amène à Éleusis, où elle révèle son identité au roi qui l'a hébergée.*

« Je suis Déméter que l'on honore, la plus grande source de richesse et de joie qui soit aux Immortels et aux hommes mortels. Mais allons ! Que le peuple entier m'élève un vaste temple et, au-dessous, un autel, au pied de l'Acropole et de sa haute muraille, plus haut que le Callichoros, sur le saillant de la colline. Je fonderai moi-même des Mystères, afin qu'ensuite vous tâchiez de vous rendre mon cœur propice en les célébrant pieusement. » [...] Elle s'en fut enseigner aux rois justiciers – à Triptolème, à Dioclès, le maître de char, au puissant Eumolpe et à Célée, le chef du peuple – l'accomplissement du ministère sacré ; elle leur révéla à tous les beaux rites, les rites augustes qu'il est impossible de transgresser, de pénétrer ni de divulguer : le respect des Déesses est si fort qu'il arrête la voix.

■ *Hymne homérique à Déméter* (fin du VIIᵉ s. avant J.-C.), v. 268-274 et 473-479, trad. J. Humbert, © Les Belles Lettres (1938).

● **Qui avait enlevé la fille de Déméter ?**

● **Quels éléments du récit donnent de la solennité à cette fondation du rite ?**

Doc. 2 *Le don du blé aux hommes*

Lors des Mystères, on rappelait sans doute que Déméter avait donné le premier épi de blé au fils du roi d'Éleusis, Triptolème, comme le montre ce relief votif.

● **Identifiez les trois personnages. À quoi reconnaît-on que Triptolème est un homme et non un dieu ?**

● **En quoi ce don correspond-il au domaine propre à Déméter ?**

Relief votif cultuel avec Déméter, Perséphone et Triptolème (vers 440-430 avant J.-C.), sculpture (Athènes, Musée national archéologique).

**Les cérémonies, en automne, commençaient par une période de jeûne et de sacrifices à Athènes, et se poursuivaient par une importante procession d'Athènes à Éleusis, où les candidats recevaient l'initiation dans le *telestérion*.**

## Doc. 3 *Une procession... animée !*

*La procession s'étirait sur vingt kilomètres. Venait d'abord un chariot portant les objets sacrés, puis les prêtres, les candidats à l'initiation (les mystes), les magistrats suivis des citoyens rangés par tribus et par dèmes, l'Aréopage, le Conseil des Cinq Cents et enfin la foule des spectateurs.*

La procession, cependant, ne se déroulait pas nécessairement dans le recueillement ; plusieurs témoignages font état de railleries saluant au passage les personnes célèbres. On emportait aussi des bagages, de quoi se restaurer et dormir pendant les quelques jours que durerait le séjour à Éleusis. Il semble même que certains paresseux, et surtout les femmes, aient jugé moins fatigant de faire le parcours en voiture. Il était également prudent, semble-t-il, de ne pas porter de beaux habits qui souffriraient du voyage : dans le *Ploutos* d'Aristophane (v. 845), on demande à un homme qui offre aux dieux un vêtement en très mauvais état : « Viens-tu donc de célébrer les Mystères ? »

■ Georges Méautis, *Les Dieux de la Grèce et les Mystères d'Éleusis*, © PUF (1959).

● Comment imaginiez-vous le déroulement d'une procession aussi solennelle ? À quoi devait-elle ressembler en réalité, selon Georges Méautis ?

● Sur la plaque votive, les mystes sont censés arriver en présence de Déméter et Koré, assises ; les personnages portant des torches guident les mystes. Comparez l'allure de cette procession à celle évoquée par G. Méautis.

Pinax représentant un rituel, poterie à figures rouges (v^e s. avant J.-C.), ex-voto provenant d'Éleusis (Athènes, Musée archéologique national).

## Doc. 4 *Une scène d'initiation*

Cette scène représente une cérémonie d'initiation. On y voit une prêtresse ou Korè / Perséphone elle-même tenant un van, corbeille contenant des objets sacrés, au-dessus de la tête du candidat à l'initiation.

Urne funéraire avec reliefs représentant les Mystères d'Éleusis, marbre (Rome, Colombarium Porta Maggiore).

● Relevez pour chacun des personnages les éléments qui montrent le caractère initiatique de la scène.

Séance **TICE**    @

Faites des recherches sur la légende de l'enlèvement de Korè / Perséphone, la fille de Déméter, et trouvez quelques représentations de cet enlèvement d'époques différentes et sur des supports variés (peinture, sculpture, etc.).

Fresque représentant le sacrifice d'un anim...
(VIᵉ siècle avant J.-C.) (Athènes, Musée archéologique nationa...

## Lire l'image

• Quel animal tenu par le plus petit personnage va être offert en sacrifice ?

• Quels objets les autres personnages tiennent-ils ?

# Représentations du monde

UNITÉ 10  Science et divination

LECTURE    Consultation de l'oracle de Delphes    138
GRAMMAIRE  L'interrogation directe et indirecte
           Les questions de lieu    140
LECTURE    L'invention de la médecine    142
GRAMMAIRE  Les subordonnées exprimant
           l'hypothèse à l'indicatif
           Le verbe ἔχω    144

● D'HIER À AUJOURD'HUI
La pratique médicale    146

UNITÉ 11  La pensée religieuse

LECTURE    Embarquement pour les enfers    148
GRAMMAIRE  L'impératif actif    150
LECTURE    Comment les dieux créèrent
           les hommes    152
GRAMMAIRE  Prépositions et préfixes    154

● D'HIER À AUJOURD'HUI
Rites et sacrilèges    156

■ BILAN de séquence    158

COMPRENDRE LE MONDE ANTIQUE

Le sanctuaire d'Asclépios à Épidaure    160
Le sanctuaire d'Apollon à Delphes    162

# 10 Science et divination

## Consultation de l'oracle de Delphes

*En 480 avant J.-C., l'invasion de Xerxès menace la Grèce ; les Athéniens demandent à l'oracle s'ils doivent abandonner leur ville ou la défendre. Après un premier oracle consternant (l. 6-7), la Pythie en rend un second moins défavorable, mais très ambigu (l. 8-9).*

Πέμψαντες γὰρ οἱ Ἀθηναῖοι ἐς Δελφοὺς
θεοπρόπους χρηστηριάζεσθαι ἦσαν ἕτοιμοι· καί
σφι ποιήσασι περὶ τὸ ἱρὸν τὰ νομιζόμενα, ὡς ἐς
τὸ μέγαρον ἐσελθόντες ἵζοντο, χρᾷ ἡ Πυθίη, τῇ
5  οὔνομα ἦν Ἀριστονίκη, τάδε·
Ὦ μέλεοι, τί κάθησθε ; Λιπὼν φύγ' ἐς ἔσχατα γαίης
δώματα καὶ πόλιος τροχοειδέος ἄκρα κάρηνα. [...]
Τεῖχος Τριτογενεῖ ξύλινον διδοῖ εὐρύοπα Ζεὺς
μοῦνον ἀπόρθητον τελέθειν, τὸ σὲ τέκνα τ' ὀνήσει.

■ Hérodote (490-425 env. avant J.-C.),
*Histoires*, VII, 140 et 141,
trad. Ph.-E. Legrand,
© Les Belles Lettres (1951).

*ils avaient accompli autour du sanctuaire les cérémonies rituelles, ils venaient d'entrer dans le mégaron, ils s'asseyaient, quand la Pythie, qui avait nom Aristoniké, proféra ces paroles prophétiques :*
*« Malheureux, pourquoi vous tenez-vous assis ? Quitte[1] ta demeure et les hauts sommets de ta ville circulaire ; fuis aux extrémités de la terre. » [...]*
*« Zeus aux vastes regards accorde à Tritogénie[2] qu'un rempart de bois seul soit inexpugnable, qui sauvera et toi et tes enfants. »*

1. Curieusement la Pythie passe du pluriel au singulier. L'oracle s'adresserait d'abord aux envoyés puis au peuple athénien.
2. Surnom d'Athéna (qui serait née près du lac Triton en Libye ou du fleuve Triton en Béotie).

### Aide à la traduction

ὁ θεοπρόπος, ου : *théore, messager envoyé pour consulter l'oracle*
χρηστηριάζομαι : *consulter l'oracle*
ἕτοιμος, η, ον : *prêt*

John Collier(1850-1934),
*La Pythie de Delphes* (1891),
huile sur toile, 160 x 80 cm (Adelaide,
Australie, Art Gallery of South Australia).

## Comprendre le texte

1 Traduisez le passage surligné en bleu.

2 Pourquoi les théores (consultants) athéniens étaient-ils consternés par la première réponse de la Pythie ?

3 Comment pouvait-on interpréter le *rempart de bois* (τεῖχος ξύλινον) ? Savez-vous quelle interprétation les Athéniens ont finalement adoptée ?

## Observer la langue

1 Hérodote utilise le dialecte ionien ; quel serait le mot attique pour τὸ ἱρόν, τὸ οὔνομα ?

2 Que remarquez-vous dans l'accentuation de τί (l. 6) et dans la ponctuation qui suit ? De quel genre de proposition s'agit-il ?

3 Quel genre de complément de lieu la construction ἐς τὸ μέγαρον exprime-t-elle ?

*Les compagnons d'Ulysse viennent frapper sans méfiance à la porte de Circé la magicienne.*

Elle les fait entrer ; elle les fait asseoir aux sièges et aux fauteuils ; puis, ayant battu dans son vin de Pramnos du fromage, de la farine et du miel vert, elle ajoute au mélange une drogue funeste, pour leur ôter tout souvenir de

la patrie. Elle apporte la coupe ; ils boivent d'un seul trait. De sa baguette, alors, la déesse les frappe et va les enfermer sous les tects[1] de ses porcs. Ils en avaient la tête et la voix et les soies ; mais en eux persistait leur esprit d'autrefois. Les voilà enfermés. Ils pleuraient et Circé leur jetait faînes[2], glands et cornouilles[2], la pâture ordinaire des porcs qui se vautrent.

■ D'après Homère (VIIIe s. avant J.-C.), *Odyssée*, X, v. 229-243, trad. V. Bérard, © Les Belles Lettres (1924).

1. Les toits.
2. Faîne : fruit du hêtre ; cornouille : fruit du cornouiller.

Circé métamorphosant les compagnons d'Ulysse en pourceaux (détail, 490 avant J.-C.), lécythe à fond blanc (Athènes, Musée archéologique national).

---

Doc. 2    **...et magie humaine**

*Simaitha a été abandonnée par son amant Delphis. Elle essaie de le ramener par des pratiques magiques.*

Maintenant, je l'enchaînerai à l'aide de sacrifices. Mais toi, Séléné, brille d'un bel éclat ; car c'est à toi que je vais adresser à voix basse mes incantations, déesse, et à la souterraine Hécate, devant qui tremblent les chiens eux-mêmes, quand elle vient à travers les monuments des morts et le sang noir. Salut, Hécate redoutable ; assiste-moi jusqu'au bout, et rends mes enchantements aussi forts que ceux de Circé ou de Médée. [...]

Iynx[1], attire vers ma demeure cet homme, mon amant.

Delphis m'a fait du mal ; moi, à l'intention de Delphis, je brûle cette branche de laurier ; et comme elle craque

fort en prenant feu, comme elle s'est embrasée d'un seul coup sans même laisser de cendre visible, ainsi puisse la chair de Delphis s'anéantir dans la flamme.

Iynx, attire vers ma demeure cet homme, mon amant.

Comme je fais fondre cette cire avec le concours de la déesse, ainsi fonde d'amour à l'instant le Myndien Delphis ; et comme ce disque d'airain tourne éperdument sous l'action d'Aphrodite, ainsi puisse-t-il tourner éperdument à ma porte.

■ Théocrite (IV-IIIe s. avant J.-C.), *Les Magiciennes*, v. 10-31, trad. Ph.-E. Legrand, © Les Belles Lettres (1925).

1. Il s'agit du « disque d'airain » mentionné plus loin, sans doute une sorte de petit moulin.

---

Doc. 3    **La divination par l'examen des victimes**

*Égisthe, qui a jadis assassiné Agamemnon, aidé de Clytemnestre, fait un sacrifice aux côtés d'un messager. Il ignore qu'il s'agit d'Oreste, bien décidé à venger son père.*

Alors, il ouvre les flancs. Égisthe prend dans ses mains les parties sacrées et les observe. Un lobe manque au foie ; la veine porte et les vaisseaux voisins de la vésicule biliaire montrent à ses regards des saillies funestes. Égisthe s'assombrit.

■ Euripide (Ve s. avant J.-C.), *Électre*, v. 826-830, trad. L. Parmentier et H. Grégoire, ©Les Belles Lettres (1925).

---

## Prolonger la lecture

**❶ Doc. 1. a)** Quelles sont les deux étapes de la magie de Circé ?

**b)** Comparez la représentation des personnages de l'illustration au récit d'Homère.

**❷ Doc. 2. a)** Quel est le domaine des trois divinités invoquées par Simaitha ?

**b)** Que souhaite exactement Simaitha ?

**❸ Doc. 3.** Quelles sont les anomalies relevées par Égisthe ? Que semblent-elles présager ?

## GRAMMAIRE  L'interrogation directe et indirecte

- L'**interrogation directe** est introduite par la particule **ἆρα** : *est-ce que ?*

**Ἆρα** ἦλθεν ; *Est-ce qu'il est venu ?*

L'**interrogation indirecte** correspondante est introduite par **εἰ** : *si.*

Αἰτεῖς **εἰ** ἦλθεν. *Tu demandes s'il est venu.*

- L'**interrogation directe** est aussi introduite par des pronoms ou adverbes interrogatifs.

| | |
|---|---|
| **τίς** (toujours accentué d'un aigu) : *qui ?* | Τίς ἦλθεν ; *Qui est venu ?* |
| **τί** : *quoi* ou *pourquoi ?* | Τί ἦλθες ; *Pourquoi es-tu venu ?* |
| **πῶς** : *comment ?* | Πῶς ἦλθες ; *Comment es-tu venu ?* |
| **πότε** : *quand ?* | Πότε ἦλθες ; *Quand es-tu venu ?* |

- L'**interrogation indirecte** correspondante est introduite par les mêmes pronoms ou adverbes interrogatifs généralement précédés de ὁ- : **ὅστις** (mais on emploie aussi souvent τίς) *qui*, **ὅπως**, *comment*, **ὁπότε**, *quand.*

Αἰτεῖς ὁπότε ἦλθεν. *Tu demandes quand il est venu.*

- Il existe aussi une **interrogation double** : **πότερον... ἤ**, *est-ce que... ou bien ?* qui se dit de la même façon pour l'interrogation indirecte.

Πότερον παίζεις ἢ σπουδάζεις ; *Plaisantes-tu ou es-tu sérieux ?*

### Les questions de lieu et leurs réponses

| Questions | Réponses |
|---|---|
| Le lieu où l'on est : ποῦ (*où ?*) | **ἐν** + dat. : *dans*<br>**που** (indéfini) : *quelque part*<br>**οὗ** (relatif) : *là où* |
| Le lieu où l'on va : ποῖ (*où ?*) | **εἰς, πρός, ἐπί** + acc. : *vers*<br>**ποι** (indéfini) : *quelque part*<br>**οἷ** (relatif) : *là où* |
| Le lieu d'où l'on vient : πόθεν (*d'où ?*) | **ἀπό, ἐκ** + gén. : *de*<br>**ποθεν** (indéfini) : *de quelque part*<br>**ὅθεν** (relatif) : *d'où* |
| Le lieu par où l'on passe : πῇ (*par où ?* ou *par quel moyen ?*) | **διά** + gén. : *à travers*<br>**πη** (indéfini) : *quelque part*<br>**ἧ** (relatif) : *où, par où* |

### Vocabulaire à retenir

**ἡ ἐπῳδή, ῆς** : *le chant, la parole magique*

**ἔρχομαι** (aor. 2 : **ἦλθον**) : *venir*

**τὸ ἧπαρ, ἥπατος** : *le foie*

**τὸ μαντεῖον, ου** : *l'oracle, la réponse de l'oracle*

**μαντεύομαι** : *consulter l'oracle*

**μαντεύω** : *rendre des oracles*

**ὁ μάντις, εως** : *le devin*

**ἡ Πυθία, ας** : *la Pythie*

**ὁ τρίπους, ποδος** : *le trépied*

**χέω** : *verser*

**ἡ χοή, ῆς** : *la libation*

**ἆρα** : *est-ce que ?*

**πόθεν** : *d'où ?*

**πότε** : *quand ?*

**ποῦ** : *où ?*

**πῶς** : *comment ?*

**τί** : *pourquoi ?*

**τίς** : *qui ?*

# EXERCICES

## Identifier et manipuler

**1** Retrouvez le sens de chacun de ces mots interrogatifs.

Ἆρα ; πῇ ; ποῖ ; πόθεν ; πότερον... ἤ ; πότε ; ποῦ ; πῶς ; τίς ; τί ;

**2** Mettez le mot τὸ πέδιον, ου (*la plaine*) au bon cas puis traduisez.

1. διὰ τ... πεδί...      3. ἐκ τ... πεδί...
2. ἐν τ... πεδί...      4. εἰς τ... πεδί...

## Traduire

**3** Version
Traduisez les phrases suivantes.

1. Οἱ ποιηταὶ ἡμῖν φέρουσι τὰ μέλη ἐκ Μουσῶν κήπων.
2. Φαίνεται κονιορτὸς ἐν τῷ πεδίῳ.
3. Νομίζω τοὺς ἀνθρώπους οὐκ ἐν τῷ οἴκῳ τὸν πλοῦτον ἔχειν, ἀλλ' ἐν ταῖς ψυχαῖς.
4. Ὁ θεὸς ἕλκει τὴν ψυχὴν οἷ βούλεται.

---

Vocabulaire pour la version 3

1. τὸ μέλος, ους : *le chant, les vers, le poème lyrique*
ὁ κῆπος, ου : *le jardin*
2. φαίνομαι : *paraître, apparaître*
ὁ κονιορτός, οῦ : *la poussière*
3. ὁ οἶκος, ου : *la maison*
ὁ πλοῦτος, ου : *la richesse*
4. ἕλκω : *tirer, attirer*

---

**4** Version : Socrate en promenade
a) Traduisez le texte suivant.
b) Relevez dans le texte toutes les indications de lieu.

Ἐπορευόμην μὲν ἐξ 'Ακαδημείας εὐθὺ Λυκείου[1] ἔξω τείχους ὑπ' αὐτὸ τὸ τεῖχος·
ὅτε δ' ἐγενόμην κατὰ τὴν πυλίδα ᾗ ἡ Πάνοπος κρήνη (ἐστί), συνέτυχον 'Ιπποθάλει·
καί με ἰδὼν ὁ 'Ιπποθάλης·
– Ὦ Σώκρατες, ἔφη, ποῖ πορεύῃ καὶ πόθεν ;
– Ἐξ 'Ακαδημείας, ἦν δ' ἐγώ, πορεύομαι εὐθὺ Λυκείου.

■ D'après Platon (427-347 avant J.-C.), *Lysis*.

---

1. L'Académie et le Lycée sont des jardins, l'un dédié au héros Akadémos, l'autre proche du sanctuaire d'Apollon Lycien. L'Académie abritait l'école philosophique de Platon, le Lycée, un peu plus tard, celle d'Aristote.

---

Platon conversant avec ses disciples, mosaïque romaine (Ier s.), maison de T. Siminius à Pompéi (Naples, Musée archéologique national).

**5** Transformez les phrases suivantes en interrogations indirectes en commençant par αἰτῶ, *je demande*. Répondez ensuite oralement aux questions en vous aidant du texte de Platon.

1. Ποῖ πορεύεται ὁ Σωκράτης ; Αἰτῶ .....
Répondre : Il va au lycée.
2. Πόθεν πορεύεται ὁ Σωκράτης ; Αἰτῶ .....
Répondre : Il vient de l'académie.
3. Ποῦ ἐστιν ἡ Πάνοπος κρήνη ; Αἰτῶ .....
Répondre : Elle est juste en dessous de la petite porte.

## Étymologie

**6** Sachant que τὸ ἧπαρ, ἥπατος signifie *le foie*, quel adjectif désigne ce qui concerne cet organe ?

**7** Le nom grec ὁ πούς, ποδός et le nom latin *pes, pedis* signifient *le pied*. La racine *ped / pod* a donné en français de nombreux mots, usuels ou savants. Donnez le sens des mots suivants, en indiquant si vous les rattachez au radical grec ou au radical latin : *pédicure, podologue, antipode, pédaler*. Attention : ὁ παῖς, παιδός (*l'enfant*) a aussi donné des mots français commençant par *ped-*. Ne confondez pas le pédicure et le pédiatre !

---

Vocabulaire pour la version 4

πορεύομαι : *marcher, se promener, aller*
εὐθύ + gén. : *droit sur, vers*
ἔξω + gén. : *à l'extérieur de*
ὑπ' αὐτό + acc. : *juste en dessous de*
κατά + acc. : *près de*
ἡ πυλίς, ίδος : *la petite porte*
ᾗ : *là où*
ἡ Πάνοπος κρήνη : *la fontaine de Panops*
συν-τυγχάνω + dat. : *rencontrer*
ἔφη : *dit-il* ; ἦν δ' ἐγώ : *dis-je*

---

# L'invention de la médecine

*Hippocrate est né dans l'île de Cos, d'une famille qui se transmettait l'enseignement médical de père en fils. De nombreux écrits de son école médicale nous sont parvenus sous son nom.*

Τὴν γὰρ ἀρχὴν οὔτ' ἂν εὑρέθη ἡ τέχνη
ἡ ἰητρικὴ οὔτ' ἂν ἐζητήθη [...] εἰ
τοῖσι κάμνουσι τῶν ἀνθρώπων τὰ αὐτὰ
διαιτωμένοισί τε καὶ προσφερομένοισιν
5 ἅπερ οἱ ὑγιαίνοντες ἐσθίουσί τε καὶ πίνουσι
καὶ τἆλλα διαιτέονται συνέφερεν [...].
Νῦν δὲ αὐτὴ ἡ ἀνάγκη ἰητρικὴν ἐποίησεν
ζητηθῆναί τε καὶ εὑρεθῆναι ἀνθρώποισιν,
ὅτι τοῖσι κάμνουσι ταὐτὰ προσφερομένοισιν
10 ἅπερ οἱ ὑγιαίνοντες οὐ συνέφερεν. [...]
Ἐπεὶ τό γε εὕρημα μέγα τε καὶ πολλῆς
σκέψιός τε καὶ τέχνης· ἔτι γοῦν καὶ
νῦν οἱ τῶν γυμνασίων τε καὶ ἀσκησίων
ἐπιμελόμενοι αἰεί τι προσεξευρίσκουσι κατὰ
15 τὴν αὐτὴν ὁδὸν ζητέοντες ὅ τι ἔδων τε καὶ
πίνων ἐπικρατήσει τε αὐτοῦ μάλιστα καὶ
ἰσχυρότατος αὐτὸς ἑωυτοῦ ἔσται.

■ Hippocrate (460-370 env. avant J.-C.), *L'Ancienne Médecine*, III, 1-2 et IV, 2, trad. J. Jouanna, © Les Belles Lettres (1990).

*À l'origine, l'art de la médecine n'aurait été ni découvert ni recherché [...] s'il avait été profitable aux gens souffrants d'user, dans leur régime et dans leur alimentation, des mêmes aliments, des mêmes boissons, et, en général, du même régime que les gens bien portants [...]. Mais en réalité, c'est la nécessité elle-même qui fit que la médecine fut recherchée et découverte chez les hommes, car il n'était pas profitable aux gens souffrants de prendre la même alimentation que les gens bien portants [...].*
*Pourtant ce fut une grande découverte, fruit de beaucoup d'observations et de beaucoup d'art.*

▬▬▬▬▬▬▬▬▬▬▬▬▬▬▬▬▬ *en appliquant la même méthode dans leur recherche pour déterminer quels sont les aliments et les boissons dont l'athlète triomphera au mieux et grâce auxquels il sera au summum de sa force.*

Bas-relief votif montrant Asclépios et Hygie (Vᵉ s. avant J.-C.), sculpture grecque, marbre (Paris, musée du Louvre).

## Aide à la traduction

ἔτι καὶ νῦν : *encore maintenant*
γοῦν : *en tout cas*
ἐπιμέλομαι + gén. : *s'occuper de*
τὰ γυμνάσια, ων : *les exercices physiques*
ἡ ἄσκησις, εως : *l'entraînement*
αἰεί : *toujours*
προσ-εξ-ευρίσκω : *ajouter une découverte*

## Comprendre le texte

**1** Traduisez le passage surligné en bleu.

**2** Quelle discipline médicale a été, selon l'auteur, à l'origine de la médecine ? Retrouvez dans le texte grec le verbe qui évoque cette discipline (l. 4 et 6).

**3** Qu'est-ce qui paraît très moderne dans la spécialité mentionnée aux lignes 12-17 ?

## Observer la langue

**1** Quelles caractéristiques du dialecte ionien relevez-vous dans la forme διαιτέονται (l. 6) et dans les participes au datif pluriel διαιτωμένοισι καὶ προσφερομένοισιν (l. 4) ? Quelles seraient les formes attiques ?

**2** Retrouvez la traduction de οὔτ' ἂν εὑρέθη ἡ τέχνη ἡ ἰητρικὴ οὔτ' ἂν ἐζητήθη... εἰ συνέφερεν (l. 1-2) ; de quel genre de proposition s'agit-il ?

## Doc. 1 — Le monde selon Pythagore

*Pythagore (vers 580-495 avant J.-C.), dont la vie est mal connue, fut à la fois philosophe, mathématicien et scientifique. Diogène Laërce évoque ses théories.*

Tous les corps sensibles [...] proviennent de quatre éléments : l'eau, le feu, la terre et l'air. [...] Il y a aussi des antipodes : tout ce qui chez nous est en bas est en haut chez eux. Il y a à parts égales dans le monde la lumière et l'obscurité, et aussi le chaud et le froid, le sec et l'humide. Tant que domine le chaud, c'est l'été ; tant que le froid domine, c'est l'hiver. S'ils sont en équilibre, c'est le meilleur moment de l'année. Dans l'année, le printemps plein de vigueur est la saison saine, l'automne aux jours décroissants la saison malsaine. Dans la journée aussi, l'aube est pleine de vigueur, le soir décroît, c'est pourquoi il est plus propice aux maladies.

■ Diogène Laërce (III<sup>e</sup> s. avant J.-C.), *Vie, doctrines et sentences des philosophes illustres,* Livre VIII, trad. D. Jouanna et D. Kaszubowski.

## Doc. 2 — Quand la Terre devint une sphère...

Une tradition attribuait cette théorie à Pythagore. [Mais...] c'est chez Platon, dans le *Phédon* (97d-e) que nos textes offrent pour la première fois une allusion à la sphéricité de la Terre [...].

La substitution de la sphère terrestre au disque plat des « Ioniens » devait avoir pour la géographie d'immenses conséquences. Le premier à les tirer fut encore un savant d'Ionie, Eudoxe de Cnide (395-342), géomètre et astronome, formé à l'école du pythagorisme et de Platon, contemporain d'Aristote. Si la Terre était ronde, il devenait possible de déterminer la latitude d'un lieu en observant dans le Ciel la hauteur des étoiles fixes, de tracer sur le globe des lignes correspondant à l'équateur céleste, aux tropiques et aux cercles polaires de façon à le diviser en zones, enfin de mesurer la circonférence terrestre en la calculant d'après la hauteur d'une étoile en deux endroits situés sur le même méridien.

■ Paul Pédech, *La Géographie des Grecs,* © PUF (1976).

## Doc. 3 — La science est à la mode !

*Le paysan Strepsiade veut s'inscrire à l'école du savant Socrate. Accueilli par un disciple, il va de surprise en surprise.*

STREPSIADE. – Au nom des dieux, qu'est-ce donc que tout ceci ? Dis-moi.

LE DISCIPLE. – C'est de l'astronomie, cela.

STREPSIADE. – Et cela, qu'est-ce ?

LE DISCIPLE. – De la géométrie.

STREPSIADE. – Et à quoi cela sert-il ?

LE DISCIPLE. – À mesurer la terre.

STREPSIADE. – Celle que l'on distribue par lots ?

LE DISCIPLE. – Non, mais la terre entière. [...] Voici devant toi le circuit de toute la terre. Vois-tu ? Ici, Athènes. [...] Et l'Eubée, comme tu vois, la voici, étendue à côté, toute en longueur, fort loin.

■ Aristophane (445-385 env. avant J.-C.), *Les Nuées,* v. 200-212, trad. H. Van Daele, © Les Belles Lettres (1923).

Astronomes au sommet du Mont Athos (vers 1410), *in Les Voyages de Jean de Mandeville* (Londres, British Library).

## Prolonger la lecture

**1** **Doc. 1. a)** De quoi la terre et l'univers sont-ils composés selon Pythagore ?
**b)** Relevez tout ce qui, dans le monde selon Pythagore, s'organise en fonction des chiffres 4 et 2.

**2** **Doc. 2.** Dans quels domaines la découverte de la sphéricité de la terre a-t-elle permis des progrès ? Quels points restent valables de nos jours ?

**3** **Doc. 3. a)** Quelles sciences étudie-t-on chez Socrate ?
**b)** Le disciple montre à Socrate la carte de la terre entière ; qu'est-ce qui la rend difficile à imaginer ?

## GRAMMAIRE   Les subordonnées exprimant l'hypothèse à l'indicatif

En grec, dans les subordonnées exprimant l'hypothèse, on trouve le même temps que dans la principale.

● Lorsqu'une hypothèse est présentée comme un **fait réel**, on emploie **εἰ** + indicatif présent.
Εἰ χρήματα ἔχεις, πλούσιος εἶ. *Si (= puisque) tu as de l'argent, tu es riche.*

● Lorsqu'une hypothèse n'est pas réalisée dans le présent, on parle d'**irréel du présent** ; si l'hypothèse non réalisée relève du passé, on parle d'**irréel du passé**.
- On emploie l'**imparfait de l'indicatif** pour l'irréel du présent et l'**aoriste** pour l'irréel du passé.
- Dans les deux cas, le verbe principal est accompagné de la particule **ἄν** (toujours en deuxième position).
- Dans la subordonnée conditionnelle, la négation est toujours **μή**.

| Irréel du présent | Εἰ χρήματα εἶχον, ᾤκουν ἄν μεγάλην οἰκίαν.<br>*Si j'avais de l'argent, j'habiterais une grande maison.*<br>Εἰ μὴ χρήματα εἶχον, οὐκ ἄν ᾤκουν μεγάλην οἰκίαν.<br>*Si je n'avais pas d'argent, je n'habiterais pas une grande maison.* |
|---|---|
| Irréel du passé | Εἰ ἦλθεν ὁ Κῦρος, ἐνίκησεν ἄν.<br>*Si Cyrus était venu, il aurait remporté la victoire.*<br>Εἰ μὴ ἦλθεν ὁ Κῦρος, οὐκ ἄν ἐνίκησεν.<br>*Si Cyrus n'était pas venu, il n'aurait pas remporté la victoire.* |

## Le verbe ἔχω

### 1) Les temps du verbe ἔχω

Présent : **ἔχω**    Futur : **ἕξω** ou **σχήσω**    Aoriste : **ἔσχον**

### 2) Les constructions du verbe ἔχω

● **Employé seul, ἔχω** signifie *avoir*. Ἔχω δύο παῖδας : *j'ai deux enfants.*

● **ἔχω + infinitif** signifie *pouvoir*. Ἔχω μάχεσθαι : *je peux combattre.*

● **ἔχω + adverbe** est l'équivalent de εἰμί + adjectif. Ἀδίκως ἔχει = ἄδικός ἐστι : *il est injuste.*

**Remarque :** il faut souvent comprendre ἔχω + adverbe = εἰμί + adjectif neutre.
ἀναγκαίως ἔχει = ἀναγκαῖον ἐστι : *il est nécessaire*
οὕτως ἔχει : *c'est ainsi*

## Vocabulaire à retenir

| | |
|---|---|
| ἀλγέω-ῶ : *souffrir* | ἡ νόσος, ου : *la maladie* |
| τὸ ἄλγος, ους : *la souffrance (physique ou morale)* | τὸ πάθος, ους : *ce qu'on subit, la souffrance (morale)* |
| θεραπεύω : *soigner* | πάσχω (aor. 2 : ἔπαθον) : *subir* |
| ἡ ἰατρική (τέχνη), ης : *la médecine* | ὑγιαίνω : *être en bonne santé* |
| ὁ ἰατρός, οῦ : *le médecin* | ἡ ὑγίεια, ας : *la santé* |
| νοσέω-ῶ : *être malade* | ὑγιής, ής, ές : *bien portant* |

# EXERCICES

## Identifier et manipuler

**①** Identifiez les verbes suivants et dites s'ils sont au présent, à l'imparfait ou à l'aoriste.

1. ἔβαλον
2. ἔβαλλον
3. ἔφευγον
4. ἔφυγον
5. ἔπαθον
6. ἔπασχον
7. ἐσμέν
8. εἶχον
9. ἔχομεν
10. ἔσχον
11. ἦμεν

**②** Associez chaque construction du verbe ἔχω à sa traduction.

ἀναγκαίως ἔχει •

οὕτως ἔχει •

μάχεσθαι ἔχει •

• *c'est ainsi*

• *il peut combattre*

• *il est nécessaire*

## Traduire

**③** **Thème**
Traduisez les phrases suivantes en grec.

1. Si les dieux existent (= sont), ils sont bons.
2. Si tu avais travaillé (ἐργάζομαι), tu aurais acquis (κτάομαι-ῶμαι) la gloire (ἡ δόξα, ης).
3. Si nous n'étions pas courageux (ἀνδρεῖος, α, ον), nous ne combattrions pas (μάχομαι).

**④** **Version**
Traduisez en utilisant le lexique et le tableau des verbes irréguliers.

1. Εἰ οἱ ἡμέτεροι πρόγονοι δειλοὶ ἦσαν, ἔφυγον ἂν ὅτε οἱ Πέρσαι εἰς τὴν Ἑλλάδα ἐνέβαλον.
2. Εἰ ἐμοὶ ἠπίστεις, φίλοι ἂν οὐκ ἦμεν.
3. Εἰ πάντες τὴν αὐτὴν γνώμην ἔσχον ἐμοί, οὐδεὶς ἂν ὑμῶν οὐδὲν κακὸν ἔπαθεν. 🔍
4. Αὐτοῖς ἀναγκαίως ἔχει πολεμεῖν.
5. Τῶν πραγμάτων οὕτως ἐχόντων, δεῖ τὴν πόλιν τοῖς Λακεδαιμονίοις πολεμεῖν.
6. Οὐδὲν ἔχω εἰπεῖν.

### 🔍 LA DÉCLINAISON DE οὐδείς, *personne, rien*

Le pronom-adjectif indéfini οὐδείς, οὐδέν (*personne... ne, aucun... ne*) est formé de la négation οὐδέ et de εἷς (*un*).

| | Masculin et neutre | Féminin |
|------|--------------------|---------|
| Nom. | οὐδείς, οὐδέν | οὐδεμία |
| Acc. | οὐδένα, οὐδέν | οὐδεμίαν |
| Gén. | οὐδενός | οὐδεμιᾶς |
| Dat. | οὐδενί | οὐδεμιᾷ |

Jean Léon Gérome (1824-1904), *Diogène* (1860), huile sur toile, 74,5 x 101 cm (Baltimore, USA, Walters Art Museum).

**⑤** **Version**
Traduisez le texte suivant.

*Aristippe, un philosophe courtisan, croise Diogène le misanthrope en train de laver des légumes.*

Παριόντα ποτὲ [Ἀρίστιππον] λάχανα πλύνων Διογένης ἔσκωψε καί φησιν
« Εἰ ταῦτα ἔμαθες προσφέρεσθαι, οὐκ ἂν τυράννων αὐλὰς ἐθεράπενες. »
Ὁ δέ, « Καὶ σύ, εἶπεν, εἴπερ ᾔδεις ἀνθρώποις ὁμιλεῖν, οὐκ ἂν λάχανα ἔπλυνες. »

■ Diogène Laërce (IIIᵉ s. après J.-C.), *Vie des philosophes illustres*, II, 68.

### Vocabulaire pour la version 5

παριών, όντος (participe) : *passant, qui passait*

ποτε : *un jour*

τὸ λάχανον, ου : *le légume*

πλύνω : *laver*

σκώπτω : *railler*

φησίν (3ᵉ pers. sing. de φημί) : *dire*

προσφέρομαι : *supporter* (sous-ent. *de manger*)

ἡ αὐλή, ῆς : *la cour, le palais*

θεραπεύω : ici *courtiser*

ᾔδεις (imparfait irrégulier de οἶδα) : *savoir*

εἴπερ : *si*

ὁμιλέω-ῶ + dat. : *fréquenter*

## Étymologie

**⑥** Les trois adjectifs suivants sont très souvent employés en groupes antithétiques : ἄλλος (*autre*, dans un groupe de plus de deux), ἕτερος, α, ον (*autre*, parmi deux), ὅμοιος (*semblable*).

a) Donnez les définitions des mots *homogène, hétérogène, allogène*.

b) En médecine, qu'est-ce qu'une médecine homéopathique ? et une médecine allopathique ?

c) Trouvez d'autres exemples de mots composés à partir de ces trois adjectifs.

# La pratique médicale

### Doc. 1 — Le médecin aux armées

*Ménélas a été blessé au combat. Agamemnon envoie le héraut Talthybios chercher le médecin Machaon.*

« Talthybios, en toute hâte, appelle Machaon, le fils d'Asclépios, guérisseur sans reproche : qu'il vienne voir Ménélas, le preux fils d'Atrée. Quelqu'un l'a blessé d'une flèche [...] ».

Ils arrivent à l'endroit où se trouve Ménélas blessé. Autour de lui, les chefs assemblés font cercle. Le mortel égal aux dieux s'arrête. En hâte, il tire la flèche du ceinturon ajusté ; et tandis qu'il la retire, les barbes pointues se brisent. Il dénoue le ceinturon étincelant, puis, en dessous, la ceinture et le couvre-ventre ouvré par de bons forgerons. Dès qu'il voit la plaie, à l'endroit même où a frappé la flèche amère, il suce le sang ; puis, savamment, il verse dessus des poudres calmantes que Chiron[1], en sa bonté, a jadis données à son père.

■ Homère (VIIIe s. avant J.-C.), *Iliade*, IV, v. 193-196 et 210-219, trad. P. Mazon, © Les Belles Lettres (1937).

1. Chiron est un sage Centaure qui aurait également élevé Achille.

● Quels sont les médicaments utilisés par Machaon ?

● D'après l'origine de Machaon (fils d'Asclépios, le dieu de la médecine) et la provenance du médicament, comment qualifieriez-vous ce traitement ?

### Doc. 2 — Médecine et persuasion

A. Ce que les remèdes ne guérissent pas, le fer le guérit ; ce que le fer ne guérit pas, le feu le guérit ; et ce que le feu ne guérit pas doit être regardé comme incurable.

■ Hippocrate (460-370 env. avant J.-C.), *Aphorismes*, VII, 87, in *Œuvres complètes d'Hippocrate*, trad. É. Littré (1839-1861).

B. Il m'est arrivé maintes fois d'accompagner mon frère ou d'autres médecins chez quelque malade qui refusait une drogue ou ne voulait pas se laisser opérer par le fer et par le feu, et là où les exhortations du médecin restaient vaines, moi je persuadais le malade, par le seul art de la rhétorique.

■ Platon (427-347 avant J.-C.), *Gorgias*, 456b, trad. A. Croiset, © Les Belles Lettres (1923).

● Dans le doc. A, que faut-il entendre par *le feu* ? Comment appelle-t-on le fait de brûler une plaie ?

● Peut-on comprendre les réticences du malade dans le doc. B ? D'après les autres textes cités, de quels autres moyens de traitement que le fer et le feu la médecine disposait-elle au temps de Platon ?

### Doc. 3 — Achille soigne Patrocle blessé

● D'après cette image, les guerriers blessés avaient-ils toujours recours à un médecin ?

● D'après le doc. 1, qu'a sans doute fait Achille avant de bander la plaie ?

Achille bande le bras de Patrocle, intérieur de kylix à figures rouges (vers 500 avant J.-C.), céramique (Berlin, Staatliche Museen).

## Doc. 4 · *Le cabinet du médecin*

● La scène du vase grec représente le médecin assis, faisant une saignée à son malade debout. Imaginez-vous de nos jours les deux personnages dans la même position ?

● À quoi sert le grand récipient posé au pied du malade ?

● Comparez le cabinet du médecin moderne à celui du médecin antique.

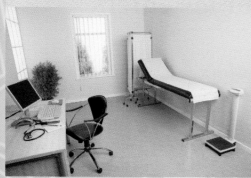

Cabinet de médecin généraliste.

Médecin pratiquant la saignée, aryballe à figures rouges (vers 480- 470 avant J.-C.), céramique, h 8,8 cm (Paris, musée du Louvre).

## Doc. 5 · *Le serment d'Hippocrate*

*À l'issue de la soutenance de leur thèse, les médecins actuels prêtent toujours le serment d'Hippocrate sous une forme modernisée, qui peut varier légèrement d'une faculté à l'autre.*

### Le serment originel

Dans quelque maison que je rentre, j'y entrerai pour l'utilité des malades, me préservant de tout méfait volontaire et corrupteur, et surtout de la séduction des femmes et des garçons, libres ou esclaves.

Quoi que je voie ou entende dans la société pendant, ou même hors de l'exercice de ma profession, je tairai ce qui n'a jamais besoin d'être divulgué, regardant la discrétion comme un devoir en pareil cas.

Si je remplis ce serment sans l'enfreindre, qu'il me soit donné de jouir heureusement de la vie et de ma profession, honoré à jamais des hommes ; si je le viole et que je me parjure, puissé-je avoir un sort contraire et mourir dans la tristesse.

■ Extrait, trad. É. Littré (1839-1861).

### Le serment moderne

Admis(e) dans l'intimité des personnes, je tairai les secrets qui me seront confiés. Reçu(e) à l'intérieur des maisons, je respecterai les secrets des foyers et ma conduite ne servira pas à corrompre les mœurs. Je ferai tout pour soulager les souffrances. Je ne prolongerai pas abusivement les agonies. Je ne provoquerai jamais la mort délibérément. Je préserverai l'indépendance nécessaire à l'accomplissement de ma mission. Je n'entreprendrai rien qui dépasse mes compétences. Je les entretiendrai et les perfectionnerai pour assurer au mieux les services qui me seront demandés. J'apporterai mon aide à mes confrères ainsi qu'à leurs familles dans l'adversité.

Que les hommes et mes confrères m'accordent leur estime si je suis fidèle à mes promesses ; que je sois déshonoré(e) et méprisé(e) si j'y manque.

■ Extrait.

● Relevez les points communs et les différences entre les deux serments.

● Sur quel point les deux serments insistent-ils essentiellement ? Comment s'appelle ce domaine, dont le nom vient du grec τὰ δέοντα, *ce qu'il faut, ce qui est nécessaire* ?

Faites une recherche documentaire sur Hippocrate. Intéressez-vous particulièrement à sa biographie et à ses méthodes médicales.

LECTURE    **Embarquement pour les enfers**

*Hermès amène les morts à Charon, qui va leur faire passer le Styx.*

ΧΑΡΩΝ. Ἀκούσατε ὡς ἔχει ὑμῖν τὰ πράγματα.
Μικρὸν μὲν ὑμῖν, ὡς ὁρᾶτε, τὸ σκαφίδιον καὶ
ὑποσαθρόν ἐστιν καὶ διαρρεῖ τὰ πολλά, καὶ
ἢν τραπῇ ἐπὶ θάτερα, οἰχήσεται περιτραπέν,
5   ὑμεῖς δὲ τοσοῦτοι ἅμα ἥκετε πολλὰ
ἐπιφερόμενοι ἕκαστος. Ἢν οὖν μετὰ τούτων
ἐμβῆτε, δέδια μὴ ὕστερον μετανοήσητε, καὶ
μάλιστα ὁπόσοι νεῖν οὐκ ἐπίστασθε. [...]
Γυμνοὺς ἐπιβαίνειν χρὴ τὰ περιττὰ ταῦτα
10   πάντα ἐπὶ τῆς ἠιόνος καταλιπόντας.

ΕΡΜΗΣ. Τίς ὢν τυγχάνεις ;

ΛΑΜΠΙΧΟΣ. Λάμπιχος Γελῴων τύραννος.

ΕΡΜΗΣ. Τί οὖν, ὦ Λάμπιχε, τοσαῦτα ἔχων πάρει ; [...]

ΛΑΜΠΙΧΟΣ. Ἀλλὰ τὸ διάδημα *ἔασόν* με ἔχειν
15   καὶ τὴν ἐφεστρίδα.

ΕΡΜΗΣ. Οὐδαμῶς, ἀλλὰ καὶ ταῦτα ἄφες.

ΛΑΜΠΙΧΟΣ. Ἰδού σοι ψιλός εἰμι.

ΕΡΜΗΣ. *Ἔμβαινε* ἤδη.

■ Lucien (120-180 env. après J.-C.),
*Dialogue des morts*, 20, 1-4,
trad. D. Jouanna et D. Kaszubowski.

Charon sur sa barque, lécythe à fond blanc
provenant d'Athènes (vers 475 avant J.-C.)
du peintre de Sabouroff, h 31 cm, céramique
(Berlin, Antikensammlung, SMPK).

CHARON. *Écoutez* ce qu'il en est de votre
situation. ▓▓▓▓▓▓▓▓▓▓▓▓▓▓▓▓,
elle prend l'eau de partout, et si elle penche
d'un côté, elle se retournera complètement ; et
vous, voilà que vous arrivez en grand nombre
en même temps, chacun avec beaucoup de
bagages. Si vous embarquez avec eux, j'ai
peur que vous ne le regrettiez bientôt, surtout
ceux qui ne savent pas nager. [...]

HERMÈS. Qui es-tu ?

LAMPICHOS. Lampichos, tyran de Géla.

HERMÈS. Pourquoi donc, Lampichos, te
présentes-tu avec tant de bagages ? [...]

LAMPICHOS. *Laisse*-moi au moins garder
mon diadème et mon manteau.

HERMÈS. Pas du tout. Laisse ça aussi.

LAMPICHOS. Voilà ; je n'ai plus rien.

HERMÈS. *Embarque*, alors.

---

**Aide à la traduction**

ὡς : *comme*
τὸ σκαφίδιον, ου : *la barque*
ὑποσαθρός, ός, όν : *un peu pourri*
ἐπιβαίνω : *embarquer*
περιττός, ή, όν : *inutile*
ἐπί + gén. : *sur*
ἡ ἠιών, όνος : *le rivage*

---

**Comprendre** le texte

❶ Traduisez les passages surlignés en bleu.

❷ Analysez les effets comiques du premier paragraphe (Charon s'adresse à des morts).

❸ Quelle leçon l'auteur veut-il suggérer par le dialogue entre Hermès et l'ex-tyran Lampichos ?

**Observer** la langue

❶ D'après la traduction, essayez de déterminer le
mode des verbes en bleu dans le texte.

*Circé explique à Ulysse qu'il doit descendre aux enfers pour consulter l'âme du devin Tirésias.*

À travers le marais, avance jusqu'aux lieux où l'Achéron reçoit le Pyriphlégéthon et les eaux qui, du Styx, tombent dans le Cocyte. Les deux fleuves hurleurs[1] confluent devant la Pierre : c'est là qu'il faut aller - écoute bien mes ordres, - et là, creuser, seigneur, une fosse carrée d'une coudée ou presque. Autour de cette fosse, fais à tous les défunts les trois libations, d'abord de lait miellé, ensuite de vin doux, et d'eau pure en troisième. [...] Quand ta prière aura invoqué les défunts, fais à ce noble peuple l'offrande d'un agneau et d'une brebis noire, en tournant vers l'Érèbe la tête des victimes[2] ; mais détourne les yeux et ne regarde, toi, que les courants du fleuve. Les ombres

des défunts qui dorment dans la mort vont accourir en foule. [...] Quant à toi, reste assis ; mais du long de ta cuisse, tire ton glaive à pointe, pour interdire aux morts, à ces têtes sans force, les approches du sang, tant que Tirésias n'aura pas répondu.

■ Homère (VIIIe s. avant J.-C.), *Odyssée*, X, v. 513-537, trad. V. Bérard, © Les Belles Lettres (1924).

1. L'Achéron, le Pyriphlégéthon, le Styx et le Cocyte sont les quatre fleuves infernaux ; les deux « hurleurs » sont probablement l'Achéron et le Cocyte.
2. L'Érèbe est la zone des enfers située immédiatement sous la terre ; on abaisse la tête des victimes qu'on va sacrifier, pour que le sang jaillisse vers le bas, en offrande aux divinités souterraines.

Ulysse consultant l'esprit de Tirésias, cratère en cloche lucanien à figures rouges (380 avant J.-C.), céramique (Paris, BnF).

*Er le Pamphylien, mort au combat, se réveille au bout de douze jours et raconte ce qu'il a vu aux enfers.*

À peine sortie de lui, disait-il, son âme cheminait avec beaucoup d'autres ; elles arrivèrent dans un lieu divin, où il y avait dans la terre deux ouvertures béantes contiguës, et dans le ciel deux autres juste en face. Entre elles étaient assis des juges. [...]

Il vit donc là, disait-il, les âmes s'en aller, une fois jugées, par chacune des deux ouvertures du ciel et de la terre ; et par les deux autres, il vit d'un côté remonter de terre des âmes pleines de saleté et de poussière, et de l'autre descendre du ciel des âmes toutes pures. Celles qui arrivaient ainsi paraissaient revenir d'un long voyage ; elles gagnaient joyeusement la prairie et y campaient comme lors d'une importante fête ; toutes celles qui se connaissaient s'embrassaient. Celles qui remontaient de la terre demandaient aux autres des informations sur le ciel, et inversement celles qui descendaient du ciel s'informaient de ce qui se passait chez les autres.

■ Platon (427-347 env. avant J.-C.), *La République*, 614c-615a, trad. D. Jouanna et D. Kaszubowski.

## Prolonger la lecture

① **Doc. 1. a)** Quelle image du paysage des enfers se dessine ici ? Semble-t-il attrayant ?
**b)** Quelle « vie » les morts semblent-ils y mener ? Quels détails vous paraissent effrayants ?

② **Doc. 2. a)** Identifiez les trois personnages : Ulysse, un compagnon et Tirésias, plus difficile à trouver.
**b)** Montrez que la représentation d'Ulysse suit de très près le texte homérique (doc. 1).

③ **Doc. 3. a)** Les âmes subissent-elles toutes le même sort, comme chez Homère ?
**b)** Quelle étape importante Platon a-t-il introduite entre la mort et l'orientation des âmes ?

## GRAMMAIRE L'impératif actif

● L'impératif actif existe au présent et à l'aoriste. Chaque temps a un usage particulier et possède les 2$^{es}$ et 3$^{es}$ personnes du singulier et du pluriel. Retenez les 2$^{es}$ personnes.

### 1) Formation

● **L'impératif présent**

| λύω | Rad. en α- (τιμάω) | Rad. en ε- (ποιέω) | Rad. en ο- (δηλόω) | εἰμί |
|---|---|---|---|---|
| 2$^e$ sing. λῦ-ε <br> 2$^e$ pl. λύ-ετε | τίμ-α (*τίμα-ε) <br> τιμ-ᾶτε | ποί-ει (*ποίε-ε) <br> ποι-εῖτε | δήλ-ου (*δήλο-ε) <br> δηλ-οῦτε | ἴσ-θι <br> ἔσ-τε |

● **L'impératif aoriste**

| λύω | Rad. en α- (τιμάω) | Rad. en ε- (ποιέω) | Rad. en ο- (δηλόω) |
|---|---|---|---|
| 2$^e$ sing. λῦ-σον <br> 2$^e$ pl. λύ-σατε | τίμη-σον <br> τιμή-σατε | ποίη-σον <br> ποιή-σατε | δήλω-σον <br> δηλώ-σατε |

– Lorsque le radical se termine par une consonne, on retrouve les mêmes combinaisons avec le sigma du suffixe que pour la formation de l'indicatif aoriste → p. 106.

– L'impératif aoriste des verbes à aoriste thématique (comme βάλλω, ἔβαλον ou λείπω, ἔλιπον) se forme comme les impératifs présents : βάλε, *jette !* λίπε, *laisse !*

### 2) Emploi

● L'**impératif présent** s'emploie pour un **ordre à valeur générale**, impliquant la durée. Θεράπευε τοὺς θεούς. *Honore les dieux !*

● L'**impératif aoriste** s'emploie pour un **ordre ponctuel**, à exécuter immédiatement : Ἀκούσατε. *Écoutez !*

● La **négation** de l'impératif est **μή.**

## ÉTYMOLOGIE

▶ τὸ σκαφ-ίδιον, ου est le diminutif de ἡ σκαφ-ίς, ίδος (ou ἡ σκάφ-η, ης), *tout objet creusé, la barque.* Trouvez un mot français qui en dérive et désignant un appareil de plongée sous-marine.

▶ Sachant que ὁ **νέκρος, ου** signifie *le mort, le cadavre,* comment appelle-t-on :
**a)** un site qui recouvre un nombre important de tombes, une « cité des morts » ?
**b)** un avis de décès avec une courte biographie de la personne décédée ?
**c)** la divination par consultation des morts (songez à ὁ μαντίς, *le devin*) ?
**d)** en médecine, la pathologie entraînant la destruction d'un tissu cellulaire ?

### Vocabulaire à retenir

**ἀκολουθέω-ῶ** + dat. : *faire route avec, accompagner*

**βαίνω** : *marcher, aller*

**ἐάω-ῶ** : *laisser, permettre*

**ἥκω** : *être là, être arrivé*

ὁ **νέκρος, ου** : *le mort, le cadavre*

**οὐδαμῶς, μηδαμῶς** : *nullement*

**πιστεύω** + dat. : *avoir confiance*

**ῥέω** : *couler*

## Identifier et manipuler

**1** Donnez l'impératif présent (à la 2ᵉ personne du singulier et du pluriel) des verbes suivants.

1. ἀπατάω-ῶ, *tromper*
2. λοιδορέω-ῶ, *insulter*
3. ἀξιόω-ῶ, *juger bon*
4. ἀκούω, *entendre*

**2** À quel temps et à quelle personne ces impératifs sont-ils ?

1. βαῖνε
2. φύγε
3. χαίρετε
4. ἀγάπησον
5. αἴτει
6. στεφανώσατε

## Traduire

> ### LES LIAISONS NÉGATIVES
>
> Pour relier deux phrases négatives, on emploie **οὐδέ** (et non καὶ οὐκ) ou bien **μηδέ** (et non καὶ μή).
>
> Θύει οὐδεὶς ἀνθρώπων θεοῖς, οὐδὲ κνῖσα ἀνῆλθεν εἰς ἡμᾶς.
> *Personne n'offre de sacrifice aux dieux et il n'est pas monté vers nous de fumée de viande brûlée.*

**3** Traduisez les phrases suivantes.

1. Μηδαμῶς ἄλλως ποίει.
2. Ἐᾶτε αὐτὸν μάχεσθαι (+ dat.) τῇ γοητείᾳ.
3. Ἀλλ' ὦ παῖδες, τιμᾶτε ἀλλήλους.
4. Μὴ τούτῳ τῷ ἀνθρώπῳ ἀκολούθησον μηδὲ αὐτῷ πίστευσον. 🔍

---

Vocabulaire pour la version 3

ἡ γοητεία : *la magie, la charlatanerie*

ἀλλά : *devant un impératif, se traduit par* allons !

ἀλλήλους, -ας, -α : *les uns les autres*

Chouette transformée en Athéna, petit pot à figures rouges (vers fin vᵉ s. avant J.-C.), céramique (Paris, musée du Louvre).

---

**4** **Version : une cité chez les oiseaux**
a) Traduisez.

*Pisthétairos a créé une ville chez les oiseaux, entre ciel et terre. Les dieux sont inquiets. Prométhée vient offrir ses conseils, en s'abritant sous un parasol pour que Zeus ne le reconnaisse pas d'en haut.*

PɪsᴛʜÉᴛᴀɪʀos. Ὦ φίλε Προμηθεῦ.

PʀoᴍÉᴛʜÉᴇ. Παῦε, παῦε, μὴ βόα. Ἀπολεῖς γάρ με, εἰ μ' ἐνθάδ' ὁ Ζεὺς ὄψεται.

PɪsᴛʜÉᴛᴀɪʀos. Τί γὰρ ἔστι ;

PʀoᴍÉᴛʜÉᴇ. Σίγα, μὴ κάλει μου τοὔνομα, καὶ τοῦτο τὸ σκιάδειον ὑπέρεχε.

PɪsᴛʜÉᴛᴀɪʀos. Θαρρήσας λέγε.

PʀoᴍÉᴛʜÉᴇ. Ἄκουε δή νυν.

PɪsᴛʜÉᴛᴀɪʀos. Ἀκούω· λέγε.

PʀoᴍÉᴛʜÉᴇ. Ἐξ οὗπερ ὑμεῖς ᾠκίσατε τὸν ἀέρα, οὐκέτι θύει οὐδεὶς ἀνθρώπων θεοῖς, οὐδὲ κνῖσα ἀπὸ μηρίων[1] ἀνῆλθεν εἰς ἡμᾶς ἀπ' ἐκείνου τοῦ χρόνου. 🔍

■ D'après Aristophane (445-385 env. avant J.-C.), *Les Oiseaux*, v. 1504-1518.

b) **Relevez les impératifs du texte. Combien en trouvez-vous ? À quel temps sont-ils tous ?**

c) **Jouez cette petite scène avec vos camarades (sans la réplique finale de Prométhée).**

---

1. Après le sacrifice, les participants brûlent les os des victimes sacrifiées : leur fumée est censée nourrir les dieux.

---

Vocabulaire pour la version 4

παύω : *cesser, arrêter*

βοάω-ῶ : *crier*

ἀπόλλυμι (futur ἀπολῶ) : *perdre, faire périr*

ἐνθάδε : *ici*

ὄψομαι : futur de ὁράω-ῶ, *voir*

σιγάω-ῶ : *se taire*

τοὔνομα : crase pour τὸ ὄνομα

τὸ σκιάδειον, ου : *le parasol, l'ombrelle*

ὑπερ-έχω : *tenir au dessus*

θαρρέω-ῶ : *avoir confiance*

δή νυν : *particules renforçant l'ordre*

Ἐξ οὗπερ : *depuis que*

οἰκίζω : *coloniser*

ὁ ἀήρ, ἀέρος : *l'air*

οὐκέτι : *ne... plus* ; οὐδείς : *personne*

θύω : *faire des sacrifices*

ἡ κνῖσα, ης : *la fumée, le fumet*

τὸ μηρίον : *l'os des cuisses des victimes*

ἀν-έρχομαι (aor. ἀνῆλθον) : *monter*

# Comment les dieux créèrent les hommes

*Les dieux ont façonné les êtres vivants sous terre et ont chargé Prométhée de leur distribuer des protections (poils, griffes, ailes, etc.). Mais plus rien n'est disponible pour les hommes.*

Ὁρᾷ τὰ μὲν ἄλλα ζῷα ἐμμελῶς πάντων
ἔχοντα, τὸν δὲ ἄνθρωπον γυμνόν τε καὶ
ἀνυπόδητον καὶ ἄστρωτον καὶ ἄοπλον· ἤδη δὲ
καὶ ἡ εἱμαρμένη ἡμέρα παρῆν, ἐν ᾗ ἔδει καὶ
5  ἄνθρωπον ἐξιέναι ἐκ γῆς εἰς φῶς. Ἀπορίᾳ
οὖν ἐχόμενος ὁ Προμηθεὺς ἥντινα σωτηρίαν
τῷ ἀνθρώπῳ εὕροι, κλέπτει Ἡφαίστου καὶ
Ἀθηνᾶς τὴν ἔντεχνον σοφίαν σὺν πυρί
– ἀμήχανον γὰρ ἦν ἄνευ πυρὸς αὐτὴν κτητήν
10  τῳ ἢ χρησίμην γενέσθαι – καὶ οὕτω δὴ
δωρεῖται ἀνθρώπῳ.

■ Platon (427-347 avant J.-C.), *Protagoras*, 321 c-d et 322 c, trad. A. Croiset et L. Bodin, © Les Belles Lettres (1923).

*et le jour marqué par le destin était venu où il fallait que l'homme sortît de la terre pour paraître à la lumière. Prométhée, devant cette difficulté, ne sachant quel moyen de salut trouver pour l'homme, se décide à dérober l'habileté artiste d'Héphaïstos et d'Athéna, et en même temps le feu – car, sans le feu, il était impossible que cette habileté fût acquise par personne ou rendît aucun service – puis, cela fait, il en fit présent à l'homme.*

### Aide à la traduction

ἐμμελῶς πάντων ἔχοντα : *harmonieusement équipées de tout*
ἀνυπόδητος, ος, ον : *sans chaussures*
ἄστρωτος, ος, ον : *sans couverture*
ἄοπλος, ος, ον : *sans défense*

Jan Cossiers (1600-1671), *Prométhée* (vers 1637), huile sur toile, 1,82 x 1,13 m (Madrid, musée du Prado).

## Observer la langue

❶ ἐν ᾗ (l. 4), ἐκ γῆς, εἰς φῶς (l. 5), σὺν πυρί (l. 8), ἄνευ πυρὸς (l. 9) : quel est le sens de chacune de ces prépositions ? De quel cas sont-elles suivies ?

❷ Quelle préposition est utilisée en préfixe dans l'adjectif ἔντεχνον (l. 8, de ἔν-τεχνος, ος, ον : *qui est du domaine de l'art*) et dans l'adverbe ἐμ-μελῶς (l. 1, de ἐμ-μελής, ής, ές : *qui est dans le ton*) ?

❸ ἀν-υπόδητον, ἄ-στρωτον, ἄ-οπλον (l. 3), ἀ-μήχανον (l. 9) : retrouvez le sens de ces adjectifs dans le texte. Pouvez-vous en déduire le sens de la « particule » ἀ- / ἀν- utilisée en préfixe ?

## Comprendre le texte

❶ Traduisez le passage surligné en bleu.

❷ Précisez ce que Prométhée a donné aux hommes.

❸ Prométhée a-t-il agi avec l'accord des dieux ? Relevez dans la traduction le verbe qui vous permet de répondre. Quel verbe grec traduit-il ?

## Doc. 1 — Après le déluge : nouvelle création des hommes

Pierre Paul Rubens (1577-1640), *Deucalion et Pyrrha* (vers 1636), huile sur toile (Madrid, musée du Prado).

*Zeus, mécontent des hommes, prévoit de les faire disparaître dans un déluge. Prométhée prévient son fils, Deucalion, et Pyrrha, la femme de celui-ci.*

Deucalion, sur les instructions de Prométhée, fabriqua un coffre, y mit des provisions et y embarqua avec Pyrrha. Zeus, versant du ciel une pluie abondante, inonda la plus grande partie de la Grèce, si bien que tous les hommes furent détruits [...]. Deucalion, dans son coffre, flotte sur la mer pendant neuf jours et autant de nuits avant d'aborder au Parnasse ; et là, la pluie s'étant arrêtée, il débarque et offre un sacrifice à Zeus Protecteur des fugitifs. Zeus lui envoya Hermès et lui permit d'obtenir à son choix ce qu'il voudrait. Deucalion choisit de faire naître une humanité à lui. Sur l'ordre de Zeus, il se mit à ramasser des pierres et à les lancer par dessus sa tête. Les pierres jetées par Deucalion devinrent des hommes et celles qu'avait jetées Pyrrha des femmes.

■ Apollodore (IIᵉ s. avant J.-C.), *Bibliothèque*, 47-48, trad. J.-C. Carrière et B. Massonie, © Les Belles Lettres, ALUB (443), Besançon (1991).

## Doc. 2 — Les dieux sur l'Olympe

*Grecs et Troyens s'affrontent autour de Troie. Pendant ce temps...*

Assis aux côtés de Zeus, les dieux tiennent assemblée sur le parvis d'or. Au milieu d'eux, l'auguste Hébé leur verse le nectar ; eux, l'un vers l'autre, lèvent leurs coupes d'or, en contemplant la cité des Troyens. Soudain, le fils de Cronos tâche à piquer Héra avec des mots mordants.

■ Homère (VIIIᵉ s. avant J.-C.), *Iliade*, IV, v. 1-6, trad. P. Mazon, © Les Belles Lettres (1937).

## Prolonger la lecture

1. **Doc. 1. a)** Connaissez-vous d'autres histoires de déluge ? Quelles ressemblances et quelles différences pourriez-vous établir ?
   **b)** La conduite de Zeus paraît-elle cohérente ? Comment l'expliquez-vous ?

2. **Doc. 2. a)** Comment les Grecs imaginent-ils la vie des dieux ?
   **b)** Quelles sont leurs distractions ?

3. **Doc. 3.** La cité grecque connaissait-elle le principe de séparation entre l'État et la religion ?

**Séance TICE** @

Faites des recherches sur le procès de Socrate. En quoi son accusation d'impiété consistait-elle ?

## Doc. 3 — Piété et impiété

La cité grecque ne connaît ni « Église[1] », ni dogme, et par conséquent les conduites religieuses, piété ou impiété, n'ont pas le caractère défini qu'elles ont dans d'autres religions. Hérésie et persécution pour des raisons religieuses sont en principe impossibles dans le système grec. Toutefois, la cité a condamné des gens pour impiété et, à l'inverse, indiqué en quoi consiste le respect des dieux.

L'impiété, ou *asébéia*, c'est l'absence de respect des croyances et des rituels communs aux habitants d'une cité. La communauté civique peut considérer l'*asébéia* comme un délit, traduire devant les tribunaux ceux qui en font preuve et les condamner.

■ Louise Bruit Zaidman et Pauline Schmitt Pantel, *La Religion grecque*, © Armand Colin (1991).

1. Église : communauté religieuse organisée avec des institutions et une hiérarchie.

## GRAMMAIRE  Prépositions et préfixes

● Le grec possède de nombreuses **prépositions** qui sont  utilisées en **préfixes** devant des noms ou en **préverbes** devant les verbes.

| | |
|---|---|
| **ἀμφί** : *autour, dans l'intérêt de* | **κατά** : *du haut vers le bas, le long de, contre, conformément à* |
| **ἀνά** : *de bas en haut, de nouveau (début d'action)* | **μετά** : *avec, aux côtés de, après* |
| **ἀντί** : *contre, en face de, en retour de, en échange* | **παρά** : *près de, le long de, contrairement à* |
| **ἀπό** : *en s'éloignant de, à partir de* | **περί** : *autour de, complètement* |
| **διά** : *au travers de, par, de part et d'autre (séparation), entre, parmi* | **πρό** : *en avant, devant, à la place de, pour* |
| **εἰς** : *vers, contre* | **πρός** : *à, vers, pour, en plus* |
| **ἐκ** : *hors de, complètement* | **σύν** : *avec, entièrement* |
| **ἐν** : *dans, sur* | **ὑπέρ** : *au-dessus de, en faveur de* |
| **ἐπί** : *sur, vers, contre, au-dessus de* | **ὑπό** : *sous, en dessous, par* |

● On trouve aussi des **préfixes** qui ne sont pas des prépositions.

| | |
|---|---|
| **ἀ-** ou **ἀν-** devant voyelle avec une valeur privative (cf. *in-* en latin et en français) | **ἄξιος** : *digne de* ; **ἀνάξιος** : *indigne* |
| **εὐ-** impliquant la réussite et son contraire **δυσ-** impliquant la difficulté (cf. *dyslexie*) | **εὐτυχής** : *favorisé par le sort* ; **δυστυχής** : *malheureux* |
| **ἡμι-** (cf. *semi-*) signifiant *à moitié* | **ἡμίθεος** : *demi-dieu* |

## ÉTYMOLOGIE

▶ **Tò πῦρ, πυρός** signifie *le feu*. Comment appelle-t-on quelqu'un qui aime mettre le feu ? l'art des feux d'artifices ? la gravure sur bois à l'aide d'une pointe métallique rougie au feu ?

▶ **Tò φῶς, φωτός** signifie *la lumière*. Trouvez les nombreux mots français où le mot grec entre en composition.

▶ Sachant que **κλέπτω** signifie *voler*, comment appelle-t-on le besoin maladif de voler ?

### Vocabulaire à retenir

| | |
|---|---|
| **ἡ αἰτία, ας** : *la cause* | **κλέπτω** : *voler* |
| **γίγνομαι** (aor. 2 **ἐγενόμην**) : *naître, devenir, être* | **τὸ πῦρ, πυρός** : *le feu* |
| **ὁ δόμος, ου** : *la demeure* | **σέβομαι** : *vénérer* |
| **δωρέομαι-οῦμαι** : *faire un présent* | **σεμνός, ή, όν** : *respectable, sacré* |
| **εὐδαίμων, ων, ον** : *heureux* | **ἡ σωτηρία, ας** : *le salut* |
| **εὑρίσκω** (aor. 2 **ηὗρον**) : *trouver* | **τὸ φῶς, φωτός** : *la lumière* |

## Identifier et manipuler

**1** **a)** Identifiez le préfixe utilisé dans la formation des verbes composés de βάλλω, *jeter* et de ἔρχομαι, *aller*, puis proposez une traduction.

**1.** προβάλλω ; διαβάλλω ; περιβάλλω ; καταβάλλω ; ὑποβάλλω

**2.** ἀνέρχομαι ; ἀπέρχομαι ; ἐξέρχομαι ; κατέρχομαι

**b)** **Révisions :** formez les imparfaits, puis les aoristes de ces verbes (attention, ce sont des aoristes 2 → p. 183).

> ### RAPPEL SUR L'AUGMENT
>
> Le préverbe peut être modifié par l'augment.
> - S'il se termine par une voyelle, celle-ci s'élide devant l'augment : **ἀπο- > ἀπ-ε-**
> Sauf pour περί et πρό : **περι- > περι-ε- ; προ- > πρου-**
> - Sa consonne finale peut changer :
> **ἐκ- > ἐξ-ε- ; ἐμ- > ἐν-ε- ; συμ- > συν-ε-**

**2** Identifiez les préfixes utilisés dans les adjectifs suivants, puis proposez une traduction.

**1.** Racine *γεν du verbe γίγνομαι, *naître* : εὐγενής, ής, ές ; δυσγενής, ής, ές ; συγγενής, ής, ές

**2.** Racine *σεβ du verbe σέβομαι, *vénérer* : εὐσεβής, ής, ές ; ἀσεβής, ής, ές

**3** **Révisions :** déclinez les adjectifs σεμνός, ή, όν ; εὐδαίμων, ων, ον et εὐσεβής, ής, ές.

## Traduire

**4** **Version**

**a)** Traduisez les phrases suivantes.

**1.** Οἱ ἄνθρωποι ἐξῆλθον ἐκ γῆς εἰς φῶς.

**2.** Κατ' ἀρχὰς (*à l'origine*) γυμνοὶ καὶ ἄοπλοι ἐν τῇ γῇ ἦσαν.

**3.** Ὕστερον δὲ (*Plus tard*) ὁ Προμηθεὺς σωτηρίαν τινὰ ηὗρε αὐτοῖς.

**4.** Ἔκλεψε γὰρ τὸ πῦρ ἀπὸ τοῦ Ἡφαίστου δόμου καὶ αὐτὸ ἐδωρήσατο τοῖς ἀνθρώποις.

**5.** Διὰ οὖν τὸν Προμηθέα οἱ ἄνθρωποι σὺν πυρὶ εὐδαίμονες ἦσαν.

**6.** Ὁ δὲ Προμηθεὺς ἄθλιος ἦν· τοῦτο γὰρ τὸ δῶρον αἰτία ἦν τῶν κακῶν αὐτοῦ.

**b)** **Révisions :** à quel temps sont les verbes de chacune de ces phrases ? Mettez-les au présent.

## À vous de jouer avec les préfixes grecs !

**5** Trouvez l'intrus dans chacune de ces séries.

**1.** apathique, aphone, athée, acéphale, acoustique

**2.** euphonique, eugénisme, euclidien, euphémisme, eurythmie

**3.** antipode, antinomie, antiquité, antibiotique, antichambre

**4.** péribole, périssable, périscope, péristyle, périphérique

**5.** paragraphe, parallèle, paradisiaque, parapharmacie, paralympique

## Étymologie

**6** Parmi les mots de l'exercice 5, expliquez la formation et le sens des mots suivants, grâce à leur préfixe.

**1.** apathique, athée
**2.** euphémisme
**3.** antipode
**4.** périscope
**5.** parapharmacie

**7** Expliquez la formation du néologisme *paralympique*.

> ### L'EXPRESSION ηὕρηκα
>
> Ηὕρηκα signifie *j'ai trouvé* et vient du verbe εὑρίσκω. En quelle occasion Archimède prononça-t-il ce mot ?

Archimède sur une publicité pour des opticiens (1694), bois gravé colorié (Londres).

# Rites et sacrilèges

## Doc. 1 — Un sacrifice selon les rites

*Le vieux roi Nestor reçoit à Pylos Télémaque parti à la recherche de son père Ulysse ; il sacrifie solennellement une vache en l'honneur d'Athéna.*

Nestor, le vieux meneur de chevaux, fournit l'or. L'ouvrier en plaqua les cornes de la vache, à petits coups soigneux, pour que ce bel ouvrage trouvât grâce devant les yeux de la déesse. Stratios et le divin Échéphron amenèrent la bête par les cornes. Dans un bassin à fleurs, Arétos apporta du cellier l'eau lustrale[1] ; son autre main tenait la corbeille des orges. Debout près de la vache et prêt à la frapper, Thrasymède, à l'humeur batailleuse, tenait une hache affilée, et Perseus avait pris le vase pour le sang. Nestor, le vieux meneur de chevaux, répandit l'eau lustrale et les orges, puis il fit à Pallas une longue prière et, comme il prélevait quelques poils de la tête qu'il lançait dans le feu, l'assistance en priant jeta les pincées d'orge.

■ Homère (VIIIe s. avant J.-C.), *Odyssée*, III, v. 437-463, trad. (modifiée) V. Bérard, © Les Belles Lettres (1924).

● Quel détail montre qu'il s'agit d'un sacrifice important ?

● D'après le doc. 3, quel mot emploieriez-vous pour désigner l'eau lustrale, les orges et les poils offerts avant ce sacrifice ?

1. Eau versée pour purifier.

## Doc. 2 — Scène de sacrifice

Scène de sacrifice à Apollon, cratère en cloche à figures rouges (vers 430-420 avant J.-C.), céramique (Paris, musée du Louvre).

● Retrouvez sur ce vase les différents objets utilisés pour ce sacrifice : les broches (*obéloi*), un gâteau de farine (*pélanos*), une cruche (*oinochoé*) et une corbeille avec trois branches (*kanoûn*).

● Montrez que tous les éléments qui peuvent composer un sacrifice sont ici présents : le feu, la chair de l'animal sacrifié, les céréales, le liquide de la libation.

## Doc. 3 — Boucherie et sacrifice

Le mot le plus courant pour désigner le boucher est *mageiros* qui signifie à la fois sacrificateur, boucher et cuisinier. [...] On trouve dans les boutiques de l'agora soit de la viande de bêtes abattues rituellement par le *mageiros*, c'est-à-dire consacrées par l'offrande des prémices[1] avant d'être égorgées, et dont une part a été réservée pour les dieux (à Athènes, le dixième, versé aux *Prytanes*), soit de la viande sacrificielle, provenant essentiellement des parts obtenues rituellement par les prêtres et revendues par eux.

■ Louise Bruit Zaidman et Pauline Schmitt Pantel, *La Religion grecque*, © Armand Colin (1991).

1. Premiers éléments d'un sacrifice.

● Expliquez ce que devient la viande de la bête sacrifiée.

● Qu'est-ce qui donne un caractère sacré à la consommation de la viande en Grèce ?

● À quelles pratiques religieuses modernes ces rituels de préparation des viandes de consommation vous font-ils penser ?

## Doc. 4 *Les Perses incendient l'Acropole en 480*

*Les Perses parviennent à envahir l'Acropole en escaladant une paroi escarpée laissée sans protection.*

Quand les Athéniens virent ces hommes montés sur l'Acropole, les uns se précipitèrent de la muraille en bas et se tuèrent ; les autres s'enfuirent dans la grande salle du temple. Les Perses qui avaient accompli l'escalade se dirigèrent d'abord vers les portes, qu'ils ouvrirent ; et ils massacrèrent les suppliants ; et lorsque tous les Grecs furent exterminés, ils pillèrent le sanctuaire et mirent le feu à toute l'Acropole.

■ Hérodote (490-425 env. avant J.-C.), *Histoires*, VIII, 53, trad. Ph.-E. Legrand, © Les Belles Lettres (1951).

● Expliquez, d'après les dernières lignes du texte, en quoi consiste le sacrilège des Perses.

● Qui étaient ces suppliants ?

## Doc. 5 *Scandale en 415*

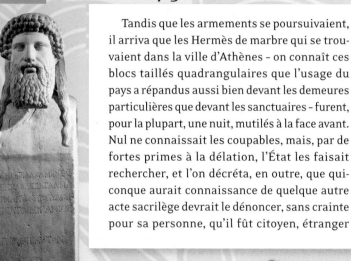

Tandis que les armements se poursuivaient, il arriva que les Hermès de marbre qui se trouvaient dans la ville d'Athènes – on connaît ces blocs taillés quadrangulaires que l'usage du pays a répandus aussi bien devant les demeures particulières que devant les sanctuaires – furent, pour la plupart, une nuit, mutilés à la face avant. Nul ne connaissait les coupables, mais, par de fortes primes à la délation, l'État les faisait rechercher, et l'on décréta, en outre, que quiconque aurait connaissance de quelque autre acte sacrilège devrait le dénoncer, sans crainte pour sa personne, qu'il fût citoyen, étranger ou esclave. [...] Là-dessus, une dénonciation, venue de métèques et de gens de service, sans rien révéler au sujet des Hermès, révèle qu'il y avait eu précédemment d'autres mutilations de statues, du fait de jeunes gens qui s'amusaient et avaient bu, et que de plus, dans quelques demeures privées, on parodiait outrageusement les mystères[1].

■ Thucydide (460-399 avant J.-C.), *La Guerre du Péloponnèse*, VI, 27-28, trad. J. de Romilly et L. Bodin, © Les Belles Lettres (1955).

───────────

1. Il s'agit des mystères d'Éleusis, cérémonie d'initiation sacrée, dont les participants étaient tenus au secret.

Buste d'Hermès, cippe de marbre (Ier s.) d'après un original grec du Ve s. avant J.-C. provenant de Pergame, Turquie (Istanbul, Musée archéologique).

● Quels sont les deux sacrilèges révélés successivement ?

● Pourquoi la mutilation de cette borne de marbre est-elle considérée comme un sacrilège religieux ?

## Doc. 6 *Profanation de tombes*

Dans ce cimetière de Saint-Étienne-à-Arnes, où reposent quelque 12 000 soldats de la Première Guerre mondiale, des croix en bois ont été « renversées ou cassées à leur base » et « quelques croix ont servi à faire un feu de camp », selon la même source. « De très nombreuses bouteilles d'alcool et de bière » ont été retrouvées à proximité du cimetière, a ajouté la préfecture. La plupart des sépultures sont des tombes de soldats allemands, les autres sont celles de soldats français, a-t-on ajouté de même source, ignorant si les auteurs de cette profanation ont cherché à s'en prendre à des tombes allemandes ou françaises.

■ Le Figaro, http://www.lefigaro.fr/flash-actu/2012/07/08. Source : AFP.

● Quel point commun trouvez-vous entre les auteurs présumés de cette profanation et ceux de la parodie des mystères ?

Séance TICE

Il existe des exemples mythologiques ou historiques de sacrifices humains dans l'Antiquité, tel le sacrifice d'Iphigénie. Retrouvez des exemples de ces sacrifices et des témoignages historiques ou artistiques qui les ont évoqués.

Voici des mots importants en lien avec la séquence.
Pour les graver dans votre mémoire, retrouvez-les dans les exercices.

ἡ αἰτία, ας : *la cause*

εὑρίσκω : *trouver*

ἡ γοητεία, ας : *la magie, la charlatanerie*

ἡ θυσία, ας : *le sacrifice*

τὸ φάρμακον, ου : *le remède*

ἡ φύσις, εως : *la nature*

εὐσεβής, ής, ές : *pieux*

ἱερός, ά, όν : *sacré(e)*

ἀθάνατος, ος, ον : *immortel*

ὑγιής, ής, ές : *bien portant*
(de ἡ ὑγίεια : *la santé*)

## Grammaire · Je décline, tu conjugues, nous traduisons

**1** Déclinez les adjectifs suivants.
**1.** ἱερός, ά, όν
**2.** ὑγιής, ής, ές

**2** De quels verbes ces formes sont-elles l'aoriste ?
**1.** ἦλθον
**2.** εἶπον
**3.** εἶδον
**4.** ἔπαθον
**5.** ηὗρον
**6.** ἐγενόμην

**3** À quelles règles grammaticales ces exemples renvoient-ils ?
Expliquez, puis traduisez.
**1.** Ἔχω μάχεσθαι τῇ γοητείᾳ.
**2.** Μὴ θεράπευε τοὺς κόλακας.
**3.** Εἰ χρήματα εἶχον, ᾤκουν ἂν μεγάλην οἰκίαν.
**4.** Εἰ ἦλθεν ὁ Κῦρος, ἐνίκησεν ἄν.

## Étymologie · Les préfixes ἀ- ou εὐ-

**4** Le préfixe εὐ- exprime une idée positive (*bien*), et ἀ- une idée négative (alpha privatif).
**a)** En modifiant le préfixe de l'adjectif εὐ-σεβής, formez en grec l'adjectif *impie*.
**b)** En analysant la formation et le sens de l'adjectif ἀ-θάνατος, quel sens donnez-vous au mot *euthanasie* ?

## Étymologie · Les mots grecs au service de la médecine

**5 a)** À l'aide des mots τὸ φάρμακον, ου, *le remède*, ἡ φύσις, εως, *la nature* et du suffixe -λογία, *l'étude*, trouvez les termes qui correspondent aux définitions suivantes.
**1.** Étude des médicaments (de leurs actions et de leur emploi).
**2.** Étude des fonctions et des propriétés naturelles des organes et des tissus des êtres vivants.
**b)** À l'aide des mots ἡ ὑγίεια, ας, *la santé* et τὸ ἄλγος, ους, *la souffrance*, répondez aux questions suivantes.
**1.** Comment nomme-t-on l'ensemble des pratiques qui tendent à préserver la santé ?
**2.** Quel est l'effet d'un médicament antalgique ?

**Les sacrifices : αἱ θυσίαι**

Amphore à figures noires (vers 530-520 avant J.-C., détail),
céramique (château-musée de Boulogne-sur-Mer).

Pélikè à figures rouges (vers 480-470 avant J.-C.),
céramique (Paris, musée du Louvre).

**6** **a) Attribuez à chaque document son commentaire.**
**1. Libation** : une femme verse au moyen d'une **œnochoé** un filet de vin dans une phiale
tenue par un homme au-dessus d'un autel.
**2. Hiéromancie** : un hoplite fait une **hépatoscopie**. Prêt à partir au combat, il doit
auparavant recueillir l'approbation des dieux. Une personne âgée (le père du soldat
ou le prêtre) invite un jeune homme à présenter les entrailles d'un animal au soldat
pour un examen divinatoire.
**b) Expliquez les mots en caractère gras à l'aide des mots grecs suivants :**
ἱερός, ά, όν *(sacré)* ; τὸ μαντεῖον, ου *(l'oracle)* ; ἡ χοή, ῆς *(la libation)* ; χέω *(verser)* ;
ὁ οἶνος, ου *(le vin)* ; τὸ ἧπαρ, ἥπατος *(le foie)*.

**Mythologie** **Irez-vous aux enfers ?**

**7** Répondez aux questions, calculez votre score
(1 point par bonne réponse) et vérifiez quel sort
les dieux vous réservent.
**1.** J'ai donné le feu aux hommes.
**2.** Je suis le fils du précédent et après le déluge, en
semant des pierres, j'ai donné naissance à des hommes.
**3.** Je suis l'épouse du précédent et en semant des
pierres, j'ai donné naissance à des femmes.
**4.** Je n'ai aucun lien de parenté avec les personnages
précédents, je vis près des enfers et je fais passer le
Styx aux défunts.
**5.** Je suis mort au combat et j'ai eu la chance d'utiliser
les services du personnage précédent pour un aller
et un retour. Platon a raconté ce que j'ai vu dans les
enfers.

**Palmarès**

**Vous avez 1 point** : vous méritez d'aller au
Tartare.
**Vous avez 2 points** : vous méritez d'aller
aux enfers, Hadès décidera de votre sort.
**Vous avez 3 points** : vous avez droit aux
services de 4 pour un aller et un retour.
**Vous avez 4 points** : vous méritez le don
de 1.
**Vous avez 5 points** : bienvenue sur
l'Olympe parmi les dieux ! Hébé vous
servira une boisson.
Si vous savez aussi qui est Hébé, il n'y a
plus rien à dire...

# Le sanctuaire d'Asclépios à Épidaure

**Doc. 1** *Asclépios, le dieu de la médecine*

Asclépios était le fils d'Apollon et de la princesse Coronis. Après la mort de sa mère, il fut confié par Apollon au centaure Chiron qui l'éleva et lui enseigna la médecine et la chirurgie. Vénéré comme un dieu, son culte s'étendit notamment à Épidaure, qui devint son sanctuaire principal. Des pèlerins s'y rendaient nombreux en quête de guérison. À partir du IVe siècle avant J.-C., des concours sportifs, musicaux et théâtraux furent organisés à l'occasion des grandes fêtes du dieu : les *Asklépieia*.

● À quels types d'activités les différents édifices d'Épidaure étaient-ils destinés ?

● Quel édifice a une fonction plus spécifiquement médicale ? (Aidez-vous du doc. 4.)

**Doc. 2** *Vue aérienne du site d'Épidaure*

**Doc. 3** *Plan du sanctuaire*

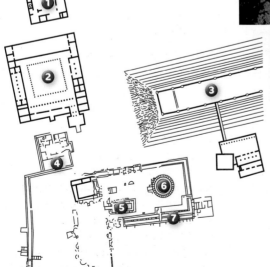

❶ Bains.

❷ Gymnase.

❸ Stade.

❹ Palestre.

❺ Temple d'Asclépios.

❻ *Tholos* (temple circulaire dont les couloirs souterrains auraient été gardés par les serpents consacrés à Asclépios).

❼ *Abaton* (dortoir d'incubation).

## Doc. 4 *Une médecine rituelle*

Après une période de purification, faite de jeûnes et de bains, les soins se poursuivaient par la pratique rituelle de l'« incubation » : les fidèles passaient la nuit dans le dortoir des malades du sanctuaire (l'*abaton*) au cours de laquelle le dieu leur apparaissait en rêve pour les guérir ou leur indiquer, par une vision, ensuite interprétée par les prêtres, le traitement à suivre. Les malades laissaient en partant des *ex voto* en signe de gratitude, et l'histoire des guérisons était minutieusement consignée sur des tables de pierre.

■ Stefania Ratto, *La Grèce antique, Asclépios*, trad. de l'italien T. Tradito, © Hazan (2007), © Mondadori Electa SpA.

● Quelles sont, d'après ce texte, les différentes phases imposées aux malades pour leur thérapie ?

● Cette pratique médicale vous paraît-elle scientifique ? Comment la qualifieriez-vous ?

● Précisez le sens littéral des mots *abaton* et *ex voto*.

## Doc. 5 *Dans le dortoir d'incubation*

● Quel est le rôle des *ex voto* accrochés sur le mur de l'*abaton* ?

● Que représentent-ils ?

Vignette extraite de *La Grèce des Voyages d'Alix*, tome 2, de Pierre de Broche et Jacques Martin, © Casterman (2002).

## Doc. 6 *Guérisons miraculeuses*

**Grossesse de cinq ans.** - « Enceinte depuis cinq ans, Cleo vint supplier le dieu et dormit dans *l'abaton* ; dès qu'elle fut sortie et se trouva hors du sanctuaire, elle mit au monde un fils qui, à peine né, se baignait lui-même dans la source et trottait à côté de sa mère. Après cette faveur, elle écrivit sur son *ex voto* : *Ce ne sont pas les dimensions de la tablette qu'il faut admirer, c'est la puissance divine : comment Cleo porta cinq ans son fardeau, jusqu'à l'incubation au cours de laquelle le dieu la guérit.* »

**Fille muette.** - « En se promenant dans le temple, la fillette vit un serpent ramper d'un des arbres du bois sacré[1] ; remplie de frayeur, elle poussa aussitôt des cris pour appeler sa mère et son père et elle s'en retourna guérie ».

■ Pierre Lévêque, *Nous partons pour la Grèce*, © PUF (1979).

1. On nourrissait des serpents sacrés dans le sanctuaire, peut-être dans le sous-sol de la *Tholos* (voir doc. 2).

● En quoi ces deux guérisons sont-elles miraculeuses ?

● Laquelle des deux vous semble plus vraisemblable ?

Séance **TICE** @

Faites des recherches sur Asclépios : évoquez d'abord sa naissance et sa mort, puis son culte et ses représentations. Vous pourrez notamment vous interroger sur la présence et le rôle des serpents dans son culte et sur son bâton.

# Le sanctuaire d'Apollon à Delphes

Doc. 1 **Delphes, le nombril du monde**

Pour les Grecs, Delphes est le centre géographique du monde : deux aigles lancés par Zeus depuis les bords du disque terrestre s'y étaient, dit-on, rejoints et y avaient lâché une pierre appelée ὁ ὀμ-φαλός, *le nombril*. Apollon, à la demande de son père Zeus, y établit son sanctuaire oraculaire (τὸ μαντεῖον). Le dieu fait connaître ses volontés par l'intermédiaire d'une prêtresse, la Pythie. Tout le monde grec, voyageurs, tyrans, stratèges, cités, particuliers, y fait pèlerinage et y dépose ses offrandes (*ex voto*). Tous les quatre ans y sont aussi organisés les jeux Pythiques (Πύθια), concours musicaux et sportifs.

● **Quel était, selon vous, le rôle des offrandes ?**

Doc. 2 **Reconstitution du sanctuaire**

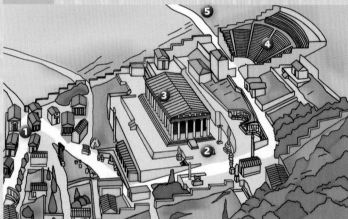

● **Pourquoi la voie bordée d'offrandes était-elle appelée « sacrée » ? Quelle était sa fonction ?**

● **Quels édifices étaient plus particulièrement destinés à la célébration des jeux Pythiques ?**

➊ Voie sacrée bordée d'offrandes (trésors et statues).

➋ Autel.

➌ Temple d'Apollon.

➍ Théâtre.

➎ Chemin qui mène au stade.

Doc. 3 **Vue aérienne du sanctuaire**

● **À quels monuments de la reconstitution les numéros sur la vue aérienne correspondent-ils ?**

## Doc. 4 *Dans* l'adyton *du temple d'Apollon*

Au fond de la nef centrale s'évidait une aire, assez étroite, dont le sol, en terre battue, est surbaissé par rapport au dallage du temple ; c'est l'*adyton* (impénétrable), le lieu le plus sacré, où la Pythie accomplit son office. Cet espace est séparé en deux parties par un rideau : à la droite de celui qui venait d'entrer se trouve un isoloir (un escalier permet d'y descendre pour aller s'asseoir sur une banquette) ; à sa gauche où surgit le feuillage d'un laurier se situe le *mantéion,* l'espace réservé à la Pythie assise sur le trépied, auprès d'une statue en or d'Apollon, d'une stèle figurant la tombe de Dionysos et d'une pierre de forme conique, l'*omphalos*.

Le trépied est fixé au-dessus de la fameuse *ouverture de la terre (khâsma gês)* qui n'a pas été retrouvée. Il s'agit vraisemblablement d'un puits [...]. Un souffle *(pneûma)* monte de cette ouverture ; il passe pour inspirer la Pythie.

■ Jean-Paul Savignac, *Oracles de Delphes,* © La Différence (2002).

Égée consultant l'oracle de Delphes, intérieur d'une coupe à figures rouges (vers 440 avant J.-C.), céramique (Berlin, SMPK, Antikenmuseum).

● **Repérez sur la coupe à figures rouges, représentant une consultation, les éléments qui sont évoqués dans le texte.**

● **Que symbolise la pierre appelée *omphalos* présente dans l'*adyton* du temple ?**

● **Qu'est-ce qui *passe pour inspirer la Pythie* ?**

## Doc. 5 *Un oracle ambigu*

*Crésus, riche roi de Lydie, veut envahir le territoire de son voisin, le Perse Cyrus. Il envoie des Lydiens consulter pour lui la Pythie.*

Ils interrogèrent les oracles[1] en ces termes : « Crésus, roi des Lydiens et d'autres peuples, pensant qu'ici sont les seuls vrais oracles qu'il y ait au monde, vous a fait don de présents dignes des marques de votre sagacité ; et il vous demande maintenant s'il doit faire la guerre aux Perses [...]. » Telles furent leurs questions ; et les avis exprimés par l'un et l'autre oracle concordèrent : ils prédirent à Crésus que, s'il faisait la guerre aux Perses, il détruirait un grand empire.

*Mais Crésus est vaincu par Cyrus : il se plaint à la Pythie. Voici la réponse de la prêtresse.*

« Crésus récrimine sans raison. Loxias[2] lui prédisait que s'il entrait en guerre contre les Perses, il détruirait un grand empire. En face de cette réponse, il aurait dû, s'il voulait prendre un sage parti, envoyer demander au dieu de quel empire il parlait, du sien ou de celui de Cyrus. »

■ Hérodote (490-425 env. avant J.-C.), *Histoires,* I, 53 et 91, trad. Ph.-E. Legrand, © Les Belles Lettres (1932).

1. Crésus consulte en même temps l'oracle d'Amphiaraos, proche d'Athènes et consacré à un héros d'Argos.
2. Surnom d'Apollon : « l'Oblique ».

● **Pourquoi la réponse d'Apollon est-elle ambiguë ? Quel est l'avantage de ce genre de réponse pour la crédibilité de l'oracle ?**

● **En quoi le surnom d'Apollon, « l'Oblique », suggère-t-il le caractère de ses réponses ?**

**Il existait à Dodone, au nord de la Grèce, un sanctuaire oraculaire consacré à Zeus. Faites des recherches sur cet oracle et sur les modes de divination que l'on y pratiquait.**

# Lectures

## L'épopée

### Le duel final entre deux héros

Deux héros dominent par leurs exploits l'épisode de la guerre de Troie raconté dans l'*Iliade* : Achille, « le meilleur des Achéens », et son ennemi Hector, le vaillant fils du roi de Troie.

*Hector, le meilleur des Troyens, a tué Patrocle au combat. Achille reprend alors les armes pour venger son ami. Il poursuit Hector que les dieux abandonnent au moment de l'affrontement.*

Comme l'étoile qui s'avance, entourée des autres étoiles, au plein cœur de la nuit, comme l'Étoile du soir, la plus belle qui ait sa place au firmament, ainsi luit la pique acérée qu'Achille brandit dans sa droite, méditant la perte du divin Hector et cherchant des yeux, sur sa belle chair, où elle offrira le moins de résistance. [...] La pointe va tout droit à travers le cou délicat. La lourde pique de bronze ne perce pas cependant la trachée : il peut ainsi répondre et dire quelques mots. Et cependant qu'il s'écroule dans la poussière, le divin Achille triomphe :

« Hector, tu croyais peut-être, quand tu dépouillais Patrocle, qu'il ne t'en coûterait rien ; tu n'avais cure de moi : j'étais si loin ! Pauvre sot !.. Mais, à l'écart, près des nefs creuses, un défenseur – bien plus brave – était resté en arrière : moi, moi qui viens de te rompre les genoux, et les chiens, les oiseaux te mettront en pièces outrageusement, tandis qu'à lui les Achéens rendront les honneurs funèbres. »

D'une voix défaillante, Hector au casque étincelant répond :

« Je t'en supplie, par ta vie, par tes genoux, par tes parents, ne laisse pas les chiens me dévorer près des nefs achéennes ; accepte bronze et or à ta suffisance ; accepte les présents que t'offriront mon père et ma digne mère ; rends-leur mon corps à ramener chez moi, afin que les Troyens et femmes des Troyens au mort que je serai donnent sa part de feu. »

Achille aux pieds rapides vers lui lève un œil sombre et dit :

« Non, chien, ne me supplie ni par mes genoux ni par mes parents. » [...]

La mort, qui tout achève, déjà l'enveloppe. Son âme quitte ses membres et s'en va, en volant, chez Hadès, pleurant sur son destin, abandonnant la force et la jeunesse.

■ Homère (VIIIᵉ s. avant J.-C.), *Iliade*, XXII, v. 317-321, 327-346 et 361-364, trad. P. Mazon, © Les Belles Lettres (1956).

# Le mythe de Pandore, la première femme

Le poème d'Hésiode *Les Travaux et les Jours*, en vers épiques, est consacré aux travaux des champs ; mais le poète y a inséré plusieurs récits mythiques expliquant les malheurs de la race humaine.

*Zeus, irrité contre les hommes parce que Prométhée leur a donné le feu, décide de les châtier.*

« Moi, en place du feu, je leur ferai présent d'un mal, en qui tous, au fond du cœur, se complairont à entourer d'amour leur propre malheur. »

Il dit et éclate de rire, le père des dieux et des hommes ; et il commande à l'illustre Héphaïstos de tremper d'eau un peu de terre sans tarder, d'y mettre la voix et les forces d'un être humain et d'en former, à l'image des déesses immortelles, un beau corps aimable de vierge ; Athéné lui apprendra ses travaux, le métier qui tisse mille couleurs ; Aphrodite d'or sur son front répandra la grâce, le douloureux désir, les soucis qui brisent les membres, tandis qu'un esprit impudent, un cœur artificieux seront, sur l'ordre de Zeus, mis en elle par Hermès, le Messager, tueur d'Argos[1]. […Et Hermès], héraut des dieux, met en elle la parole et à cette femme il donne le nom de « Pandore », parce que ce sont *tous* les habitants de l'Olympe qui, avec ce *présent*, font présent du malheur aux hommes qui mangent le pain.

Son piège ainsi creusé, aux bords abrupts et sans issue, le Père des dieux dépêche à Épiméthée[2], avec le présent des dieux, l'illustre Tueur d'Argos, rapide messager. Épiméthée ne songe point à ce que lui a dit Prométhée : que jamais il n'accepte un présent de Zeus Olympien, mais le renvoie à qui l'envoie, s'il veut épargner un malheur aux mortels. Il accepte, et quand il subit son malheur, comprend.

La race humaine vivait auparavant sur la terre à l'écart et à l'abri des peines, de la dure fatigue, des maladies douloureuses, qui apportent le trépas aux hommes. Mais la femme, enlevant de ses mains le large couvercle de la jarre, les dispersa par le monde et prépara aux hommes de tristes soucis. Seul, l'Espoir restait là, à l'intérieur de son infrangible prison, sans passer les lèvres de la jarre, et ne s'envola pas au dehors, car Pandore déjà avait replacé le couvercle, par le vouloir de Zeus.

■ Hésiode (VIII<sup>e</sup> s. avant J.-C.), *Les Travaux et les Jours*, v. 57-68 et 79-99, trad. P. Mazon, Les Belles Lettres (1972).

1. Argos est le géant au cent yeux envoyé par Héra pour surveiller Io, transformée en génisse et aimée de Zeus.
2. Épiméthée est le frère de Prométhée, aussi sot et naïf que son frère est intelligent.

# La tragédie grecque

## Iphigénie :
### appel à la tendresse d'un père

**La guerre de Troie a inspiré tous les poètes tragiques. Euripide, dans l'une de ses dernières pièces, évoque le début tragique de cette expédition.**

*Partie pour Troie, la flotte grecque est bloquée à Aulis par des vents contraires. Un oracle annonce à Agamemnon que les dieux exigent le sacrifice de sa fille Iphigénie. Celle-ci vient de découvrir le sort qui l'attend, alors qu'elle croyait que son père l'avait fait venir pour la marier à Achille.*

IPHIGÉNIE. – Mon père, si j'avais l'éloquence d'Orphée, si mon chant persuadait les rochers de me suivre, si mes paroles charmaient les cœurs à mon gré, c'est cette voie que j'aurais prise. Mais je n'ai d'autre talent à t'offrir que les larmes, ce sont mes seules ressources. Mon rameau de suppliante, c'est ce corps que je presse contre ton genou[1] et que ma mère a mis au monde pour toi. Ne me fais pas périr avant l'heure : il est doux de contempler la lumière. Ne me force pas à voir le monde souterrain. La première, je t'appelai mon père et tu me nommas ton enfant, la première je m'abandonnai sur tes genoux, je te donnai de tendres caresses que tu me rendais. Tu me disais alors : « Te verrai-je, ma fille, heureuse au foyer d'un mari, mener une vie florissante et digne de mon rang ? » Et moi je répondais, suspendue à ton cou et pressant cette barbe que ma main touche en ce moment : « Et moi, que ferai-je pour toi ! Quand tu seras vieux, t'offrirai-je une tendre hospitalité dans ma demeure, mon père, pour te rendre les soins dévoués avec lesquels tu m'as nourrie ? » De ces paroles, je garde le souvenir, mais toi, tu les as oubliées. […]

*Elle prend le petit Oreste dans ses bras.*

Mon frère, tu es bien petit encore pour secourir les tiens. Joins pourtant tes larmes aux miennes, viens supplier ton père de ne pas faire mourir ta sœur. Même les tout petits sentent bien les malheurs. Vois, sans rien dire il te supplie, mon père.

■ Euripide (485-407 env. avant J.-C.), *Iphigénie*,
v. 1211-1232 et 1241-1244, trad. F. Jouan, © Les Belles Lettres (1993).

1. Iphigénie adopte ici l'attitude classique du suppliant : agenouillée devant Agamemnon, d'un bras elle entoure ses genoux et de l'autre main elle touche sa barbe.

# Les rapports difficiles
## d'une mère et de sa fille

*Clytemnestre a tué jadis son mari Agamemnon (lui reprochant entre autres la mort d'Iphigénie) et épousé son amant Égisthe. Sa fille Électre, devenue adulte, lui reproche amèrement sa conduite. Son frère Oreste va bientôt revenir et, ensemble, ils tueront les deux amants et vengeront leur père.*

ÉLECTRE. – Je vois en toi une maîtresse, beaucoup plus qu'une mère, dans tous tes rapports avec moi ; moi qui vis ici une vie misérable au milieu des peines sans nombre que je vous dois, à toi et à ton amant. Sans compter qu'ailleurs, loin de l'Argolide, ayant à grand peine évité tes coups, le malheureux Oreste traîne, lui aussi, une vie lamentable, cet Oreste que si souvent tu m'as accusée d'élever en vue de consommer sur toi notre vengeance ! Et cela, sache-le, certes je le ferais, si j'en avais la force. Aussi va, proclame devant tous, si cela te convient, que je ne suis qu'une fille méchante, criarde, éhontée. Si je suis naturellement experte en telle matière, c'est sans doute que je fais honneur à ton sang. […]

CLYTEMNESTRE. – Et moi alors, quel souci dois-je avoir d'une fille qu'on voit insulter sa mère à ce point ? et à l'âge qu'elle a ! Ne te[1] semble-t-il pas qu'elle irait jusqu'au pire crime – et sans la moindre honte ?

ÉLECTRE. – De la honte, si ! j'en ai ; j'en ai de tout ce que je fais ici ; j'en ai, même si tu ne la vois pas. Je comprends que mes façons ne répondent ni à mon âge ni à mon rang ; mais c'est ta malveillance, et ce sont tes actes qui me contraignent à agir comme je le fais malgré moi. Voir des actes honteux enseigne à en commettre.

CLYTEMNESTRE. – Ah ! impudente créature ! moi, mes paroles et mes actes, nous te faisons bien trop parler !

ÉLECTRE. – C'est toi qui parles ici, ce n'est pas moi. C'est toi l'auteur de l'acte : les actes créent les mots.

CLYTEMNESTRE. – Par Artémis souveraine, va, tu n'échapperas pas aux suites de ton audace, sitôt qu'Égisthe sera là !

ÉLECTRE. – Tu le vois, tu t'abandonnes maintenant à la colère, alors que tu m'avais permis de te dire ce que je voulais ! Mais tu ne sais rien entendre.

■ Sophocle (496-406 avant J.-C.), *Électre*, v. 597-629,
trad. P. Mazon, © Les Belles Lettres (1972).

Sophocle a mis en scène les funestes conséquences de la guerre de Troie : le retour des guerriers a été source de nouveaux drames, en particulier dans la famille des Atrides (Agamemnon était un descendant d'Atrée).

1. Clytemnestre s'adresse au Chœur.

# La comédie grecque

## Les femmes font la grève !

Il y eut beaucoup d'auteurs comiques grecs ; mais Aristophane est le seul dont nous ayons gardé de nombreuses comédies.

*Les femmes des cités en guerre, Athènes et Sparte, ont trouvé le moyen de contraindre leurs maris à conclure la paix : retranchées sur l'Acropole, elles font la grève de l'amour. Mais voici Cinésias qui tente de convaincre sa femme Myrrhine de rentrer à la maison.*

CINÉSIAS. – Ô ma toute douce Myrrhinette, pourquoi fais-tu cela ? Descends ici.

MYRRHINE. – Non, par Zeus, je n'irai pas là.

CINÉSIAS. – Quand je t'appelle, ne descendras-tu pas, Myrrhine ?

MYRRHINE. – C'est sans nul besoin que tu m'appelles dehors.

CINÉSIAS. – Moi, sans besoin ? Dis plutôt que je suis à bout.

MYRRHINE. – Je m'en vais.

CINÉSIAS. – Non, vraiment. Écoute au moins le petit. *(À l'enfant.)* Hé, tu n'appelles pas ta maman ?

L'ENFANT – Maman, maman, maman.

CINÉSIAS. – Ah çà, qu'est-ce que tu as ? Tu n'as pas même pitié du petit qui n'a pas été lavé ni allaité voilà six jours !

MYRRHINE. – Certes, j'en ai pitié ; mais il a un père bien négligent.

CINÉSIAS. – Descends, que diantre, pour le petit.

MYRRHINE. – Ce que c'est que d'être mère ! Il faut descendre. Car que faire ? *(Elle vient.)* […]

CINÉSIAS. – Pourquoi, mauvaise, agir ainsi et écouter les autres femmes ? Tu me fais souffrir et tu t'affliges toi-même. *(Il veut l'embrasser.)*

MYRRHINE. – N'approche pas ta main de moi.

CINÉSIAS. – Et nos effets à la maison, les miens, les tiens, que tu laisses se détériorer ?

MYRRHINE. – Peu m'en chaut[1].

CINÉSIAS. – Peu te chaut de ta trame[2] traînée de tous côtés par les poules ?

MYRRHINE. – Oui, par Zeus.

CINÉSIAS. – Et les rites d'Aphrodite que tu n'as pas pratiqués depuis si longtemps ? Ne veux-tu pas revenir ?

MYRRHINE. – Non, par Zeus, si vous ne traitez et mettez fin à la guerre.

■ Aristophane (445-385 env. avant J.-C.), *Lysistrata*, trad. H. Van Daele, © Les Belles-Lettres (1940).

1. Ça m'est égal.
2. Sur le métier à tisser, la trame est le fil passé horizontalement entre les fils verticaux (la chaîne). Les poules ont dû traîner le métier à tisser dans la cour.

# La poésie amoureuse

Les poètes grecs n'ont pas tous écrit des épopées ou des tragédies. Certains, plus rares, se sont fait connaître en célébrant dans de brefs poèmes l'amour, la nature ou les plaisirs de la table.

## Le trouble de l'amour-passion

[…] Dès que je t'aperçois un instant, il ne m'est plus possible d'articuler une parole ;

Mais ma langue se brise, et, sous ma peau, soudain, se glisse un feu subtil ; mes yeux sont sans regard, mes oreilles bourdonnent,

La sueur ruisselle de mon corps, un frisson me saisit toute ; je deviens plus verte que l'herbe, et, peu s'en faut, je me sens mourir. […]

■ Sappho (VIIᵉ s. avant J.-C.), *Fragment 2*,
trad. Th. Reinach et A. Puech, *in Sapho. Alcée*, © Les Belles Lettres (1937).

## L'amour fraternel

Ô Kypris et vous, Néréides, faites que mon frère revienne ici sain et sauf, et que tout ce que son cœur désire puisse s'accomplir ;

Que tous les torts qu'il commit naguère, il puisse les racheter, afin qu'il en résulte joie pour ses amis, honte pour ses ennemis – mais, des ennemis, puissions-nous n'en plus jamais connaître !

■ Sappho (VIIᵉ s. avant J.-C.), *Fragment 25*,
trad. Th. Reinach et A. Puech, *in Sapho. Alcée*, © Les Belles Lettres (1937).

## Portrait de la bien-aimée

[… ]
plus blanche que le lait
plus tendre que l'eau
plus mélodieuse que les lyres,
d'un port plus superbe qu'un cheval,
plus charmante que les roses
plus souple qu'un beau manteau,
plus précieuse que l'or.

■ Sappho (VIIᵉ s. avant J.-C.), *Fragment 140*,
trad. Th. Reinach et A. Puech, *in Sapho. Alcée*, © Les Belles Lettres (1937).

# Le roman

## Une cigale messagère d'amour

Plusieurs romanciers ont écrit, au début de notre ère, de longs romans pleins de rebondissements et d'aventures. L'un des plus connus est Longus, qui, avec *Daphnis et Chloé*, a créé le genre du roman pastoral.

*Daphnis, Chloé et leurs troupeaux se reposent à l'ombre. Daphnis joue de la syrinx, et Chloé s'assoupit peu à peu.*

Daphnis s'en aperçut, abandonna sa syrinx et se mit à la regarder toute, insatiablement, puisqu'il n'avait plus de honte et il murmurait secrètement et doucement : « Quels beaux yeux endormis, quel parfum de sa bouche : ni les pommes, ni les fourrés ne sentent si bon ! Mais j'ai peur de l'embrasser : le baiser ronge le cœur, et, comme le miel nouveau ; il rend fou. [...] »

Tandis qu'il discourait ainsi, une cigale, fuyant une hirondelle qui voulait la saisir, tomba sur la gorge de Chloé. L'hirondelle qui la poursuivait ne put l'attraper, mais elle passa si près de Chloé dans sa chasse qu'elle lui frôla les joues de ses ailes. Chloé, sans comprendre ce qui arrivait, se réveilla en sursaut et poussa un grand cri. Puis, voyant l'hirondelle qui volait toujours auprès d'elle et Daphnis qui riait de sa frayeur, elle cessa d'avoir peur et elle se frotta les yeux qui voulaient dormir encore. Et la cigale se mit à chanter sur la poitrine de Chloé, pareille à une suppliante qui rend grâce de son salut. De nouveau Chloé poussa un grand cri et Daphnis éclata de rire. Saisissant l'occasion, il glissa ses doigts sur les seins de la jeune fille et il en retira la brave cigale, qui, même dans sa main, ne se taisait pas. Chloé fut contente de la voir : elle la prit, lui donna un baiser et la remit, toujours babillante, sur sa poitrine.

■ Longus (IIe s. après J.-C.), *Daphnis et Chloé*, I, 25-26, trad. J.-R. Viellefond, © Les Belles Lettres (1987).

# ANNEXES

**Tableaux de grammaire** ............... 172

◼ La déclinaison des noms .................... 172

◼ La déclinaison des adjectifs ................ 174

◼ La déclinaison des pronoms ............... 175

◼ Les subordonnées à l'indicatif ............. 177

◼ La conjugaison des verbes ................. 178

**Index grammatical** ....................... 184

**Lexique grec-français** ................... 185

**Notices biographiques** ................ 190

# La déclinaison des noms

## 1re déclinaison

| Noms féminins | | | | | |
|---|---|---|---|---|---|
| ἡ ἡμέρα *le jour* | | ἡ κεφαλή *la tête* | | ἡ θάλαττα *la mer* | |
| Singulier | | | | | |
| Nom. ἡ | ἡμέρα | ἡ | κεφαλή | ἡ | θάλαττα |
| Voc. | ἡμέρα | | κεφαλή | | θάλαττα |
| Acc. τὴν | ἡμέραν | τὴν | κεφαλήν | τὴν | θάλατταν |
| Gén. τῆς | ἡμέρας | τῆς | κεφαλῆς | τῆς | θαλάττης |
| Dat. τῇ | ἡμέρᾳ | τῇ | κεφαλῇ | τῇ | θαλάττῃ |
| Pluriel | | | | | |
| Nom. αἱ | ἡμέραι | αἱ | κεφαλαί | αἱ | θάλατται |
| Voc. | ἡμέραι | | κεφαλαί | | θάλατται |
| Acc. τὰς | ἡμέρας | τὰς | κεφαλάς | τὰς | θαλάττᾱς |
| Gén. τῶν | ἡμερῶν | τῶν | κεφαλῶν | τῶν | θαλαττῶν |
| Dat. ταῖς | ἡμέραις | ταῖς | κεφαλαῖς | ταῖς | θαλάτταις |

| Noms masculins | | | | | | | |
|---|---|---|---|---|---|---|---|
| ὁ νεανίας *le jeune homme* | | | | ὁ πολίτης *le citoyen* | | | |
| | Singulier | | Pluriel | | Singulier | | Pluriel |
| Nom. | ὁ νεανίας | οἱ | νεανίαι | ὁ | πολίτης | οἱ | πολῖται |
| Voc. | νεανία | | νεανίαι | | πολῖτα | | πολῖται |
| Acc. | τὸν νεανίαν | τοὺς | νεανίᾱς | τὸν | πολίτην | τοὺς | πολίτας |
| Gén. | τοῦ νεανίου | τῶν | νεανιῶν | τοῦ | πολίτου | τῶν | πολιτῶν |
| Dat. | τῷ νεανίᾳ | τοῖς | νεανίαις | τῷ | πολίτῃ | τοῖς | πολίταις |

## 2e déclinaison

| Noms masculins | | | | Noms neutres | | | |
|---|---|---|---|---|---|---|---|
| ὁ λόγος *la parole* | | | | τὸ δῶρον *le cadeau* | | | |
| | Singulier | | Pluriel | | Singulier | | Pluriel |
| Nom. | ὁ λόγος | οἱ | λόγοι | τὸ | δῶρον | τὰ | δῶρα |
| Voc. | λόγε | | λόγοι | | δῶρον | | δῶρα |
| Acc. | τὸν λόγον | τοὺς | λόγους | τὸ | δῶρον | τὰ | δῶρα |
| Gén. | τοῦ λόγου | τῶν | λόγων | τοῦ | δώρου | τῶν | δώρων |
| Dat. | τῷ λόγῳ | τοῖς | λόγοις | τῷ | δώρῳ | τοῖς | δώροις |

# La déclinaison des noms

## 3ᵉ déclinaison

| Noms masculins ou féminins | | | | | | | |
|---|---|---|---|---|---|---|---|
| **ὁ κόραξ** *le corbeau* | | **ὁ δαίμων** *la divinité* | | **ἡ πόλις** *la cité* | | **ὁ βασιλεύς** *le roi* | |
| Singulier | | | | | | | |
| Nom. | ὁ | κόραξ | ὁ | δαίμων | ἡ | πόλις | ὁ | βασιλεύς |
| Voc. | | κόραξ | | δαῖμον | | πόλι | | βασιλεῦ |
| Acc. | τόν | κόρακα | τόν | δαίμονα | τήν | πόλιν | τόν | βασιλέα |
| Gén. | τοῦ | κόρακος | τοῦ | δαίμονος | τῆς | πόλεως | τοῦ | βασιλέως |
| Dat. | τῷ | κόρακι | τῷ | δαίμονι | τῇ | πόλει | τῷ | βασιλεῖ |
| Pluriel | | | | | | | |
| Nom. | οἱ | κόρακες | οἱ | δαίμονες | αἱ | πόλεις | οἱ | βασιλεῖς |
| Voc. | | κόρακες | | δαίμονες | | πόλεις | | βασιλεῖς |
| Acc. | τούς | κόρακας | τούς | δαίμονας | τάς | πόλεις | τούς | βασιλέας |
| Gén. | τῶν | κοράκων | τῶν | δαιμόνων | τῶν | πόλεων | τῶν | βασιλέων |
| Dat. | τοῖς | κόραξι(ν) | τοῖς | δαίμοσι(ν) | ταῖς | πόλεσι(ν) | τοῖς | βασιλεῦσι(ν) |

| Noms neutres | | | | | | | |
|---|---|---|---|---|---|---|---|
| **τὸ σῶμα** *le corps* | | | | **τὸ τεῖχος** *le rempart* | | | |
| Singulier | | Pluriel | | Singulier | | Pluriel | |
| Nom. | τό | σῶμα | τά | σώματα | τό | τεῖχος | τά | τείχη |
| Voc. | | σῶμα | | σώματα | | τεῖχος | | τείχη |
| Acc. | τό | σῶμα | τά | σώματα | τό | τεῖχος | τά | τείχη |
| Gén. | τοῦ | σώματος | τῶν | σωμάτων | τοῦ | τείχους | τῶν | τειχῶν |
| Dat. | τῷ | σώματι | τοῖς | σώμασι(ν) | τῷ | τείχει | τοῖς | τείχεσι(ν) |

## La déclinaison des mots difficiles

| | **ἡ γυνή** *la femme* | | **ὁ ἀνήρ** *l'homme, le mari* | | **ὁ πατήρ** *le père* | |
|---|---|---|---|---|---|---|
| Singulier | | | | | | |
| Nom. | ἡ | γυνή | ὁ | ἀνήρ | ὁ | πατήρ |
| Voc. | | γύναι | | ἄνερ | | πάτερ |
| Acc. | τήν | γυναῖκα | τόν | ἄνδρα | τόν | πατέρα |
| Gén. | τῆς | γυναικός* | τοῦ | ἀνδρός | τοῦ | πατρός |
| Dat. | τῇ | γυναικί | τῷ | ἀνδρί | τῷ | πατρί |
| Pluriel | | | | | | |
| Nom. | αἱ | γυναῖκες | οἱ | ἄνδρες | οἱ | πατέρες |
| Voc. | | γυναῖκες | | ἄνδρες | | πατέρες |
| Acc. | τάς | γυναῖκας | τούς | ἄνδρας | τούς | πατέρας |
| Gén. | τῶν | γυναικῶν | τῶν | ἀνδρῶν | τῶν | πατέρων |
| Dat. | ταῖς | γυναιξί(ν) | τοῖς | ἀνδράσι(ν) | τοῖς | πατράσι(ν) |

* Le nom **γυνή** et les noms de parenté en **-ηρ** sont accentués sur la finale au génitif et au datif.

# La déclinaison des adjectifs

## Adjectifs de la 1re classe

■ Le masculin et le neutre suivent le modèle de la 2e déclinaison des noms, le féminin (en **-α** ou en **-η**) suit le modèle de la 1re déclinaison.

| | καλός, ή, όν : *beau* | | | δίκαιος, α, ον : *juste* | | |
|---|---|---|---|---|---|---|
| | Masculin | Féminin | Neutre | Masculin | Féminin | Neutre |
| | Singulier | | | | | |
| Nom. | καλός | καλή | καλόν | δίκαιος | δικαία | δίκαιον |
| Voc. | καλέ | καλή | καλόν | δίκαιε | δικαία | δίκαιον |
| Acc. | καλόν | καλήν | καλόν | δίκαιον | δικαίαν | δίκαιον |
| Gén. | καλοῦ | καλῆς | καλοῦ | δικαίου | δικαίας | δικαίου |
| Dat. | καλῷ | καλῇ | καλῷ | δικαίῳ | δικαίᾳ | δικαίῳ |
| | Pluriel | | | | | |
| Nom. | καλοί | καλαί | καλά | δίκαιοι | δικαίαι | δίκαια |
| Voc. | καλοί | καλαί | καλά | δίκαιοι | δικαίαι | δίκαια |
| Acc. | καλούς | καλάς | καλά | δικαίους | δικαίας | δίκαια |
| Gén. | καλῶν | καλῶν | καλῶν | δικαίων | δικαίων | δικαίων |
| Dat. | καλοῖς | καλαῖς | καλοῖς | δικαίοις | δικαίαις | δικαίοις |

■ Pour former le comparatif et le superlatif des adjectifs de la 1re classe, on ajoute les suffixes **-τερος** et **-τατος** au thème en **-ο** ou en **-ω** si la syllabe précédente est brève.

| Comparatif | Superlatif |
|---|---|
| δικαιό-**τερος**, α, ον : *plus juste* | δικαιό-**τατος**, η, ον : *le plus juste, très juste* |
| σοφώ-**τερος**, α, ον : *plus sage* | σοφώ-**τατος**, η, ον : *le plus sage, très sage* |

## Adjectifs de la 2e classe

■ Le féminin et le masculin sont identiques. Ils se déclinent sur le modèle de la 3e déclinaison.
Il y a deux modèles :
- **ἀληθής, ής, ές** : *vrai* se décline comme τὸ τεῖχος ;
- **εὐδαίμων, ων, ον** : *heureux* se décline comme ὁ δαίμων.

| | ἀληθής, ής, ές : *vrai* | | | |
|---|---|---|---|---|
| | Masculin et féminin | Neutre | Masculin et féminin | Neutre |
| | Singulier | | Pluriel | |
| Nom. | ἀληθής | ἀληθές | ἀληθεῖς | ἀληθῆ |
| Voc. | ἀληθές | ἀληθές | ἀληθεῖς | ἀληθῆ |
| Acc. | ἀληθῆ | ἀληθές | ἀληθεῖς | ἀληθῆ |
| Gén. | ἀληθοῦς | | ἀληθῶν | |
| Dat. | ἀληθεῖ | | ἀληθέσι(ν) | |

# La déclinaison des adjectifs

| εὐδαίμων, ων, ον : *heureux* | | | |
|---|---|---|---|
| Masculin et féminin | Neutre | Masculin et féminin | Neutre |
| Singulier | | Pluriel | |
| Nom. εὐδαίμων | εὔδαιμον | εὐδαίμονες | εὐδαίμονα |
| Voc. εὔδαιμον | | εὐδαίμονες | εὐδαίμονα |
| Acc. εὐδαίμονα | εὔδαιμον | εὐδαίμονας | εὐδαίμονα |
| Gén. εὐδαίμονος | | εὐδαιμόνων | |
| Dat. εὐδαίμονι | | εὐδαίμοσι(ν) | |

■ Pour former le comparatif et le superlatif des adjectifs de la 2e classe, on ajoute les suffixes **-τερος** et **-τατος** au nominatif neutre singulier de l'adjectif.

| Comparatif | Superlatif |
|---|---|
| ἀληθέσ-τερος, α, ον : *plus vrai* | ἀληθέσ-τατος, η, ον : *très vrai* |

■ Cependant, les adjectifs du type εὐδαίμων ont un comparatif de forme **-εστερος** et un superlatif de forme **-εστατος**.

| Comparatif | Superlatif |
|---|---|
| εὐδαιμον-έστερος, α, ον : *plus heureux* | εὐδαιμον-εστατος, η, ον : *très heureux* |

# La déclinaison des pronoms

## Les pronoms personnels des 1res et 2es personnes

| | non-réfléchi | réfléchi | non-réfléchi | réfléchi |
|---|---|---|---|---|
| | Singulier (*je*) | | Singulier (*tu*) | |
| Nom. | ἐγώ | | σύ | |
| Voc. | - | | σύ | |
| Acc. | ἐμέ ou με | ἐμαυτόν, -ήν | σέ ou σε | σεαυτόν, -ήν |
| Gén. | ἐμοῦ ou μου | ἐμαυτοῦ, -ῆς | σοῦ ou σου | σεαυτοῦ, -ῆς |
| Dat. | ἐμοί ou μοι | ἐμαυτῷ, -η | σοί ou σοι | σεαυτῷ, -ῇ |

| | non-réfléchi | réfléchi | non-réfléchi | réfléchi |
|---|---|---|---|---|
| | Pluriel (*nous*) | | Pluriel (*vous*) | |
| Nom. | ἡμεῖς | | ὑμεῖς | |
| Voc. | - | | ὑμεῖς | |
| Acc. | ἡμᾶς | ἡμᾶς αὐτούς, -άς | ὑμᾶς | ὑμᾶς αὐτούς, -άς |
| Gén. | ἡμῶν | ἡμῶν αὐτῶν | ὑμῶν | ὑμῶν αὐτῶν |
| Dat. | ἡμῖν | ἡμῖν αὐτοῖς, -αῖς | ὑμῖν | ὑμῖν αὐτοῖς, -αῖς |

## Les pronoms personnels de la 3e personne

| | non-réfléchi | | réfléchi | |
|---|---|---|---|---|
| | Singulier (*il*) | Pluriel (*ils*) | Singulier | Pluriel |
| Nom. | - | - | - | - |
| Acc. | αὐτόν, -ήν, -ό | αὐτούς, -άς, -ά | ἑαυτόν, -ήν, -ό (αὐτόν) | ἑαυτούς, -άς, -ά |
| Gén. | αὐτοῦ, -ῆς, -οῦ | αὐτῶν, -ῶν, -ῶν | ἑαυτοῦ, -ῆς, -οῦ (αὐτοῦ) | ἑαυτῶν |
| Dat. | αὐτῷ, -ῇ, -ῷ | αὐτοῖς, -αῖς, -οῖς | ἑαυτῷ, -ῇ, -ῷ (αὐτῷ) | ἑαυτοῖς, -αῖς, -οῖς |

# La déclinaison des pronoms

## Les pronoms-adjectifs démonstratifs

| | | | | | | |
|---|---|---|---|---|---|---|
| **ὅδε, ἥδε, τόδε** : *celui-ci, celle-ci, ceci, ce... ci, cette... ci* | | | | | | |
| | Masculin | Féminin | Neutre | Masculin | Féminin | Neutre |
| | Singulier | | | Pluriel | | |
| Nom. | ὅδε | ἥδε | τόδε | οἵδε | αἵδε | τάδε |
| Acc. | τόνδε | τήνδε | τόδε | τούσδε | τάσδε | τάδε |
| Gén. | τοῦδε | τῆσδε | τοῦδε | τῶνδε | τῶνδε | τῶνδε |
| Dat. | τῷδε | τῇδε | τῷδε | τοῖσδε | ταῖσδε | ταῖσδε |

| | | | | | | |
|---|---|---|---|---|---|---|
| **οὗτος, αὕτη, τοῦτο** : *celui-ci, celle-ci, ceci ; ce, cette* | | | | | | |
| | Masculin | Féminin | Neutre | Masculin | Féminin | Neutre |
| | Singulier | | | Pluriel | | |
| Nom. | οὗτος | αὕτη | τοῦτο | οὗτοι | αὗται | ταῦτα |
| Acc. | τοῦτον | ταύτην | τοῦτο | τούτους | ταύτας | ταῦτα |
| Gén. | τούτου | ταύτης | τούτου | τούτων | τούτων | τούτων |
| Dat. | τούτῳ | ταύτῃ | τούτῳ | τούτοις | ταύταις | τούτοις |

| | | | | | | |
|---|---|---|---|---|---|---|
| **ἐκεῖνος, ἐκείνη, ἐκεῖνο** : *celui-là, celle-là, cela, ce... là, cette... là* | | | | | | |
| | Masculin | Féminin | Neutre | Masculin | Féminin | Neutre |
| | Singulier | | | Pluriel | | |
| Nom. | ἐκεῖνος | ἐκείνη | ἐκεῖνο | ἐκεῖνοι | ἐκεῖναι | ἐκεῖνα |
| Acc. | ἐκεῖνον | ἐκείνην | ἐκεῖνο | ἐκείνους | ἐκείνας | ἐκεῖνα |
| Gén. | ἐκείνου | ἐκείνης | ἐκείνου | ἐκείνων | ἐκείνων | ἐκείνων |
| Dat. | ἐκείνῳ | ἐκείνη | ἐκείνῳ | ἐκείνοις | ἐκείναις | ἐκείνοις |

## Autres pronoms-adjectifs fréquents

| | | | | | | |
|---|---|---|---|---|---|---|
| **πᾶς, πᾶσα, πᾶν** : *tout, chaque* | | | | | | |
| | Masculin | Féminin | Neutre | Masculin | Féminin | Neutre |
| | Singulier | | | Pluriel | | |
| Nom. | πᾶς | πᾶσα | πᾶν | πάντες | πᾶσαι | πάντα |
| Acc. | πάντα | πᾶσαν | πᾶν | πάντας | πάσας | πάντα |
| Gén. | παντός | πάσης | παντός | πάντων | πασῶν | πάντων |
| Dat. | παντί | πάσῃ | παντί | πᾶσι(ν) | πάσαις | πᾶσι(ν) |

| | | | | | | |
|---|---|---|---|---|---|---|
| **τις, τις, τι** : *un, quelqu'un, quelque chose* | | | | | | |
| | Masculin | Féminin | Neutre | Masculin | Féminin | Neutre |
| | Singulier | | | Pluriel | | |
| Nom. | τις | τις | τι | τινες | τινες | τινα |
| Acc. | τινα | τινα | τι | τινας | τινας | τινα |
| Gén. | τινος ou του | | | τινων | | |
| Dat. | τινι ou τῳ | | | τισι(ν) | | |

# Les subordonnées à l'indicatif

Dans les propositions subordonnées à l'indicatif, la négation est toujours **οὐκ**.

## Les propositions complétives (discours indirect)

Elles sont introduites par **ὅτι** ou **ὡς**, *que*.

> Λέγουσιν οἱ ποιηταὶ ὅτι τὰ μέλη φέρουσιν ἐκ Μουσῶν κήπων.
> *Les poètes disent qu'ils apportent leurs poèmes depuis les jardins des Muses.*

### Remarques

a Quand le récit est au passé, le temps employé dans la subordonnée est celui du discours direct.

> Ὁ Κῦρος εἶπεν ὅτι ἕτοιμός ἐστίν.
> *Cyrus déclara qu'il était prêt.*

b L'emploi de **ὡς** suppose un doute sur la véracité du discours.

> Θέογνις λέγει ὡς μέτοικοί τινες τῇ πολιτείᾳ ἄχθονται.
> *Théognis prétend que certains métèques sont hostiles au régime.*

## Les propositions temporelles

Elles sont introduites par **ὅτε, ὡς, ἐπεί**, *quand*.

> Ὅτε ὁ Πάρις τὰς θεὰς εἶδεν, ἐφοβήθη πρῶτον.
> *Quand Pâris vit les déesses, il eut peur d'abord.*

### Remarque

On emploie l'indicatif seulement pour renvoyer à un fait réel du passé.
Pour le présent ou le futur, la construction sera différente.

## Les propositions causales

Elles sont introduites par **ὅτι, διότι, ἐπεί, ἐπειδή**, *parce que, puisque*.

> Ὅτι πλούσιος εἶ, πολλοὺς φίλους ἔχεις.
> *Parce que tu es riche, tu as beaucoup d'amis.*

## Les propositions consécutives

Elles sont introduites par **ὥστε**, *de sorte que*.

> Πάντες ἔφυγον, ὥστε ὁ στρατηγὸς μόνος ἔμεινε.
> *Tous s'enfuirent, de sorte que le général resta seul.*

### Remarques

a **ὥστε** peut être annoncé par un corrélatif :
- **οὕτως... ὥστε**, *tellement... que* ;
- **τοσοῦτος... ὥστε**, *si grand... que* ;
- **τοιοῦτος... ὥστε**, *tel... que.*

b On emploie l'indicatif seulement pour renvoyer à un fait réel du passé.
Pour une conséquence simplement envisagée, on emploie **ὥστε** + infinitif.

> Βούλομαι πλούσιος εἶναι, ὥστε ἔχειν μεγάλην οἰκίαν.
> *Je veux être riche, de façon à avoir une grande maison.*

# La conjugaison des verbes

## λύω : *je délie*

### Actif

| | Indicatif | Impératif | Infinitif | Participe |
|---|---|---|---|---|
| **Présent** | | | | |
| 1re sing. | λύω | | λύειν | λύων, λύουσα, λῦον |
| 2e | λύεις | λῦε | | |
| 3e | λύει | λυέτω | | |
| 1re pl. | λύομεν | | | |
| 2e | λύετε | λύετε | | |
| 3e | λύουσι(ν) | λυόντων | | |
| **Imparfait** | | | | |
| 1re sing. | ἔλυον | | | |
| 2e | ἔλυες | | | |
| 3e | ἔλυε(ν) | | | |
| 1re pl. | ἐλύομεν | | | |
| 2e | ἐλύετε | | | |
| 3e | ἔλυον | | | |
| **Aoriste** | | | | |
| 1re sing. | ἔλυσα | | λῦσαι | λύσας, λύσασα, λῦσαν |
| 2e | ἔλυσας | λῦσον | | |
| 3e | ἔλυσε | λυσάτω | | |
| 1re pl. | ἐλύσαμεν | | | |
| 2e | ἐλύσατε | λύσατε | | |
| 3e | ἔλυσαν | λυσάντων | | |
| **Futur** | | | | |
| 1re sing. | λύσω | | λύσειν | λύσων, λύσουσα, λῦσον |
| 2e | λύσεις | | | |
| 3e | λύσει | | | |
| 1re pl. | λύσομεν | | | |
| 2e | λύσετε | | | |
| 3e | λύσουσι(ν) | | | |

# La conjugaison des verbes

## λύομαι : *je suis délié, je délie pour moi*

### Formes communes du moyen et du passif

| | Indicatif | Infinitif | Participe |
|---|---|---|---|
| **Présent** | | | |
| 1ʳᵉ sing. | λύομαι | λύεσθαι | λυόμενος, η, ον |
| 2ᵉ | λύει (λύῃ) | | |
| 3ᵉ | λύεται | | |
| 1ʳᵉ pl. | λυόμεθα | | |
| 2ᵉ | λύεσθε | | |
| 3ᵉ | λύονται | | |
| **Imparfait** | | | |
| 1ʳᵉ sing. | ἐλυόμην | | |
| 2ᵉ | ἐλύου | | |
| 3ᵉ | ἐλύετο | | |
| 1ʳᵉ pl. | ἐλυόμεθα | | |
| 2ᵉ | ἐλύεσθε | | |
| 3ᵉ | ἐλύοντο | | |

### Formes propres au moyen

| | Indicatif | Infinitif | Participe |
|---|---|---|---|
| **Aoriste** | | | |
| 1ʳᵉ sing. | ἐλυσάμην | λύσασθαι | λυσάμενος, η, ον |
| 2ᵉ | ἐλύσω | | |
| 3ᵉ | ἐλύσατο | | |
| 1ʳᵉ pl. | ἐλυσάμεθα | | |
| 2ᵉ | ἐλύσασθε | | |
| 3ᵉ | ἐλύσαντο | | |
| **Futur** | | | |
| 1ʳᵉ sing. | λύσομαι | λύσεσθαι | λυσόμενος, η, ον |
| 2ᵉ | λύσει (-σῃ) | | |
| 3ᵉ | λύσεται | | |
| 1ʳᵉ pl. | λυσόμεθα | | |
| 2ᵉ | λύσεσθε | | |
| 3ᵉ | λύσονται | | |

### Formes propres au passif

| | Indicatif | Infinitif | Participe |
|---|---|---|---|
| **Aoriste** | | | |
| 1ʳᵉ sing. | ἐλύθην | λυθῆναι | λυθείς, λυθεῖσα, λυθέν |
| 2ᵉ | ἐλύθης | | |
| 3ᵉ | ἐλύθη | | |
| 1ʳᵉ pl. | ἐλύθημεν | | |
| 2ᵉ | ἐλύθητε | | |
| 3ᵉ | ἐλύθησαν | | |
| **Futur** | | | |
| 1ʳᵉ sing. | λυθήσομαι | λυθήσεσθαι | λυθησόμενος, η, ον |
| 2ᵉ | λυθήσει (-σῃ) | | |
| 3ᵉ | λυθήσεται | | |
| 1ʳᵉ pl. | λυθησόμεθα | | |
| 2ᵉ | λυθήσεσθε | | |
| 3ᵉ | λυθήσονται | | |

# La conjugaison des verbes

## τιμάω-ῶ : *j'honore*

### Actif

| | Indicatif | Impératif | Infinitif | Participe |
|---|---|---|---|---|
| **Présent** | | | | |
| 1ʳᵉ sing. | τιμῶ | | τιμᾶν | τιμῶν, τιμῶσα, τιμῶν |
| 2ᵉ | τιμᾷς | τίμα | | |
| 3ᵉ | τιμᾷ | τιμάτω | | |
| 1ʳᵉ pl. | τιμῶμεν | | | |
| 2ᵉ | τιμᾶτε | τιμᾶτε | | |
| 3ᵉ | τιμῶσι(ν) | τιμώντων | | |
| **Imparfait** | | | | |
| 1ʳᵉ sing. | ἐτίμων | | | |
| 2ᵉ | ἐτίμας | | | |
| 3ᵉ | ἐτίμα | | | |
| 1ʳᵉ pl. | ἐτιμῶμεν | | | |
| 2ᵉ | ἐτιμᾶτε | | | |
| 3ᵉ | ἐτίμων | | | |
| **Aoriste** | | | | |
| | ἐτίμησα, etc. | τίμησον, etc. | τιμῆσαι | τιμήσας |
| **Futur** | | | | |
| | τιμήσω, etc. | | τιμήσειν | τιμήσων |

### Moyen-passif

| | Indicatif | Impératif | Infinitif | Participe |
|---|---|---|---|---|
| **Présent** | | | | |
| 1ʳᵉ sing. | τιμῶμαι | | τιμᾶσθαι | τιμώμενος, η, ον |
| 2ᵉ | τιμᾷ | | | |
| 3ᵉ | τιμᾶται | | | |
| 1ʳᵉ pl. | τιμώμεθα | | | |
| 2ᵉ | τιμᾶσθε | | | |
| 3ᵉ | τιμῶνται | | | |
| **Imparfait** | | | | |
| 1ʳᵉ sing. | ἐτιμώμην | | | |
| 2ᵉ | ἐτιμῶ | | | |
| 3ᵉ | ἐτιμᾶτο | | | |
| 1ʳᵉ pl. | ἐτιμώμεθα | | | |
| 2ᵉ | ἐτιμᾶσθε | | | |
| 3ᵉ | ἐτιμῶντο | | | |
| **Aoriste moyen** | | | | |
| | ἐτιμησάμην, etc. | | τιμήσασθαι | τιμησάμενος |
| **Aoriste passif** | | | | |
| | ἐτιμήθην, etc. | | τιμηθῆναι | τιμηθείς |
| **Futur moyen** | | | | |
| | τιμήσομαι, etc. | | τιμήσεσθαι | τιμησόμενος |
| **Futur passif** | | | | |
| | τιμηθήσομαι, etc. | | τιμηθήσεσθαι | τιμηθησόμενος |

# La conjugaison des verbes

## ποιέω-ῶ : *je fais*

### Actif

| | Indicatif | Impératif | Infinitif | Participe |
|---|---|---|---|---|
| **Présent** | | | | |
| 1<sup>re</sup> sing. | ποιῶ | | ποιεῖν | ποιῶν, ποιοῦσα, ποιοῦν |
| 2<sup>e</sup> | ποιεῖς | ποίει | | |
| 3<sup>e</sup> | ποιεῖ | ποιείτω | | |
| 1<sup>re</sup> pl. | ποιοῦμεν | | | |
| 2<sup>e</sup> | ποιεῖτε | ποιεῖτε | | |
| 3<sup>e</sup> | ποιοῦσι(ν) | ποιούντων | | |
| **Imparfait** | | | | |
| 1<sup>re</sup> sing. | ἐποίουν | | | |
| 2<sup>e</sup> | ἐποίεις | | | |
| 3<sup>e</sup> | ἐποίει | | | |
| 1<sup>re</sup> pl. | ἐποιοῦμεν | | | |
| 2<sup>e</sup> | ἐποιεῖτε | | | |
| 3<sup>e</sup> | ἐποίουν | | | |
| **Aoriste** | | | | |
| | ἐποίησα, etc. | ποίησον, etc. | ποιῆσαι | ποιήσας |
| **Futur** | | | | |
| | ποιήσω, etc. | | ποιήσειν | ποιήσων |

### Moyen-passif

| | Indicatif | Impératif | Infinitif | Participe |
|---|---|---|---|---|
| **Présent** | | | | |
| 1<sup>re</sup> sing. | ποιοῦμαι | | ποιεῖσθαι | ποιούμενος, η, ον |
| 2<sup>e</sup> | ποιεῖ | | | |
| 3<sup>e</sup> | ποιεῖται | | | |
| 1<sup>re</sup> pl. | ποιούμεθα | | | |
| 2<sup>e</sup> | ποιεῖσθε | | | |
| 3<sup>e</sup> | ποιοῦνται | | | |
| **Imparfait** | | | | |
| 1<sup>re</sup> sing. | ἐποιούμην | | | |
| 2<sup>e</sup> | ἐποιοῦ | | | |
| 3<sup>e</sup> | ἐποιεῖτο | | | |
| 1<sup>re</sup> pl. | ἐποιούμεθα | | | |
| 2<sup>e</sup> | ἐποιεῖσθε | | | |
| 3<sup>e</sup> | ἐποιοῦντο | | | |
| **Aoriste moyen** | | | | |
| | ἐποιησάμην, etc. | | ποιήσασθαι | ποιησάμενος |
| **Aoriste passif** | | | | |
| | ἐποιήθην, etc. | | ποιηθῆναι | ποιηθείς |
| **Futur moyen** | | | | |
| | ποιήσομαι, etc. | | ποιήσεσθαι | ποιησόμενος |
| **Futur passif** | | | | |
| | ποιηθήσομαι, etc. | | ποιηθήσεσθαι | ποιηθησόμενος |

# La conjugaison des verbes

## δηλόω-ῶ : *je montre*

### Actif

| | Indicatif | Impératif | Infinitif | Participe |
|---|---|---|---|---|
| **Présent** | | | | |
| 1ʳᵉ sing. | δηλῶ | | δηλοῦν | δηλῶν, δηλοῦσα, δηλοῦν |
| 2ᵉ | δηλοῖς | δήλου | | |
| 3ᵉ | δηλοῖ | δηλούτω | | |
| 1ʳᵉ pl. | δηλοῦμεν | | | |
| 2ᵉ | δηλοῦτε | δηλοῦτε | | |
| 3ᵉ | δηλοῦσι(ν) | δηλούντων | | |
| **Imparfait** | | | | |
| 1ʳᵉ sing. | ἐδήλουν | | | |
| 2ᵉ | ἐδήλους | | | |
| 3ᵉ | ἐδήλου | | | |
| 1ʳᵉ pl. | ἐδηλοῦμεν | | | |
| 2ᵉ | ἐδηλοῦτε | | | |
| 3ᵉ | ἐδήλουν | | | |
| **Aoriste** | | | | |
| | ἐδήλωσα, etc. | δήλωσον, etc. | δηλῶσαι | δηλώσας |
| **Futur** | | | | |
| | δηλώσω, etc. | | δηλώσειν | δηλώσων |

### Moyen-passif

| | Indicatif | Impératif | Infinitif | Participe |
|---|---|---|---|---|
| **Présent** | | | | |
| 1ʳᵉ sing. | δηλοῦμαι | | δηλοῦσθαι | δηλούμενος, η, ον |
| 2ᵉ | δηλοῖ | | | |
| 3ᵉ | δηλοῦται | | | |
| 1ʳᵉ pl. | δηλούμεθα | | | |
| 2ᵉ | δηλοῦσθε | | | |
| 3ᵉ | δηλοῦνται | | | |
| **Imparfait** | | | | |
| 1ʳᵉ sing. | ἐδηλούμην | | | |
| 2ᵉ | ἐδηλοῦ | | | |
| 3ᵉ | ἐδηλοῦτο | | | |
| 1ʳᵉ pl. | ἐδηλούμεθα | | | |
| 2ᵉ | ἐδηλοῦσθε | | | |
| 3ᵉ | ἐδηλοῦντο | | | |
| **Aoriste moyen** | | | | |
| | ἐδηλωσάμην, etc. | | δηλώσασθαι | δηλωσάμενος |
| **Aoriste passif** | | | | |
| | ἐδηλώθην, etc. | | δηλωθῆναι | δηλωθείς |
| **Futur moyen** | | | | |
| | δηλώσομαι, etc. | | δηλώσεσθαι | δηλωσόμενος |
| **Futur passif** | | | | |
| | δηλωθήσομαι, etc. | | δηλωθήσεσθαι | δηλωθησόμενος |

# La conjugaison des verbes

## εἰμί : *je suis*

| | Indicatif | Impératif | Infinitif | Participe |
|---|---|---|---|---|
| **Présent** | | | | |
| 1re sing. | εἰμί | | εἶναι | ὤν, οὖσα, ὄν |
| 2e | εἶ | ἴσθι | | |
| 3e | ἐστί | ἔστω | | |
| 1re pl. | ἐσμέν | | | |
| 2e | ἐστέ | ἔστε | | |
| 3e | εἰσί(ν) | ὄντων | | |
| **Imparfait** | | | | |
| 1re sing. | ἦ ou ἦν | | | |
| 2e | ἦσθα | | | |
| 3e | ἦν | | | |
| 1re pl. | ἦμεν | | | |
| 2e | ἦτε | | | |
| 3e | ἦσαν | | | |
| **Aoriste** | | | | |
| 1re sing. | ἐγενόμην | | γενέσθαι | γενόμενος |
| 2e | ἐγένου | | | |
| 3e | ἐγένετο | | | |
| 1re pl. | ἐγενόμεθα | | | |
| 2e | ἐγένεσθε | | | |
| 3e | ἐγένοντο | | | |
| **Futur** | | | | |
| 1re sing. | ἔσομαι | | ἔσεσθαι | ἐσόμενος |
| 2e | ἔσει (ἔση) | | | |
| 3e | ἔσται | | | |
| 1re pl. | ἐσόμεθα | | | |
| 2e | ἔσεσθε | | | |
| 3e | ἔσονται | | | |

## Verbes ayant un aoriste second

| Présent | Aoriste | Infinitif aoriste |
|---|---|---|
| ἄγω, *mener* | ἤγαγον | ἀγαγεῖν |
| βάλλω, *jeter, frapper* | ἔβαλον | βαλεῖν |
| γίγνομαι, *devenir, être* | ἐγενόμην | γενέσθαι |
| ἔρχομαι, *aller, venir* | ἦλθον | ἐλθεῖν |
| ἐσθίω, *manger* | ἔφαγον | φαγεῖν |
| λαμβάνω, *prendre* | ἔλαβον | λαβεῖν |
| λέγω, *dire* | εἶπον | εἰπεῖν |
| λείπω, *laisser* | ἔλιπον | λιπεῖν |
| μανθάνω, *apprendre* | ἔμαθον | μαθεῖν |
| ὁρῶ, *voir* | εἶδον | ἰδεῖν |
| πάσχω, *subir* | ἔπαθον | παθεῖν |
| πίπτω, *tomber* | ἔπεσον | πεσεῖν |
| τρέχω, *courir* | ἔδραμον | δραμεῖν |
| τυγχάνω, *obtenir* + gén. *être par hasard* + part. | ἔτυχον | τυχεῖν |
| φεύγω, *fuir* | ἔφυγον | φυγεῖν |

# Index grammatical

## A

adjectifs
de la 1re classe . . . . . . . . . . 56, 174
de la 2e classe . . . . . . . 88, 174, 175
adverbes en -ως . . . . . . . . . . . . 103
ἀλήθεια . . . . . . . . . . . . . . . . . 56
ἀληθής . . . . . . . . . . . . . . . 88, 174
ἀνήρ . . . . . . . . . . . . . . . . . . 173
aoriste . . . . . . . . . . . . . . . 106, 183
aspect . . . . . . . . . . . . . . . . . 113
augment . . . . . . . . . . . . . . . . 155
αὐτός . . . . . . . . . . . . . . . 126, 175

## B

βασιλεύς . . . . . . . . . . . . . . 88, 173

## C

comparatif des adjectifs . . . . .
. . . . . . . . . . . . . 106, 107, 174, 175
conjugaison
généralités . . . . . . . . . . . . . 28
tableaux . . . . . . . . . . . . . 178-183

## D

δαίμων . . . . . . . . . . . . . . . 84, 173
déclinaisons
généralités . . . . . . . . . . . . . 28
des adjectifs . . . . . . . . . . 56, 174
des noms :
1re déclinaison . . . . . 50, 56, 172
2e déclinaison . . . . . . . . 32, 172
3e déclinaison . . . . . 84, 88, 173
des pronoms . . 122, 126, 175, 176
δηλόω-ῶ . . . . . . . . . 74, 78, 150, 182
δίκαιος . . . . . . . . . . . . . . . 56, 174
discours indirect . . . . . . . . . . . 112
δῶρον . . . . . . . . . . . . . . . . 32, 172

## E

ἐγώ . . . . . . . . . . . . . . . . 126, 175
εἰμί . . . . . . . . . . . . . . 46, 102, 183
ἐκεῖνος . . . . . . . . . . . . . . 122, 176
ἐμαυτόν . . . . . . . . . . . . . . . . 175
ἐμός . . . . . . . . . . . . . . . . . . 126
ἔχω . . . . . . . . . . . . . . . . . . 144
ἡμέρα . . . . . . . . . . . . . . . . 50, 172

## F

futur . . . . . . . . . . . . . . . . . . 116

## G

génitif absolu . . . . . . . . . . . . . 112
γυνή . . . . . . . . . . . . . . . . . . 173

## I

imparfait . . . . . . . . . . . . . . . . 102
impératif actif . . . . . . . . . . . . . 150
infinitif (syntaxe) . . . . . . . . . . . 78
interrogation
directe et indirecte . . . . . . . . 140

## K

καλός . . . . . . . . . . . . . . . 56, 174
κεφαλή . . . . . . . . . . . . . . . 50, 172
κόραξ . . . . . . . . . . . . . . . 84, 173

## L

λείπω . . . . . . . . . . . . . . . . . . 106
liaisons négatives . . . . . . . . . . . 151
λόγος . . . . . . . . . . . . . . . . 32, 172
λύω . . . . . . . . . . . 46, 60, 84, 102,
106, 112, 116, 150, 178, 179

## M

μέν... δέ . . . . . . . . . . . . . . . . 61
moyenne (voix) . . . . . . . 60, 78, 179,
180, 181, 182

## N

νεανίας . . . . . . . . . . . . . . . 56, 172

## O

ὅδε . . . . . . . . . . . . . . . . 122, 176
οὐδείς . . . . . . . . . . . . . . . . . 145
οὗτος . . . . . . . . . . . . . . . 122, 176

## P

participe
aoriste . . . . . . . . . . . . . . . 112
emploi . . . . . . . . . . . . . . . 112
présent . . . . . . . . . . . . . . . 84

πᾶς . . . . . . . . . . . . . . . 122, 176
passif
voix passive . . . . . . 60, 78, 179, 180,
181, 182
complément du passif . . . . . . 60
πατήρ . . . . . . . . . . . . . . . . . 173
ποιέω-ῶ . . . . . . . . 74, 78, 150, 181
πόλις . . . . . . . . . . . . . . . 88, 173
πολίτης . . . . . . . . . . . . . . 56, 172
πολλὰ καὶ καλά . . . . . . . . . . . 56
préfixes . . . . . . . . . . . . . . . . 154
prépositions . . . . . . . . . . . . . . 154
présent de l'indicatif
actif . . . . . . . 46, 178, 180, 181, 182, 183
moyen-passif . . . . . . . . . . . 60
verbes contractes en -ῶ . . . 74, 78
pronoms-adjectifs
démonstratifs . . . . . . . . . 122, 176
pronoms personnels . . . . . . . 126, 175
pronom réfléchi . . . . . . . . . . . . 127
propositions
infinitives . . . . . . . . . . . . . 116
subordonnées causales . . . . . 177
subordonnées complétives . . . 177
subordonnées exprimant
l'hypothèse . . . . . . . . . . . 144
subordonnées consécutives . . 177
subordonnées temporelles . . . 177

## Q

questions de lieu . . . . . . . . . . . 140

## S

σεαυτόν . . . . . . . . . . . . . . . . 175
σός . . . . . . . . . . . . . . . . . . 126
σύ . . . . . . . . . . . . . . . . 126, 175
superlatif des adjectifs . . . . . 106,
107, 174, 175
σῶμα . . . . . . . . . . . . . . . 84, 173

## T

θάλαττα . . . . . . . . . . . . . . 56, 172
τὰ ζῷα τρέχει . . . . . . . . . . . . . 47
τεῖχος . . . . . . . . . . . . . . . 88, 173
τιμάω-ῶ . . . . . . . . . 74, 78, 150, 180
τις . . . . . . . . . . . . . . . . 122, 176
τίς . . . . . . . . . . . . . . . . . . . 12

# Lexique grec-français

Les mots en violet sont à savoir par cœur ; parmi eux, les mots clés des Bilans de séquence.

ἀγαθός, ή, όν : *bon*

τὸ ἄγαλμα, ατος : *la statue*

ἀγανακτέω-ῶ : *s'irriter*

ἀγαπάω-ῶ : *aimer, chérir*

ἡ ἀγορά, ᾶς : *la place publique*

ἀγορεύω : *parler devant le peuple*

ἄγριος, α, ον : *sauvage*

ὁ ἀγρός, οῦ : *le champ*

ἄγω (aor. ἤγαγον) : *conduire*

ἡ ἀδελφή, ῆς : *la sœur*

ὁ ἀδελφός, οῦ : *le frère*

ἀδικέω-ῶ : *commettre une injustice, être coupable*

τὸ ἀδίκημα, ατος : *l'injustice*

ᾄδω : *chanter*

ὁ ἀήρ, ἀέρος : *l'air*

ἀ-θάνατος, ος, ον : *immortel*

ὁ ἀθλητής, οῦ : *l'athlète*

ἄθλιος, α, ον : *malheureux*

τὸ ἆθλον, ου : *le prix, la récompense, l'épreuve*

αἰεί, ἀεί : *toujours*

αἰσθάνομαι : *sentir, percevoir*

αἰσχύνω : *salir* ;
αἰσχύνομαι : *avoir honte*

αἰτέω-ῶ : *demander*

ἡ αἰτία, ας : *la cause*

αἰτιάομαι-ῶμαι : *accuser*

ἀκμάζω : *s'épanouir*

ἀκολουθέω-ῶ + dat. : *suivre*

ἀκούω + gén. : *entendre*

ἀλγέω-ῶ : *souffrir*

τὸ ἄλγος, ους : *la souffrance physique ou morale*

τὸ ἄλειμμα, ατος : *action d'oindre, l'onguent*

ἡ ἀλήθεια, ας : *la vérité*

ἀληθής, ής, ές : *vrai*

ἀλλά : *mais*

ἀλλήλους, ας, α : *les uns… les autres*

ἄλλος, η, ο : *autre*

ἄλλως : *autrement*

ἁμαρτάνω : *commettre une faute*

ἀμελέω-ῶ : *être négligent*

ἀμύνω : *écarter, repousser*

ἀνα-βαίνω : *monter*

ἀναγκάζω : *contraindre*

ἀναγκαῖος, α, ον : *nécessaire*

ἡ ἀνάγκη, ης : *la nécessité*

ἀνα-πλέκω : *tresser*

ἀνδρεῖος, α, ον : *courageux*

ὁ ἀνήρ, ἀνδρός : *l'homme*

τὸ ἄνθος, ους : *la fleur*

ὁ ἄνθρωπος, ου : *l'homme*

τὸ ἄντρον, ου : *la grotte*

ἀξιόω-ῶ : *juger bon*

ἄ-οπλος, ος, ον : *sans défense*

ἀπαντάω-ῶ + dat. : *rencontrer*

ἀπατάω-ῶ : *tromper*

ἀπειλέω-ῶ : *menacer*

ἄπ-ειμι : *être absent*

ἄπειρος, ος, ον + gén. : *ignorant de, sans expérience de*

ἀ-πιστέω-ῶ : *se défier, ne pas avoir confiance*

ἀπο-βαίνω : *aller hors de, sortir*

ἀπο-βάλλω : *perdre, rejeter*

ἀπο-γράφω : *inscrire sur un registre*

ἀπο-δοκιμάζω : *rejeter*

ἀπο-θνῄσκω (aor. ἀπ-έθανον) : *mourir*

ἡ ἀπο-λογία, ας : *l'excuse*

ἀπο-λούω : *laver*

ἀπο-φέρω : *emporter*

ἀπο-χωρέω-ῶ : *reculer, se retirer*

ἆρα : *est-ce que ?*

τὸ ἀργύριον, ου : *l'argent*

τὸ ἄριστον, ου : *le repas de midi*

ἡ ἀρχή, ῆς : *le début, ou le commandement*

ἄρχω + gén. : *commander* ;
ἄρχομαι : *commencer*

ὁ ἄρχων, οντος : *celui qui dirige, le magistrat, l'archonte*

ἀσεβής, ής, ές : *impie, sacrilège*

ἀσκέω-ῶ : *s'entraîner à, pratiquer*

ἡ ἄσκησις, εως : *l'entraînement*

ἀσφαλής, ής, ές : *sûr*

ἡ Ἀττική, ῆς : *l'Attique*

αὐλέω-ῶ : *jouer de la flûte*

ἡ αὐλή, ῆς : *la cour, le palais*

αὐτίκα : *aussitôt*

αὐτός, ή, ό : *lui-même* ; *à partir de l'acc., pronom de la 3ᵉ pers.* : *le, la, les*

αὐτόχθων, ων, ον : *issu du sol, indigène*

ἀφανίζομαι : *disparaître*

ἀφικνέομαι-οῦμαι : *arriver*

ἄχθομαι : *haïr, être hostile à*

τὸ βάθος, ους : *la profondeur*

βαίνω : *marcher*

βάλλω (aor. ἔβαλον) : *jeter, frapper*

ὁ Βάρβαρος, ου : *le Barbare*

ὁ βασιλεύς, έως : *le roi*

ἡ βία, ας : *la force, la violence*

ὁ βίος, ου : *la vie*

βλέπω : *voir, regarder*

βοάω-ῶ : *crier*

βοηθέω-ῶ : *aider, porter secours*

ὁ βουκόλος, ου : *le bouvier*

ἡ βουλή, ῆς : *la volonté, le conseil* ; *à Athènes* : *le Conseil*

βούλομαι : *vouloir*

γελάω-ῶ : *rire*

τὸ γένος, ους : *la famille, la race*

ὁ γέρων, γέροντος : *le vieillard*

ἡ γεωργία, ας : *l'agriculture*

ὁ γεωργός, οῦ : *le paysan*

γίγνομαι (aor. ἐγενόμην) : *naître, devenir, être*

ἡ γλῶττα, ης : *la langue*

ἡ γνώμη, ης : *l'avis, l'opinion*

ἡ γοητεία, ας : *la magie, l'imposture*

γοητεύω : *duper en charlatan*

γοῦν : *en tout cas*

τὸ γράμμα, γράμματος : *la lettre* ;
τὰ γράμματα, ων : *les lettres*

γράφω : *écrire, dessiner*

τὸ γυμνάσιον, ου : *le gymnase*

γυμνός, ή, όν : *nu, légèrement vêtu*

ἡ γυνή, γυναικός : *la femme*

# Lexique grec-français

## Δ

ὁ **δαίμων, ονος** : *la divinité*

**δάκνω** (aor. **ἔδακον**) : *mordre*

**δανείζω** : *prêter* ;

  **δανείζομαι** : *emprunter*

**δαπανάω-ῶ** : *dépenser*

**δεῖ** : *il faut*

**δειλός, ή, όν** : *lâche*

**δεινός, ή, όν** : *terrible, effrayant*

**δειπνέω-ῶ** : *dîner*

τὸ **δεῖπνον, ου** : *le repas du soir, le dîner*

**δέκα** : *dix*

ἡ **δέσποινα, ης** : *la maîtresse*

ὁ **δεσπότης, ου** : *le maître*

**δεῦρο** : *ici*

**δέχομαι** : *accepter, recevoir*

**δηλόω-ῶ** : *montrer*

ἡ **δημοκρατία, ας** : *la démocratie*

ὁ **δῆμος, ου** : *le peuple*

**διά** + gén. : *par l'intermédiaire de, à travers*

**δια-βάλλω** : *jeter à travers, séparer, calomnier*

ἡ **δίαιτα, ης** : *le genre de vie*

**δια-λύω** : *détruire*

ἡ **διατριβή, ῆς** : *l'occupation, l'activité*

**δια-τρίβω** + part. : *passer son temps*

**δια-φέρω** : *différer*

**δια-φθείρω** : *détruire*

**διδάσκω** (aor. **ἐδίδαξα**) : *enseigner, instruire*

**δίκαιος, α, ον** : *juste*

**δικαιόω-ῶ** : *juger bon*

ὁ **διδάσκαλος, ου** : *le maître, le professeur*

ὁ **δικαστής, οῦ** : *le juge*

ἡ **δίκη, ης** : *la justice*

**διότι** : *parce que*

**διώκω** : *poursuivre*

**δοκέω-ῶ** : *sembler, avoir la réputation de*

ἡ **δόξα, ης** : *la réputation ou l'opinion*

ὁ **δόμος, ου** : *la demeure*

τὸ **δόρυ, δόρατος** : *la lance*

ὁ **δοῦλος, ου** : *l'esclave*

**δουλόω-ῶ** : *asservir*

ὁ **δράκων, οντος** : *le serpent*

ὁ **δρόμος, ου** : *la course, la piste de course*

**δύναμαι** : *pouvoir*

ἡ **δύναμις, εως** : *la force, la puissance (militaire)*

**δυνατός, ή, όν** : *puissant*

**δυσγενής, ής, ές** : *de basse naissance, vil*

**δωρέομαι-οῦμαι** : *faire un présent*

τὸ **δῶρον, ου** : *le don, le cadeau*

## E

τὸ **ἔαρ** (ou **ἦρ**), **ἔαρος** (ou **ἦρος**) : *le printemps*

**ἐάω-ῶ** : *laisser, permettre*

**ἐγώ, με, μου, μοι** : *moi, je*

**ἐθέλω** : *vouloir bien, consentir à*

τὸ **ἔθνος, ους** : *le peuple, la race*

**εἰ** : *si*

τὸ **εἴδωλον, ου** : *l'image*

ἡ **εἰκών, όνος** : *l'image*

**εἰμί** (inf. **εἶναι**) : *être*

**εἶμι** (inf. **ἰέναι**) : *aller*

**εἶπον** (aor. de **λέγω**) : *dire*

ἡ **εἰρήνη, ης** : *la paix*

**εἰς** + acc. : *vers, dans*

**εἷς, μία, ἕν** : *un, un seul*

**εἰσ-άγω** : *amener dans, introduire*

**ἐκ** + gén. : *(en venant) de*

**ἐκεῖ** : *là*

**ἐκεῖνος, η, ο** : *celui-ci, ce grand homme*

ἡ **ἐκκλησία, ας** : *l'assemblée du peuple*

**ἐκ-φεύγω** : *s'échapper*

**ἐλέγχω** : *chicaner, contester*

ὁ **ἐλέφας, αντος** : *l'éléphant, l'ivoire*

**ἕλκω** : *tirer, attirer*

ἡ **Ἑλλάς, άδος** : *la Grèce*

οἱ **Ἕλληνες, ων** : *les Hellènes, les Grecs*

**ἐλπίζω** : *espérer*

ἡ **ἐλπίς, ίδος** : *l'espoir*

**ἐμ-βαίνω** : *embarquer*

**ἐμ-βάλλω εἰς** + acc. : *se jeter sur, envahir*

**ἐμμελῶς** : *harmonieusement*

**ἐν** + dat. : *dans, sur*

**ἐναντιόομαι-οῦμαι** + dat. : *s'opposer à*

**ἐν-δύομαι** : *revêtir*

**ἐνθάδε** : *ici*

τὸ **ἐνιαυτόν, οῦ** : *l'année*

**ἐνταῦθα** : *là*

**ἐξ-έρχομαι** (aor. **ἐξῆλθον**) : *sortir*

ἡ **ἑορτή, ῆς** : *la fête*

**ἐπαινέω-ῶ** : *louer*

**ἐπεί** : *quand, puisque*

**ἐπί** + gén. : *sur*

**ἐπι-βαίνω** : *monter sur, embarquer*

**ἐπι-γράφω** : *inscrire*

**ἐπι-μελέομαι-οῦμαι** + gén. : *s'occuper de*

ἡ **ἐπιστήμη, ης** : *la science*

**ἐπι-τρέπω** : *recommander, confier*

τὸ **ἔπος, ους** : *la parole, le chant, le vers*

ἡ **ἐπωδή, ῆς** : *le chant, la parole magique*

**ἐράω-ῶ** : *aimer (d'amour)*

**ἔρχομαι** (aor. **ἦλθον**) : *aller*

**ἐρωτάω-ῶ** : *demander, interroger*

**ἐσθίω** (aor. **ἔφαγον**) : *manger*

ἡ **ἑστία, ας** : *le foyer*

**ἑστιάω-ῶ** : *recevoir à son foyer, régaler*

**ἕτερος, α, ον** : *autre (de deux)*

**ἔτι** : *encore*

**ἕτοιμος, η, ον** : *prêt*

**εὖ** : *bien*

**εὐ-γενής, ής, ές** : *bien né, noble*

**εὐ-δαίμων, ων, ον** : *heureux*

ἡ **εὐμουσία, ας** : *les lettres et les arts*

**εὐ-πορέω-ῶ** : *être dans l'aisance*

**εὑρίσκω** (aor. **ηὗρον**) : *trouver*

**εὐ-σεβής, ής, ές** : *pieux*

**εὐ-τυχής, ής, ές** : *heureux*

**ἔχω** (imparf. **εἶχον**, aor. **ἔσχον**) : *avoir*

## Z

**ζητέω-ῶ** : *chercher, rechercher*

τὸ **ζῷον, ου** : *l'animal*

## H

**ἤ** : *ou bien*
**ἡγέομαι-οῦμαι** : *conduire, penser*
**ἤδη** : *déjà*
**ἡδύς, ἡδεῖα, ἡδύ** : *agréable*
**ἥκω** : *être là, être arrivé*
**ἡμεῖς, ἡμᾶς, ἡμῶν, ἡμῖν** : *nous*
**ἡ ἡμέρα, ας** : *le jour*
**ἦν** : *1ʳᵉ ou 3ᵉ sing. de l'imparf. de* **εἰμί**, *être*
**τὸ ἧπαρ, ἥπατος** : *le foie*
**ὁ ἥρως, ωος** : *le héros*

## Θ

**ἡ θάλαττα, ης** : *la mer*
**θαρρέω-ῶ** : *avoir confiance*
**θαυμάζω** : *admirer*
**θαυμάσιος, α, ον** : *extraordinaire, merveilleux*
**θεάομαι-ῶμαι** : *regarder, voir*
**τὸ θέατρον, ου** : *le théâtre*
**ὁ θεός, οῦ** : *le dieu ;*
  **ἡ θεά, ᾶς** : *la déesse*
**θεραπεύω** : *soigner, entourer d'attentions*
**τὸ θέρος, ους** : *l'été*
**θνητός, ή, όν** : *mortel*
**ἡ θύρα, ας** : *la porte*
**ἡ θυσία, ας** : *le sacrifice*
**θύω** : *faire des sacrifices*
**ὁ θώραξ, ακος** : *la cuirasse*

## I

**ὁ ἰατρός, οῦ** : *le médecin*
**ἰέναι** : *inf. de* **εἶμι**, *aller*
**ὁ ἱερεύς, έως** : *le prêtre*
**τὸ ἱερόν, οῦ** : *le lieu sacré, le sanctuaire*
**ἱερός, ά, όν** : *sacré*
**τὸ ἱμάτιον, ου** : *le manteau*
**ὁ ἱππεύς, έως** : *le cavalier*
**ὁ ἵππος, ου** : *le cheval*
**ἡ ἱστορία, ας** : *l'enquête, l'histoire*

## K

**καθαρός, ά, όν** : *pur*
**ἡ κάθαρσις, εως** : *la purification*
**καί** : *et*
**ὁ καιρός, οῦ** : *le moment favorable, l'occasion*
**κακός, ή, όν** : *mauvais*
**καλέω-ῶ** : *appeler*
**καλός, ή, όν** : *beau*
**καλῶς** : *bien*
**καρτερέω-ῶ** : *s'endurcir, résister*
**κατά** + acc. : *près de, en descendant de*
**κατα-βαίνω** : *descendre*
**κατα-βάλλω** : *jeter à terre, abattre, baisser*
**κατα-κλείω** : *enfermer*
**ἡ κατηγορία, ας** : *l'accusation*
**κελεύω** : *ordonner, conseiller*
**κεράννυμι** : *mélanger*
**ἡ κεφαλή, ῆς** : *la tête*
**ὁ κῆπος, ου** : *le jardin*
**ὁ κίνδυνος, ου** : *le danger*
**κλέπτω** : *voler*
**κληρόω-ῶ** : *désigner par le sort*
**ἡ κλίνη, ης** : *le lit*
**ὁ κόλαξ, ακος** : *le flatteur*
**ὁ κόλπος, ου** : *le golfe*
**ὁ κόραξ, ακος** : *le corbeau*
**ἡ κόρη, ης** : *la jeune fille*
**κοσμέω-ῶ** : *parer, orner*
**κρατέω-ῶ** : *dominer, commander*
**κρύπτω** : *cacher*
**κτάομαι-ῶμαι** : *acquérir*
**κτείνω** : *tuer*
**κυνηγετέω-ῶ** : *chasser*

## Λ

**λαμβάνω** (aor. **ἔλαβον**) : *prendre*
**λέγω** (aor. **εἶπον**) : *dire*
**λείπω** (aor. **ἔλιπον**) : *laisser*
**ὁ λέων, λέοντος** : *le lion*
**ὁ λίθος, ου** : *la pierre*
**ὁ λόγος, ου** : *la parole, le discours, le raisonnement*
**λοιδορέω-ῶ** : *insulter*
**τὸ λουτρόν, οῦ** : *le bain*
**λύω** : *délier*

## M

**μανθάνω** (aor. **ἔμαθον**) : *apprendre*
**τὸ μαντεῖον, ου** : *l'oracle*
**μαντεύω** : *rendre des oracles*
**ὁ μάντις, εως** : *le devin*
**ἡ μάχη, ης** : *le combat*
**μάχομαι** : *combattre*
**μέγας, μεγάλη, μέγα** : *grand*
**ἡ μέλιττα, μελίττης** : *l'abeille*
**τὸ μέλος, ους** : *le chant, les vers, le poème lyrique*
**μὲν... δέ** : *d'une part… d'autre part*
**μεστός, ή, όν** : *rempli*
**μετά** + gén. : *avec, parmi*
**ὁ μέτοικος, ου** : *le métèque*
**μετρίως** : *modérément*
**μέχρι** + gén. : *jusqu'à*
**μή** : *ne… pas ;*
  **μηδέ** : *et ne… pas*
**μηδαμῶς** : *nullement*
**μηδείς, μηδεμία, μηδέν** : *aucun, personne*
**τὸ μῆκος, ους** : *la longueur*
**ἡ μήτηρ, μητρός** : *la mère*
**μιμέομαι-οῦμαι** : *imiter*
**μισθόομαι-οῦμαι** : *embaucher contre un salaire*
**ὁ μισθός, οῦ** : *le salaire*
**μόγις** : *avec peine*
**μόνος, η, ον** : *seul ;*
  **μόνον** : *seulement*
**ἡ μουσική, ῆς** : *la musique*
**ὁ μῦθος, ου** : *le récit, la fable*

## N

**ὁ ναύτης, ου** : *le marin*
**ὁ νεανίας, ου** : *le jeune homme*
**ὁ νέκρος, ου** : *le mort, le cadavre*
**νέος, α, ον** : *jeune ;*
  **οἱ νέοι** : *les jeunes gens*
**ἡ νῆσος, ου** : *l'île*
**νικάω-ῶ** : *vaincre*
**νομίζω** : *penser*
**ὁ νόμος, ου** : *la loi*
**ἡ νόσος, ου** : *la maladie*
**ὁ νόστος, ου** : *le retour*
**νῦν** : *maintenant*

# Lexique grec-français

## O

ἡ ὁδός, οῦ : la route
ὁ οἰκέτης, ου : le serviteur
ἡ οἰκία, ας : la maison
οἰκίζω : fonder
ὁ οἶνος, ου : le vin
οἴομαι, οἶμαι : penser
οἴχομαι : partir, s'en aller
ἡ ὀλιγαρχία, ας : l'oligarchie
ὀλίγοι, αι, α : peu nombreux
ὁμιλέω-ῶ + dat. : fréquenter
ὄμνυμι : jurer
ὅμοιος, α, ον : semblable
ἡ ὁμόνοια, ας : la concorde
ὅμως : pourtant
τὸ ὄνομα, ατος : le nom
ὀνομάζω : appeler, nommer
τὸ ὅπλον, ου : l'arme
ὁράω-ῶ (aor. εἶδον) : voir
ὀργίζομαι : se mettre en colère
ὀρθός, ή, όν : droit
ὀρχέομαι-οῦμαι : danser
ὅς, ἥ, ὅ : qui (pronom relatif)
ὅτε : quand
ὅτι : que, parce que
οὐ, οὐκ, οὐχ : ne... pas
οὐδέ : et ne... pas
οὐδείς, οὐδεμία, οὐδέν : personne, rien, aucun
οὐκέτι : ne... plus
οὖν : donc
ἡ οὐσία, ας : la fortune
οὕτως : ainsi ;
    οὕτως... ὥστε : tellement... que
ὀψέ : tard

## Π

τὸ παγκράτιον, ου : le pancrace
ὁ πάθος, ους : ce qu'on subit, la souffrance
ὁ παιδαγωγός, οῦ : le pédagogue
ἡ παιδεία, ας : l'éducation
παιδεύω : éduquer
ὁ παῖς, παιδός : l'enfant
πάλαι : depuis longtemps, jadis
ἡ παλαίστρα, ας : la palestre
παλαίω : lutter

ἡ πάλη, ης : la lutte
πάλιν : à nouveau ou en sens inverse
πάντως : complètement
παρά : le long de
πάρ-ειμι : être présent
ἡ παρθένος, ου : la jeune fille
πᾶς, πᾶσα, πᾶν : tout, chaque (plur. tous)
πάσχω (aor. ἔπαθον) : subir
ὁ πατήρ, πατρός : le père
ἡ πατρίς, ίδος : la patrie
παύω : faire cesser ;
    παύομαι + part. : cesser de
τὸ πέδιον, ου : la plaine
πείθω : persuader ;
    πείθομαι : être persuadé, obéir à
ἡ πεῖρα, ας : la tentative, l'essai
πειράομαι-ῶμαι : essayer
τὸ πέλαγος, ους : la (haute) mer
τὸ πένταθλον, ου : le pentathlon
πέμπω : envoyer
πένομαι : être pauvre
περί + gén. ou parfois acc. : au sujet de
περι-βάλλω : jeter autour, enfermer
περι-πατέω-ῶ : se promener
ὁ περί-πατος, ου : la promenade, le lieu de promenade
περιττός, ή, όν : inutile
πῇ : par où ?
πίνω (aor. ἔπιον) : boire
πίπτω : tomber
πλανάομαι-ῶμαι : errer
πλησίον + gén. : près de
πλούσιος, α, ον : riche
πλουτέω-ῶ : être riche
ὁ πλοῦτος, ου : la richesse
πλύνω : laver
τὸ πνεῦμα, ατος : le souffle
πνέω : souffler
πόθεν : d'où ?
ποῖ : où ? vers où ?
ποιέω-ῶ : faire
τὸ ποίημα, ατος : le poème
ἡ ποίησις, εως : la création poétique, la poésie
ὁ ποιητής, οῦ : le poète
πολεμέω-ῶ : faire la guerre
ὁ πόλεμος, ου : le combat, la guerre

ἡ πόλις, πόλεως : la cité
ἡ πολιτεία, ας : la constitution, le régime politique
ὁ πολίτης, ου : le citoyen
πολλάκις : souvent
πολύ : beaucoup
πολύς, πολλή, πολύ, (πολλοί, πολλαί, πολλά) : nombreux
πομπεύω : participer à une procession
ἡ πομπή, ῆς : la procession
πονέω-ῶ : peiner, se donner du mal
πορεύομαι : faire route vers, se rendre à
ἡ πόσις, εως : l'action de boire
πότε : quand ?
ποτε : un jour, jadis
τὸ πότον, ου : l'action de boire, la boisson
ποῦ : où ?
που : quelque part
ὁ πούς, ποδός : le pied
τὸ πρᾶγμα, ατος : la chose faite, l'action
τὰ πράγματα : les affaires
πράττω : faire
προ-βάλλω : jeter devant, proposer
ὁ πρόγονος, ου : l'ancêtre
πρός + acc. : vers, contre
πρότερος, α, ον : précédent
πρῶτος, η, ον : premier
ἡ πυγμή, ῆς : la boxe
ἡ πύλη, ης : la porte
τὸ πῦρ, πυρός : le feu
πῶς : comment ?

## Ρ

ῥέπω : ramper
ῥέω : couler
ὁ ῥήτωρ, ορος : l'orateur
τὸ ῥόδον, ου : la rose

## Σ

σαφής, ής, ές : clair
σέβομαι : vénérer
ὁ σεισμός, οῦ : le séisme
σεμνός, ή, όν : respectable, sacré
σιγάω-ῶ : se taire
ὁ σίδηρος, ου : le fer

τὰ σιτία, ων : les vivres

ὁ σῖτος, ου : le blé, la nourriture

ἡ σκάφη, ης : tout objet creusé, la barque

σκληρός, ά, όν : rude

σκοπέω-ῶ : examiner

ἡ σοφία, ας : la sagesse, la science

ὁ σοφιστής, οῦ : le maître de philosophie ou d'éloquence, le sophiste

σοφός, ή, όν : sage

σπεύδω : se hâter

τὸ στάδιον, ου : le stade

ὁ στέφανος, ου : la couronne

στεφανόω-ῶ : couronner

ἡ στοά, ᾶς : le portique

στρατεύω : faire campagne

ὁ στρατηγός, οῦ : le général en chef, le stratège

ὁ στρατιώτης, ου : le soldat

συγ-γενής, ής, ές : né avec, inné, de la même famille

συλ-λαμβάνω : prendre ensemble, arrêter

σύ, σε, σου, σοι : toi, tu

συμ-βαίνω : survenir, arriver

τὸ συμπόσιον, ου : le banquet

συμ-φέρω : réunir ou être utile

ἡ συμφορά, ᾶς : le malheur

σύν + dat. : avec

ἡ σχολή, ῆς : le loisir

σῴζω : sauver

τὸ σῶμα, σώματος : le corps

ἡ σωτηρία, ας : le salut

### Τ

ἡ ταινία, ας : la bandelette, le ruban

τείνω : tendre

τὸ τεῖχος, ους : le rempart

ἡ τέχνη, ης : le métier, l'art

τήκω : faire fondre

τιμάω-ῶ : honorer

ἡ τιμή, ης : la charge, l'honneur

τιμωρέομαι-οῦμαι : punir

τίνω : payer, expier

τις, τι (gén. τινος) : un, quelqu'un, quelque

τίς, τί : qui ? quoi ?

τοιοῦτος, τοιαύτη, τοιοῦτο : tel

τολμάω-ῶ : oser

τὸ τόξον, ου : l'arc

τοσοῦτον... ὥστε : tellement... que

τοσοῦτος, τοσαύτη, τοσοῦτο : tel (si grand)

τότε : alors, autrefois

ἡ τράπεζα, ης : la table

τρέπω : tourner ;
τρέπομαι : se tourner

τρέφω : nourrir, élever

τρέχω (aor. ἔδραμον) : courir

τρίβω : frotter, user

ὁ τρίπους, ποδος : le trépied

τρίτος, η, ον : troisième

ἡ τροφή, ης : la nourriture, l'éducation

οἱ Τρῶες, ώων : les Troyens

τυγχάνω (aor. ἔτυχον) + gén. : obtenir ;
+ part. : se trouver

### Υ

ἡ ὕβρις, εως : l'orgueil excessif, l'acte violent

ὑγιαίνω : être en bonne santé

ἡ ὑγίεια, ας : la santé

ὑγιής, ής, ές : bien portant

τὸ ὕδωρ, ὕδατος : l'eau

ὑμεῖς, ὑμᾶς, ὑμῶν, ὑμῖν : vous

ὑπέρ + gén. : au-dessus de, en faveur de

ὑπερ-βάλλω : dépasser

ὑπό : au-dessous de, par (compl. d'agent)

ὑπο-βάλλω : jeter sous, supposer

ὑπο-κρίνομαι : répondre

τὸ ὕψος, ους : la hauteur

### Φ

φαίνομαι : paraître, sembler

φανερός, ά, όν : visible

φανερῶς : clairement, de façon évidente

τὸ φάρμακον, ου : le remède, le poison

φαῦλος, η, ον : vil, bas

φέρω (aor. ἤνεγκον) : porter

φεύγω (aor. ἔφυγον) : fuir, être exilé, être poursuivi en justice

φημί : dire

φιλέω-ῶ : aimer (d'amitié, de goût)

φίλος, η, ον : ami, cher

ἡ φιλοσοφία, ας : la philosophie

ἡ φλέψ, φλεβός : la veine

φοβέομαι-οῦμαι : avoir peur, craindre

ὁ φόβος, ου : la crainte

ἡ φρήν, φρενός : l'esprit, l'intelligence

φρονέω-ῶ : penser, être intelligent

φροντίζω : se faire du souci

ἡ φυγή, ῆς : la fuite, l'exil

ἡ φύσις, εως : la nature

τὸ φυτόν, οῦ : la plante

ἡ φωνή, ῆς : la voix

τὸ φῶς, φωτός : la lumière

### Ψ

ἡ ψύχη, ης : l'âme

ψυχρός, ά, όν : froid

ψύχω : souffler sur, aérer, rafraîchir

### Χ

χαίρω : se réjouir, saluer

χαλεπός, ή, όν : difficile

ἡ χάρις, ιτος (acc. χάριν) : la grâce, la faveur

τὸ χάσμα, ατος : la fosse

ὁ χειμών, ῶνος : l'hiver

χέω : verser

ἡ χοή, ῆς : la libation en l'honneur d'un mort

ὁ χορός, οῦ : le chœur (de danse), le chant du chœur

ἡ χρεία, ας : l'utilité

χρή : il faut

τὰ χρήματα : l'argent, les richesses

χρηματίζομαι : s'enrichir

ὁ χρόνος, ου : le temps

ἡ χώρα, ας : le pays, la campagne

### Ω

ἡ ᾠδή, ῆς : le chant

ἡ ὥρα, ας : la saison

ὡς : comme

ὥσπερ : comme, de la même façon que

ἡ ὠφελεία, ας : l'utilité, l'avantage

# NOTICES BIOGRAPHIQUES

**Achille Tatius** (fin du IIe s. après J.-C.) → p. 123
On ne sait rien de sa vie, sinon qu'il est né à Alexandrie. Il est l'auteur d'un long roman intitulé *Leucippé et Clitophon*.

◆

**Antiphon** (480 env. - 411 avant J.-C.) → p. 75
Né d'une famille aristocratique, il passa sa vie dans une semi-obscurité, en exerçant le métier de logographe (rédacteur de discours). Il fut condamné à mort en 411 pour avoir pris le parti des Trente Tyrans. On a conservé plusieurs de ses discours.

◆

**Apollodore** ( IIe s. avant J.-C.) → p. 153
On a gardé sous son nom une histoire de la mythologie intitulée *Bibliothèque*. Le texte qui nous est parvenu en est probablement un résumé.

◆

**Apollonios de Rhodes** (?295- ?) → p. 45
Ce poète hellénistique a vécu à Alexandrie, puis à Rhodes. Il est l'auteur d'un très long poème épique en quatre chants (plus de cinq mille huit cents vers !), *Les Argonautiques*, qui a rendu célèbre le mythe de la quête de la Toison d'or.

◆

**Aristophane** (445-385 env. avant J.-C.) → p. 75, 79, 101, 121, 151, 168
Poète comique athénien dont il reste onze comédies, il emprunta beaucoup de ses sujets à l'actualité politique, n'hésitant pas à mettre en scène des contemporains comme Euripide ou Socrate. Il s'attaqua aussi aux travers de la société, comme la manie des procès ou l'engouement pour les sophistes. Il imagina des utopies optimistes (une cité gérée par des femmes ou bâtie dans les airs). Son comique est très varié, parfois grossier, parfois très fin.

◆

**Démosthène** (384-322 avant J.-C.) → p. 59
Orphelin à sa naissance, Démosthène fut ruiné par ses tuteurs. Pour gagner sa vie, il commença par se faire logographe (rédacteur de discours) et se lança dans la politique vers 351. Il fut le grand défenseur de l'indépendance d'Athènes face à Philippe de Macédoine et Alexandre.

◆

**Diodore de Sicile** (90-30 env. avant J.-C.) → p. 44
Sa vie est mal connue ; on sait seulement que, né en Sicile, il a longtemps vécu à Rome. Il est l'auteur d'une œuvre monumentale en grec : une histoire universelle en quarante livres (*La Bibliothèque historique*), depuis les temps mythiques jusqu'à la mort de César. Seuls les dix-sept premiers livres sont conservés.

◆

**Diogène Laërce** (1re moitié du IIe s. après J.-C.) → p. 114, 143, 145
Écrivain grec né à Laërte en Cilicie, auteur d'une *Vie des philosophes* riche en informations souvent fiables et en anecdotes. Sa vie est mal connue.

◆

**Eschyle** (525-456 env. avant J.-C.) → p. 10
Né à Éleusis, il combattit les Perses à Marathon et à Salamine. C'est le premier des trois grands auteurs tragiques grecs. Il écrivit environ quatre-vingt-dix pièces et fut vainqueur au moins treize fois dans les concours tragiques. Il nous reste sept de ses pièces, dont une trilogie complète, l'*Orestie*. Il fut le premier à introduire un second acteur sur scène. Il mourut en Sicile où il avait été invité par le tyran de Syracuse.

◆

**Euripide** (485-407 env. avant J.-C.) → p. 52, 166
C'est le plus jeune des trois poètes tragiques. On ne sait pas grand-chose de sa vie mais il a certainement fréquenté les sophistes. Il eut moins de succès de son vivant qu'Eschyle et Sophocle : il ne fut vainqueur que quatre fois. En revanche, il fut très célèbre après sa mort, ce qui explique qu'il nous reste de lui dix-neuf pièces. Il mourut en Macédoine, où il avait été invité par le roi Archélaos. Son théâtre innove dans la mesure où l'action est plus mouvementée, les personnages principaux plus humbles et où les tragédies se terminent parfois heureusement.

◆

**Hérodote** (490-425 env. avant J.-C.) → p. 10, 11, 138, 157, 163
Né dans une famille aisée d'Halicarnasse, sur la côte asiatique, il dut s'exiler après avoir été impliqué dans un complot contre le tyran de sa ville. Il fit de grands voyages en Égypte et dans le monde connu. Il vint vers 440 à Athènes, où il rencontra Périclès et accompagna une colonie athénienne à Thourioi, en Italie du Sud, où il mourut sans doute. Dans ses *Histoires* (ou *Enquêtes*), en neuf livres, il s'est fait l'historien de l'antagonisme entre Grecs et Perses, depuis Crésus et Cyrus le Grand jusqu'à la fin des guerres médiques. Son œuvre est le premier récit en prose qui nous soit parvenu intégralement.

◆

**Hésiode** (VIIIe s. avant J.-C.) → p. 10, 165
Le poète a glissé dans son œuvre quelques indications biographiques : son père est venu se fixer en Béotie et Hésiode lui-même a été à la fois agriculteur et aède. Ses deux poèmes principaux, écrits en vers épiques comme ceux d'Homère, exposent l'un la naissance et la généalogie des dieux (*La Théogonie*), l'autre les travaux de la terre (*Les Travaux et les Jours*).

◆

**Hippocrate** (460-370 env. avant J.-C.) → p. 142
Le « Père de la médecine » est né dans l'île de Cos, d'une famille où le savoir médical se transmettait de père en fils. Il fut médecin itinérant et termina sa vie en Thessalie. Sont rassemblés sous son nom une soixantaine d'écrits médicaux, traitant de domaines variés (régime, chirurgie, médecine générale ou spécialisée) mais aucun n'est expressément « signé ». On lui attribue en général cinq ou six traités particulièrement intéressants, témoignant d'un art de l'observation remarquable et élaborant des théories qui ont longtemps influencé la médecine occidentale. Dans de nombreux pays, les médecins doivent prononcer le « serment d'Hippocrate » lors de l'obtention de leur diplôme.

◆

**Homère** (VIIIe s. avant J.-C.)
→ p. 20, 21, 27, 31, 105, 125, 139, 146, 149, 153, 156, 164
On ignore s'il a vraiment existé un poète de ce nom. Les deux poèmes qu'on lui attribue, l'*Iliade* et l'*Odyssée*, datent probablement du VIIIe s. avant J.-C. mais avec un intervalle, pense-t-on, d'une trentaine d'années. Les Anciens, eux, n'ont jamais douté de l'existence d'Homère : pour eux, c'était un poète aveugle, né peut-être à Smyrne ou dans l'île de Chios (de nombreuses villes revendiquaient l'honneur de l'avoir vu naître) et mort dans l'île d'Ios. Ce qui est sûr, c'est que

l'*Iliade* (racontant un épisode de la guerre de Troie) et l'*Odyssée* (narrant le retour d'Ulysse dans sa patrie Ithaque) sont les textes littéraires les plus anciens du monde occidental et témoignent d'un art porté déjà à sa perfection.

✦

**Isocrate** (IVᵉ s. avant J.-C.) → p. 49, 127
La faible constitution de cet orateur athénien l'empêcha de devenir un homme politique comme il l'aurait souhaité mais il ouvrit une école d'éloquence que fréquentèrent beaucoup d'hommes célèbres. Il écrivit à titre de modèles de nombreux discours fictifs où il exposa ses idées morales et politiques. Il en appela constamment à l'union des Grecs contre les Perses et aurait vu volontiers à leur tête Philippe de Macédoine.

✦

**Longus** ( IIᵉ s. après J.-C.) → p. 104, 107, 170
Romancier grec auteur de *Daphnis et Chloé* ; sa vie est inconnue.

✦

**Lucien** ( IIᵉ s. après J.-C.) → p. 27, 30, 148
Il est né à Samosate, en Syrie. On l'a parfois appelé « le Voltaire de l'Antiquité ». Grand voyageur et grand conférencier, il s'installa à Athènes, puis finit sa vie en Égypte. Il est l'auteur de près de quatre-vingts ouvrages de formes diverses : essais philosophiques, discours, récits, et surtout « dialogues » pleins d'humour mordant.

✦

**Lysias** (458-380 env. avant J.-C.) → p. 61, 105, 117
Fils d'un riche métèque installé à Athènes, il fut ruiné lors de la confiscation de ses biens sous la tyrannie des Trente et se fit logographe (rédacteur de discours) pour gagner sa vie. Trente-cinq discours nous sont parvenus sous son nom, dont une partie seulement est tenue pour authentique. Par la simplicité et le naturel de son style, il est considéré comme un modèle de l'éloquence attique.

✦

**Pausanias** ( IIᵉ s. après J.-C.) → p. 82
Voyageur et géographe grec, il est l'auteur d'une *Description de la Grèce (Périégèsis Hellados)* très précieuse par sa description des sites antiques et de leurs monuments tels qu'ils existaient à l'époque. On ne sait rien de sa vie.

✦

**Platon** (427-347 avant J.-C.)
→ p. 62, 79, 89, 101, 110, 115, 141, 146, 149, 152
C'est le plus illustre des disciples de Socrate, qu'il a mis en scène dans la plupart de ses dialogues. Après la mort de son maître, il voyagea dans le monde grec et en particulier en Sicile. Il revint se fixer à Athènes où il fonda l'école de l'Académie (dans les jardins du héros Académos). Auteur de vingt-cinq dialogues philosophiques où il fait exposer ses idées par Socrate, il est considéré comme le fondateur de l'idéalisme et l'un des plus grands prosateurs de l'Antiquité.

✦

**Plutarque** (46-120 après J.-C.)
→ p. 8, 48, 49, 54, 55, 58, 59, 62, 76, 77, 100, 114
Né à Chéronée en Béotie, il étudia la philosophie à Athènes, puis voyagea en Égypte et en Italie avant de revenir se fixer dans sa ville natale. Il est l'auteur d'ouvrages très variés regroupés sous le nom de *Moralia*. Mais il doit son renom aux biographies intitulées *Vies parallèles*, où il raconte parallèlement la vie d'un Grec et celle d'un Romain.

✦

**Sappho** (VIIᵉ s. avant J.-C.) → p. 169
Poétesse très connue, née dans l'île de Lesbos ; elle séjourna quelque temps à Syracuse, puis revint à Lesbos. Elle a chanté la passion amoureuse et la nature dans des poèmes de forme très variée, en termes souvent très modernes.

✦

**Sophocle** (496-406 avant J.-C.) → p. 167
C'est sans doute le plus célèbre des trois grands tragiques grecs. Né d'une famille aisée, il eut une carrière littéraire brillante : il aurait composé cent trente tragédies et remporta la victoire vingt-quatre fois. Ses œuvres les plus célèbres, *Antigone* et *Œdipe roi*, ont été maintes fois jouées jusqu'à nos jours et ses personnages sont devenus de véritables mythes.

✦

**Strabon** (64 avant J.-C. - 24 après) → p. 13, 86, 118
Né dans la région du Pont (la côte ouest de la Mer Noire), il a longtemps vécu à Rome. Son œuvre historique est perdue mais il reste sa *Géographie* en dix-sept volumes, qui a fondé la science du même nom.

✦

**Théocrite** ( IIIᵉ s. avant J.-C.) → p. 139
Né à Syracuse, il s'est rendu très vite à Alexandrie, où il a incarné l'âge d'or de la poésie alexandrine. Il est l'auteur d'*Idylles* (le mot signifie « petits poèmes ») évoquant la vie pastorale mais aussi urbaine ou familiale, et parfois la mythologie.

✦

**Thucydide** (460-399 avant J.-C.) → p. 6, 22, 80, 124, 157
Né d'une famille aristocratique et fort riche, il fut stratège en 424, pendant la guerre du Péloponnèse. Il fut ensuite exilé pour n'avoir pas réussi à empêcher la prise d'Amphipolis. Thucydide se consacra alors à l'histoire de cette guerre mais mourut avant d'en avoir terminé la rédaction. C'est un historien remarquable par la précision de son information, la profondeur de ses analyses et la qualité de son style, concis, brillant et très travaillé.

✦

**Xénophon** (424-358 env. avant J.-C.) → p. 51, 111, 113
Né d'une famille aisée, il eut une vie aventureuse. D'abord disciple de Socrate, il s'enrôla en 401 parmi les mercenaires partis soutenir Cyrus le jeune dans sa conquête du trône de Perse, puis se mit au service du roi de Sparte Agésilas. Il reçut des Spartiates une propriété à Scillonte, où il mena pendant vingt ans la vie d'un grand propriétaire, puis revint à Athènes après 368. Il est l'auteur de nombreuses œuvres, historiques (les *Helléniques*, l'*Anabase*), techniques (*L'Art de la chasse*). Il a consacré également nombre de ses œuvres (le *Banquet*, l'*Apologie de Socrate*, les *Mémorables*) à la réhabilitation de la figure de Socrate.

✦

**Xénophon d'Éphèse** (milieu du IIᵉ s. après J.-C.) → p. 120
Il est connu pour son roman *Les Éphésiaques* mais on ne sait rien de sa vie.

# Table des illustrations

Garde 2
| | | | |
|---|---|---|---|
| 1 | | ph © | Aisa / Roger-Viollet |
| 2 | | ph © | Aisa/Leemage |
| 3 | | ph © | Erich Lessing / AKG-Images |
| 4 | | ph © | DeAgostini / Leemage |
| 5 | | ph © | Raffael/Leemage |
| 6 | | ph © | The Bridgeman Art Library |
| 7 | | ph © | Universal History Archive / Getty |
| 8 | | ph © | AKG-Images |
| 9 | | ph © | Erich Lessing / AKG-Images |
| 10 | | ph © | Luisa Ricciarini/Leemage |
| 11 | | ph © | Gianni Dagli Orti / The Art Archive |
| 12 | | ph © | Erich Lessing / AKG-Images |
| 3 | | ph © | Gilles Mermet / La Collection |
| 4 | g | ph © | The British Museum, Londres, dist. RMN-Grand Palais / TheTrustees of The British Museum |
| 4 | d | ph © | Konstantinos Kontos / Dist. LA COLLECTION |
| 5 | g | ph © | Konstantinos Kontos / Dist. LA COLLECTION |
| 5 | d | ph © | Album Oronoz / AKG-Images |
| 6 | h | ph © | © British Museum (The) / Réunion des Musées Nationaux RMN-Grand Palais / The Trustees of the British Museum |
| 6 | b | ph © | Aisa/Leemage |
| 7 | h | ph © | RMN - Hervé Lewandowski |
| 7 | b | ph © | RMN-GP (Musée du Louvre) - Les Frères Chuzeville |
| 8 | h | ph © | Scala, Florence |
| 8 | b | ph © | MP/Leemage |
| 9 | | ph © | Sergey Khachatryan / age foto |
| 10 | | ph © | Photo Josse /Leemage |
| 13 | | ph © | Herve Champollion/TOP / Gamma-Rapho |
| 14-15 | | ph © | Gilles Mermet / La Collection |
| 17 | | ph © | Artothek / La Collection |
| 18 | bg | ph © | Josse/Leemage |
| 18 | bd | ph © | Hervé Lewandowski / RMN Grand Palais (musée du Louvre) |
| 19 | hg | ph © | BnF, Paris |
| 19 | hd | ph © | 2012. Scala, Florence |
| 19 | m | ph © | BnF, Paris |
| 19 | b | © | www.asterix.com © 2013 LES EDITIONS ALBERT RENE / GOSCINNY-UDERZO |
| 20 | | Coll. | Christophe L |
| 21 | | ph © | DR / RMN-Grand Palais (musée du Louvre) |
| 22 | | ph © | Bnf, Paris |
| 24 | | ph © | Christian Vandendorpe / Wikimédia Commons |
| 25 | h | ph © | Konstantinos Kontos / Dist. LA COLLECTION |
| 25 | m | ph © | Biblioteca Marciana, Venise |
| 25 | bd | ph © | Justin Kase z07z / Alamy |
| 26 | | ph © | M. Lacanaud /Musée départemental Arles antique |
| 27 | | ph © | Erich Lessing / AKG-Images |
| 28 | | ph © | AKG-Images |
| 29 | | ph © | DeAgostini / Leemage |
| 30 | | ph © | Erich Lessing / AKG-Images |
| 31 | | ph © | Scala, Florence - courtesy of the Ministero Beni e Att. Culturali |
| 33 | | ph © | Erich Lessing / AKG-Images |
| 34 | g | ph © | Erich Lessing / AKG-Images |
| 34 | d | ph © | Nimatallah / AKG-Images |
| 35 | hg | ph © | De Agostini Pict. Lib. / AKG-Images |
| 35 | hd | ph © | Archives Hatier |
| 35 | bg | ph © | Giraudon / The Bridgeman Art Library |
| 35 | bd | © | Fundacio Gala-Salvador Dali, Figueres © ADAGP, Paris, 2013 |
| 38 | | ph © | Nimatallah / The Bridgeman Art Library |
| 39 | h | ph © | Konstantinos Kontos / Dist. LA COLLECTION |
| 39 | b | ph © | Konstantinos Kontos / Dist. LA COLLECTION |
| 40 | | ph © | Erich Lessing / AKG-Images |
| 41 | hd | ph © | Salmakis /Leemage |
| 41 | m | ph © | DeAgostini Picture Library/Scala, Florence |
| 41 | bd | ph © | Luisa Ricciarini / Leemage |
| 42 -43 | | ph © | The British Museum, Londres, dist. RMN-Grand Palais / The Trustees of The British Museum |
| 44 | | ph © | Oronoz / AKG-Images |
| 45 | | ph © | Dagli Orti / The Art Archive |
| 47 | | ph © | Hervé Lewandowski / RMN-Grand Palais (musée du Louvre) |
| 48 | md | ph © | Christian Jean / RMN |
| 48 | bg | ph © | Hervé Lewandowski / RMN-Grand Palais (musée du Louvre) |
| 49 | | ph © | Werner Forman / Akg-Images |
| 51 | | Coll. | IM / Kharbine-Tabapor |
| 53 | h | ph © | Erich Lessing / AKG-Images |
| 53 | b | Coll. | TCD |
| 55 | h | ph © | Marie-Lan Nguyen / Wikimédia Commons |
| 55 | m | ph © | The Matthiensen Gallery, Londres |
| 57 | | ph © | Aisa / Leemage |
| 58 | | ph © | Erich Lessing / AKG-Images |
| 59 | | ph © | North Wind Pictures / Leemage |
| 61 | | ph © | BPK, Berlin, Dist. RMN-Grand Palais / Ingrid Geske-Heiden |
| 62 | | ph © | Hervé Lewandowski / RMN-Grand Palais (Musée du Louvre) |
| 63 | m | ph © | Giraudon/ The Bridgeman Art Library |
| 63 | b | ph © | Gérard Blot /RMN-Grand Palais (Château de Versailles) |
| 65 | hg | ph © | Â. Tarker / The Bridgeman Art Library |
| 65 | hd | ph © | Shutterstock Inc |
| 65 | bg | ph © | Wikimédia Commons |
| 65 | bmg | ph © | Shutterstock Inc |
| 65 | bm | ph © | Interfoto / La Collection |
| 65 | bd | ph © | Shutterstock Inc |
| 66 | hg | ph © | Les Frères Chuzeville / RMN-Grand Palais (Musée du Louvre) |
| 66 | hm | ph © | Hervé Lewandoxski / RMN-Grand Palais (Musée du Louvre) |
| 66 | hd | ph © | Erich Lessing / AKG-Images |
| 66 | bg | ph © | Hervé Lewandowski / RMN-Grand Palais (Musée du Louvre) |
| 66 | bd | ph © | Bianchetti / Leemage |
| 67 | h | ph © | Hervé Lewandowski / RMN-Grand Palais (musée du Louvre) |
| 67 | m | ph © | BnF, Paris |
| 67 | b | ph © | Hervé Lewandowski / RMN-Grand Palais (musée du Louvre) |
| 68 | hg | ph © | Nimatallah / AKG-Images |
| 68 | hd | ph © | FineArtImage / Leemage |
| 68 | m | ph © | St. Antikensamml. & Glyptothek Münchẹn / Dist. LA COLLECTION |
| 69 | d | ph © | Scala 2012, Florence |
| 69 | g | ph © | AISA / Leemage |

| 70-71 | | ph © | Konstantinos Kontos / Dist. LA COLLECTION |
| 72 | | ph © | Hervé Lewandowski / RMN-Grand Palais (musée du Louvre) |
| 74 | | ph © | Erich Lessing / AKG-Images |
| 77 | | ph © | Giraudon / The Bridgeman Art |
| 78 | | ph © | Amelot / AKG-Images |
| 80 | | ph © | Dagli Orti / The Art Archive |
| 81 | bd | Coll. | Christophe L |
| 81 | bg | ph © | René Mattes / Hemis / Corbis |
| 81 | hg | ph © | Artothek / LA COLLECTION |
| 82 | | ph © | Peter Connolly / AKG-Images |
| 83 | | ph © | Konstantinos Kontos / Dist. LA COLLECTION |
| 85 | | ph © | Bnf, Paris |
| 86 | | ph © | De Agostini Pict. Lib. / AKG-Images |
| 89 | | Coll. | Kharbine-Tabapor |
| 90 | b | ph © | James Willis Photography |
| 90 | h | © | Editions Errance |
| 91 | bd | Coll. | Christophe L |
| 91 | hd | Coll. | Christophe L |
| 91 | hg | Coll. | Christophe L |
| 93 | | ph © | AKG-Images |
| 94 | | | Casterman |
| 95 | bd | ph © | IAM / AKG-Images |
| 95 | hd | ph © | De Agostini Pict. Lib. / AKG-Images |
| 96 | | ph © | Guido Alberto Rossi / Tips / Photononstop |
| 97 | | ph © | Jo Whitworth / GAP / Biosphoto |
| 98-99 | | ph © | Konstantinos Kontos / Dist. LA COLLECTION |
| 100 | | ph © | Josse / Leemage |
| 101 | | ph © | bpk / Antikensammlung, Staatliche Museen zu Berlin / Johannes Laurentius / Dist. RMN |
| 103 | | ph © | The Bridgeman Art library |
| 104 | | ph © | René-Gabriel Ojéda / RMN-Grand Palais |
| 105 | | ph © | National Gallery of Ireland / Dist. LA COLLECTION |
| 107 | | ph © | The Bridgeman Art library |
| 108 | h | ph © | Studio Kontos / Dist. LA COLLECTION |
| 108 | b | ph © | bpk / Antikensammlung, SMB / Johannes Laurentius / Dist. RMN |
| 109 | h | ph © | Studio Kontos / Dist. LA COLLECTION |
| 109 | m | ph © | Studio Kontos / Dist. LA COLLECTION |
| 109 | b | ph © | Jean-Claude N'Diaye / LA COLLECTION |
| 111 | h | ph © | Hervé Lewandowski / RMN-Grand Palais (musée du Louvre) |
| 111 | b | ph © | Hervé Lewandowski / RMN-Grand Palais (musée du Louvre) |
| 113 | | ph © | The Bridgeman Art Library |
| 114 | | ph © | Studio Kontos / Dist. LA COLLECTION |
| 115 | g | ph © | Studio Kontos / Dist. LA COLLECTION |
| 115 | d | ph © | Studio Kontos / Dist. LA COLLECTION |
| 117 | | ph © | The Bridgeman Art Library |
| 118 | h | ph © | North Wind Pictures / Leemage |
| 118 | b | © | www.asterix.com © 2013 LES EDITIONS ALBERT RENE / GOSCINNY-UDERZO |
| 119 | h | ph © | The Stapleton Collection / The Bridgeman Art Library |
| 119 | g | ph © | Celine Diais/PRESSE SPORTS |
| 119 | d | © | Comité International Olympique |
| 120 | | ph © | Luisa Ricciarini/Leemage |
| 123 | | ph © | The Metropolitan Museum of Art, Dist. RMN-Grand Palais / image of the MMA |
| 124 | | ph © | Scala, Florence - courtesy of the Ministero Beni e Att. Culturali |
| 127 | | ph © | Hervé Lewandowski / RMN-Grand Palais (musée du Louvre) |
| 128 | m | ph © | Erich Lessing / AKG-Images |
| 128 | b | ph © | Studio Kontos / Dist. LA COLLECTION |
| 129 | h | ph © | The British Museum, Londres, Dist. RMN-Grand Palais / The Trustees of the British Museum |
| 129 | b | ph © | Studio Kontos / Dist. LA COLLECTION |
| 131 | g | ph © | Luciano Pedicini / Dist. LA COLLECTION |
| 131 | d | ph © | Luciano Pedicini / Dist. LA COLLECTION |
| 131 | bd | ph © | Studio Kontos / Dist. LA COLLECTION |
| 132 | | ph © | De Agostini / Getty Images |
| 133 | h | ph © | Luciano Pedicini / Dist. LA COLLECTION |
| 133 | m | ph © | The British Museum, Londres, Dist. RMN-Grand Palais / The Trustees of the British Museum |
| 133 | b | ph © | The Bridgeman Art Library |
| 134 | | ph © | Studio Kontos / Dist. LA COLLECTION |
| 135 | hd | ph © | De Agostini Picture Lib. / AKG-Images |
| 135 | bg | ph © | Tarker / The Bridgeman Art library |
| 136-7 | | ph © | Album Oronoz / AKG-Images |
| 138 | | ph © | The Bridgeman Art library |
| 139 | | ph © | John Hios / AKG-Images |
| 141 | | ph © | Giraudon / The Bridgeman Art Library |
| 142 | | ph © | The Bridgeman Art Library |
| 143 | | ph © | Aisa / Leemage |
| 145 | | ph © | The Bridgeman Art Library |
| 146 | | ph © | BPK, Berlin, Dist. RMN-Grand Palais / Johannes Laurentius |
| 147 | hd | ph © | Stéphane Maréchalle / RMN-Grand Palais (musée du Louvre) |
| 147 | hg | ph © | Adam Gault / SPL / Phanie |
| 149 | | ph © | Bnf, Paris |
| 151 | | ph © | Hervé Lewandowski / RMN-Grand Palais (musée du Louvre) |
| 152 | | ph © | AKG-Images |
| 153 | | ph © | Boltin Picture Library / The Bridgeman Art Library |
| 155 | | ph © | North Wind Picture Archives / AKG-Images |
| 156 | | ph © | Stéphane Maréchalle / RMN-Grand Palais (musée du Louvre) |
| 157 | | ph © | DeAgostini / Leemage |
| 159 | hg | ph © | Xavier Nicostrate |
| 159 | hd | ph © | Hervé Lewandowski / RMN-Grand Palais (musée du Louvre) |
| 160 | | ph © | Yann Arthus-Bertrand / Corbis |
| 161 | | © | Casterman |
| 162 | | ph © | Ektodike Athenon |
| 163 | | ph © | AKG-Images |
| 164, 6, 8, 9, 170 | | ph © | bpk / Antikensammlung, Staatliche Museen zu Berlin / Johannes Laurentius / Dist. RMN |
| 171 | | ph © | Hervé Lewandowski / RMN-Grand Palais (musée du Louvre) |

Achevé d'imprimer par «La Tipografica Varese S.p.A.» Varese - Italie - Dépôt légal : 93087-4/05 - Juin 2014

# Les cités et colonies grecques au Vᵉ s. avant J.-C.

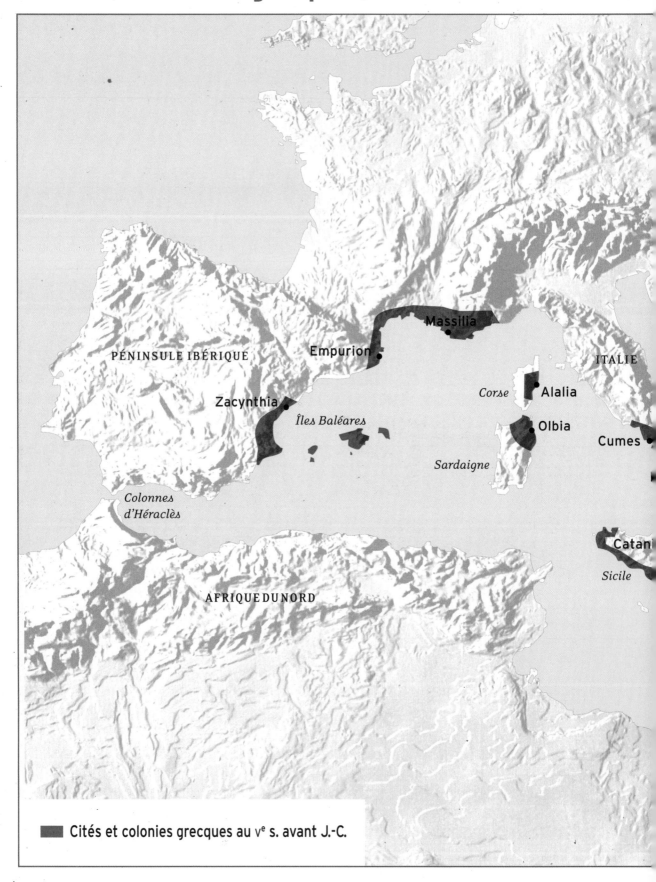

PÉNINSULE IBÉRIQUE

Empurion

Massilia

ITALIE

Corse

Alalia

Zacynthia

*Îles Baléares*

Olbia

Cumes

*Sardaigne*

*Colonnes d'Héraclès*

Catan

*Sicile*

AFRIQUE DU NORD

■ Cités et colonies grecques au Vᵉ s. avant J.-C.